자연명리 초급편

자연명리

초급편

지은이
해동 윤상흠

신지평

알 수 없는 미래와 정신없이 변하는 세상 속에서 사람은 누구나 막연한 불안감을 안고 살아가며 매 순간 선택의 기로에 서서 고민한다. 최첨단 과학이 등장한 오늘날에도 그러한 불안감과 고민은 오히려 더 높아만 가고 있으며, 이에 따라 미래에 대한 궁금증을 풀기 위한 운명학이 대중에게 점점 더 깊숙이 들어오고 있다. 과거에는 미신이라며 고개를 돌렸던 사람이나 젊은 사람들도 지금은 호기심으로라도 철학관을 찾을 만큼 명리는 대중화되었고, 그만큼 역학인도 늘어나고 있다.

그런데 많은 역학인이 단기간 학습하고 생계를 위해서 상담 일에 뛰어들다 보니 정확한 상담을 하기보다 흥미 위주나 잘못된 상담을 해주는 경우가 많다. 그래서 역학인의 권위와 신뢰는 점점 더 떨어지고 명리는 미신이라는 굴레를 벗어나지 못하고 있다.

명리학은 사실 정교한 자연과학 이론이 함축돼 있어서 매우 논리적이고 과학적이다. 그런데 현재 명리학계는 관념적이고 모호한 채로 전승되는 이론을 그대로 답습하기 때문에 대중화만 되었지 정작 학문의 발전은 거의 제자리걸음이다. 그러다 보니 미신이라는 비판에 직면해도 논리적으로 대응하지 못하여 양지 학문으로 인정받지 못하고 있다.

올바른 명리 상담을 하기 위해서는 올바른 명리 공부가 필요하다. 나는 10년 이상 공부하던 중 어느 단계에 이르러 벽에 부딪혔고, 아무리 노력해도 그 벽을 넘지 못해 한동안 제자리를 맴돌았다. 전통 명리 이론이 가진 한계와 오류 때문이었다. 새로운 이론을 찾아 공부해보았지만 그 이론 역시 많은 오류가 있어서 또 새로운 이론을 찾아야 하는 악순환이 반복되었다. 그 과정에서 깨달은 것이 다름 아닌 십간十干 십이지十二支에 대한 이해가 충분하지 못하다는 것이었다.

십간 십이지를 기반으로 풀어가야 하는 명리에서 십간 십이지에 대한 이해도 없이 공부한다는 것은 치명적인 약점과 한계를 가질 수밖에 없다. 게다가 십간 십이지에 대해 제대로 설명해놓은 명리서가 없어서 공부할 방법조차 없다는 게 무엇보다 큰 문제다. 특히 고전에는 핵심 내용이 행간에 압축돼 있어서 오래 고전을 연구한 명리학자도 실제 임상을 해보면 고전 이론과 다른 경우를 많이 경험하게 된다.

예를 들어 을목乙木에 대해 언급한 구절 '등라계갑藤蘿繫甲 가춘가추可春可秋(을목이 갑을 타서 의지하면 봄도 좋고 가을도 좋다)'만 보고 을목乙木은 갑목甲木을 만나면 좋다고 두루뭉술한 해석을 하게 된다. 하지만 실제 상담을 해보면 을목이 갑목을 타고 올라가서 혜택을 보기보다 피해를 보는 경우가 많다. 그 이유는 갑목甲木이 생목生木인가 사목死木인가에 따라서, 또는 계절 등에 따라서 등라계갑이 될 수도 있고 되지 않을 수도 있기 때문이다. 등라계갑이 되지 않은 갑목과 을목은 재관財官을 놓고 다투는 경쟁자가 되거나 햇빛을 가려서 상대의 성장을 방해하게 된다.

예를 들어 나무들은 다른 식물이나 곤충이 다가오지 못하도록 피톤치드 같은 물질을 분비한다. 갑목甲木 입장에서는 기본적으로 을목乙木(식물 또는 곤충)의 접근을 싫어하는 것이 자연의 이치다. 이러한 이치로 볼 때 갑목甲木이 죽어서 사목死木이 되면 피톤치드를 뿜어내지 못하니 을목乙木이 자유롭게 등라계갑할 수 있으리라는 걸 유추할 수 있다. 여기서 또 중요한 것은 어떤 나무가 생목生木이고 어떤 나무가 사목死木인지 구별하는 안목이 필요하다는 것이다. 죽은 듯 보이나 살아 있고 살아 있는 듯하나 죽어 있는 등 그 존재 양상이 매우 다양하기 때문에 많은 공부가 필요하다. 그런데 유명한 고전이나 시중에 나와 있는 온갖 명리서를 보아도 이렇게 다양한 자연의 이치와 그에 따른 명리를 설명해놓은 책을 찾을 수 없었다.

결국 나는 자연생태학 공부를 통해 십간 십이지를 비롯해 우주 만물이 존재하는 다양한 양상과 이치를 공부하기 시작했다. 10년 전 갑을병정을 외던 초심으로 돌아가 다시 10년을 넘게 자연만을 관찰하고 연구했다. 그러다 보니 용신법과 전통 이론에 빠져 있을 때는 전혀 보이지 않던 한계와 모순점이 하나둘 보이기 시작했고, 어느덧 사주 명조가 자연 물상의 모습으로 다가오기 시작했다. 그제야 나는 과거 사용했던 용신법과 복잡한 명리 이론을 내려놓을 수 있었고, 지금은 주로 자연의 이치에 따라 사주를 해석하고 있다.

아직도 용신 찾기에만 매달려 시간을 허비하는 사람들을 보면 안타깝기 그지없다. 용신을 가리기 위해 사주를 계량화하고 단순화해서 보는 편리만을 추구하면 사주 여덟 글자가 어우러지며 그려내는 자연의 아름다운 하모니를 점점 더 볼 수 없게 된다. 역학을 여행에 비유해 이야기하면 용신법은 네비게이션과 같다고 할 수 있다. 네비게이션은 여행길에 꼭 필요할 수 있지만 막상 네비게이션에만 의지해 길을 가면 여행길의 진풍경을 감상할 수 없다. 즉, 용신법을 내려놓고 사주를 바라볼 때 그 사주 명조만이 그려내는 아름다운 풍경과 곳곳에 숨어 있는 함정과 지름길, 또는 어딘가에서 손을 내밀고 있을지 모를 귀인도 발견할 수 있다.

이 책은 과거의 나처럼 전통 명리 이론에 매달리고, 한계에 부딪혀 절망하고, 새로운 이론을 찾아 헤매는 분들에 대한 안타까움으로 쓰기 시작했다. 물론 이제 막 명리 공부를 시작한 분들도 충분히 이해할 수 있는 내용들이다. 쓰고 고치고 하다 보니 출간 예정일을 한 계절이나 더 넘겨버렸고, 그럼에도 내용을 충분히 담아내지 못한 아쉬움이 남는다. 그래도 이 책을 집어든 분들이 자연명리의 초석을 다지고 많은 사람들에게 희망의 빛을 찾아주는 역할을 하는 데 도움이 될 수 있다면 더없이 기쁘겠다.

2018년 6월

해동 윤상흠

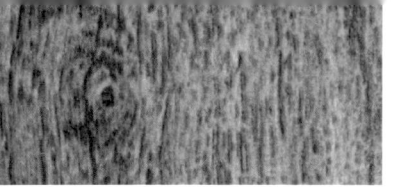
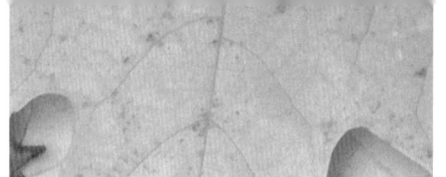
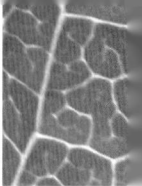

차례

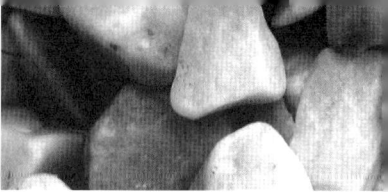

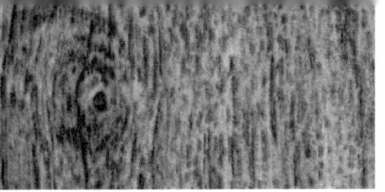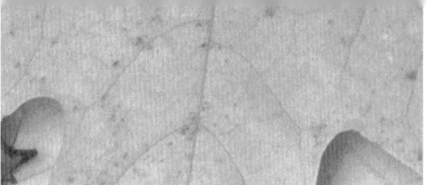

제2부 역학의 구성과 기본 원리

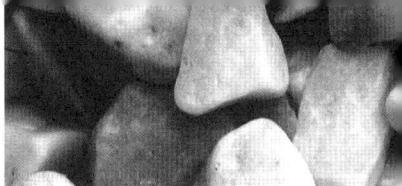

제3부 매달릴 때와 버릴 때

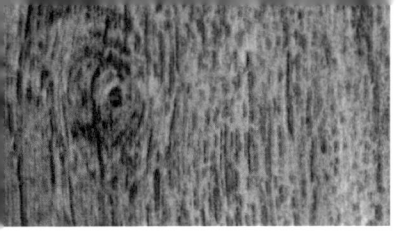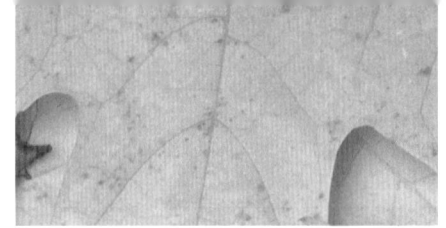

天 開 於 子
地 闢 於 丑
人 生 於 寅
是 謂 太 古

하늘은 자시에 열리고
땅은 축시에 열리고
사람은 인시에 태어나니
이를 일러 태고라 한다.

≪언해자평≫

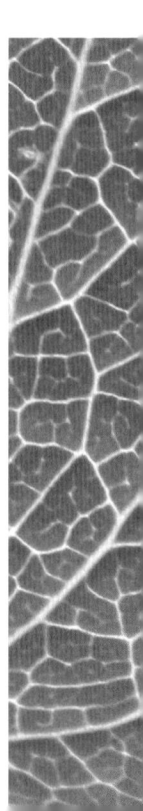

제1부
역

역학이란?

사람은 누구나 자신의 앞날에 대해 불안감을 느낀다. 동서양을 막론하고 불안한 미래를 예측하기 위한 다양한 술수가 존재하는데, 동양에서는 미래를 예측하는 변화의 학문을 '역학易學'이라 했다. '역易'을 한자 그대로 풀이하면 '바꾸다' 또는 '새로워지다'라는 의미다. 즉, 역학이란 항상 새롭게 바뀌고 변화되는 학문이라고 할 수 있으며, 또 그래야만 미래 변화를 예측할 수 있다. 앞으로 공부할 음양오행陰陽五行도 역易이라는 변화의 관점에서 분석하고 고민하게 될 것이다.

그렇다면 易이라는 글자는 어떻게 생겨나게 됐을까? 易은 해와 달의 글자 조합(日+月)이라는 주장이 정설이다. 그 밖에 수시로 변하는 도마뱀의 모습에서 따온 상형화된 문자라는 설도 있다.

역학에서 중요한 것은 해와 달, 즉 양과 음이 만나서 만들어내는 변화를 예측하는 것이다. 다시 말해 음양의 변화를 통해 자연의 변화뿐만 아니라 인간의 운명도 예측하는 것, 그리고 그 예측을 위한 논리적인 이론을 만들어가는 것, 그것이 곧 '역학易學'이며 '명리命理'다.

역의 본질을 가장 잘 설명하는 세 단어가 있다.

- **변역變易** : 만물은 수시로 변한다. 우주 자체가 항상 변하므로 당연한 이치다.
- **간역簡易** : 만물의 변화 속에는 간단한 원리가 숨어 있는데, 그것이 곧 음양오행이다. 오늘날의 디지털 세상에서 디지털을 만드는 근본 원리는 0과 1의 이진법으로, 이진법이 온갖 복잡한 변화와 시스템을 만들어낸다. 그렇듯이 우주 만물의 온갖 변화는 음양오행이라는 간단한 원리가 만들어내는 것이다.
- **불역不易** : 만물을 움직이는 음양오행의 이치는 변하지 않는다. 만일 그 이치가 시대에 따라 변한다면 미래를 예측할 수 없을 것이다. 음양오행의 이치는 과거 수천 년 전에도, 미래 수천 년 후에도 변하지 않을 것이며, 따라서 우주의 움직임도 음양오행의 이치를 벗어나지 않을 것이다.

그렇다면 음양오행陰陽五行이란 무엇일까?

음양은 상대적인 것으로, 절대적인 음이나 절대적인 양으로 존재하는 사물은 없다. 따라서 어떤 하나의 기운이 분리되면 그 안에는 반드시 음과 양이 존재한다. 사물을 인식하는 것도 음양을 상대적으로 분별하는 것과 다름 아니다. 예를 들어 지상 3층이 음인가, 양인가 하는 것은 의미가 없다. 지상 3층은 2층에 비하면 양이지만, 5층에 비하면 음이다. 즉, 이렇게 비교하면 양인데, 저렇게 비교하면 음이 된다, 라는 식으로 상대적으로 분별할 수 있다. 산과 계곡의 형태를 보면 산은 우뚝 솟아 있고 계곡은 바닥에 깔려 있으니 산은 양, 물은 음이라 할 수 있다. 산과 물을 움직임의 측면에서 보면 산은 멈춰 있으니 정적이고, 물은 흐르게 마련이니 동적이라 할 수 있다. 이렇게 음과 양에 절대적인 조건이란 없다. 즉, 음양의 특징은 상대성으로 파악해야 한다.

이러한 음양의 변화가 오행의 변화를 만들어낸다. "천지의 기氣는 모두 합습해도 결국은 하나이다. 그것을 반으로 나누면 음陰과 양陽이 되고, 그것을 또 나누면 사계절이 되고, 사계절을 늘어놓으면 오행이 된다." 이것은 동중서董仲舒라는 전한시대 학자가 남긴 말이다. 물론 동중서가 이런 말을 했기 때문에 음양의 변화가 오행의 변화를 만드는 게 아니라 이러한 자연의 이치를 동중서가 발견하고 설명한 것일 뿐이다. 음양오행 안에 사계절이 있기 때문에 고대인들은 해와 달이 만들어내는 오행 변화를 사계절의 흐름 속에 자연이 변하면서 나타나는 만물의 변화와 오행의 이치를 인식하고 발전시켜 나갔다.

'오행五行'이라는 글자의 의미를 살펴보면 음양이 만나서 사계절을 만들고 만물의 변화를 일으키듯이 천지가 만나서 다섯 가지를 만든다. 그것이 바로 '오행'인데, 여기에 왜 '행'이 붙었을까? '행'이라는 글자가 조금 의미심장하다. 서양에서는 일찍이 물, 불, 공기, 흙이라는 '사원소四元素' 설에 의해 자연 현상을 이해했다. 반면에 동양의 고대인들은 만물은 순환한다는 것을 인식하고, 오랜 관찰을 통해서 만물이 다섯 가지 형태의 움직임에 의해 순환한다는 사실을 깨달았다. 즉, 만물은 목木, 화火, 토土, 금金, 수水라는 다섯 가지 형태로 행行하며 순환한다고 해서 '오행'이다.

그럼 목화토금수는 각각 어떤 형태로 행할까? 우선 크게 세 가지 형태로 나눌 수 있는데, 흩어지고 발산하고 팽창하는 목화木火 운동, 모이고 응축하고 수축하는 금수金水 운동, 그리고 그 중간 지점에 자리한 토土 운동이다. 이것의 다섯 가지 형태는 물체를 위로 던졌을 때의 모습을 보면 쉽게 이해할 수 있다. 물체가 바닥에 멈춰 있는 상태는 수水, 위로 던져서 올라가는 상태는 목木, 올라가서 최고 높이에 이른 상태는 화火, 아래를 향해 방향을 돌리는 상태는 토土, 아래로 떨어지는 상태는 금金, 바닥에 떨어져 멈춰 있는 상태는 수水 운동이다. 바닥에서 위로 올라갔다가 다시 바닥으로 내려오는 물체처럼 우주 만물은 오행의 형태로 순환하고 있다.

- 木, 火 운동 : 분산, 발산, 팽창하는 운동
- 金, 水 운동 : 수렴, 응축, 수축하는 운동

다시 말해 팽창과 수축을 반복하는 것이(중간에 토가 개입하면서) 우주의 본모습임을 고대인들은 일찍이 깨달은 것이다. 실제로 빅뱅 이론에서도 우주는 팽창과 수축을 반복한다고 이야기한다.

즉, 음양오행은 관념 사상이 아니라 만물이 움직이는 원리를 설명하는 과학이고 자연철학이다. 그러므로 음양오행 공부를 하면서 혹시 여기에 미신적인 요소가 있지는 않을까, 라는 생각은 할 필요가 없다.

자연명리
초급편

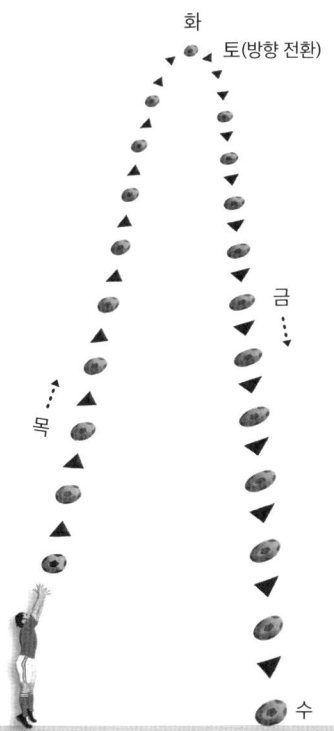

화
토(방향 전환)

금

목

수

오행의 운동

오행

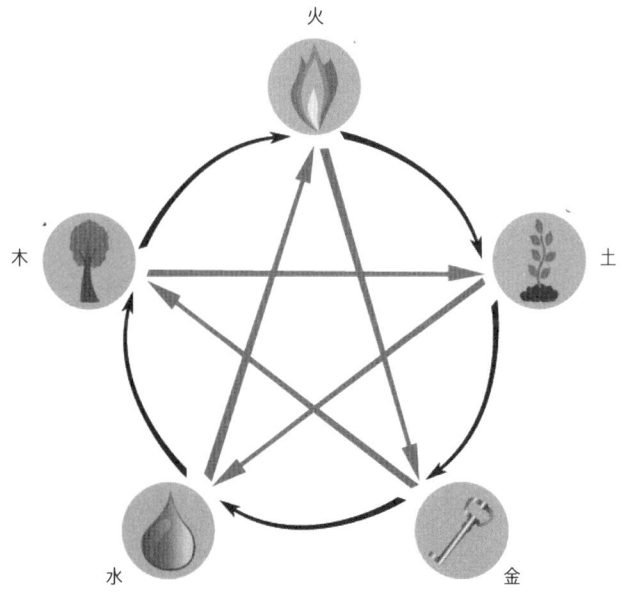

오행의 순환

	水	木	火	金	土
시간	밤	아침	한낮	저녁	
계절	겨울	봄	여름	가을	환절기
색상	검은색	푸른색	빨간색	흰색	노란색
숫자	1, 6	3, 8	2, 7	4, 9	5, 10
방향	북쪽	동쪽	남쪽	서쪽	중앙
맛	짠맛	신맛	쓴맛	매운맛	단맛
온도	차가움	따뜻함	뜨거움	서늘함	
성품	지智	인仁	예禮	의義	신信

오행 1 : 水, 木

고대인들이 계절을 통해서 오행을 인식했듯이 사계절의 운동, 사계절의 변화와 특성을 자세히 관찰하다 보면 각 오행의 본질을 깊이 이해할 수 있다.

우선 수水 오행에 대해 살펴보자.

수水는 모양으로 봤을 때 목화토금수 중에 가장 응축돼 있는 모양이다. 한 점을 향해 응축, 응고, 축소돼 있으며 그 안에 자신의 모습을 가장 작게 축소시켜 감추어 놓았다.

수水 운동에서 잘 보여주는 특성이 저장을 잘한다는 것이다. 저장해서 오랫동안 보관하며 잘 감추어놓는다. 식물로 치면 씨앗의 형태로, 씨앗은 식물의 본모습을 가장 작게 응축하여 감추어놓고 있다. 그러다 보니 수는 비밀스럽고 은밀한 면을 지니고 있다. 또 물이다 보니 기본적으로 차가운 면이 있다.

이러한 수水의 특성으로 인해 사주에 수의 기운이 강한 사람은 크레믈린처럼 자신의 본모습을 잘 드러내지 않는다. 그러다 보니 응큼한 면이 있기도 하고, 장점으로 보면 감정 변화가 적은 편이다. 반면에 수 기운이 약하면 반대의 속성을 보인다. 물이 얕으면 그 밑바닥이 훤히 보이는 것처럼 수 일주라도 수량이 적은 사람은 속내를 잘 감추지 못한다.

각각의 오행은 성질뿐만 아니라 방향, 색깔, 맛, 시간, 계절, 숫자 등에서 상징하는 바가 각기 다르다. 수水는 계절로 치면 겨울에 해당하며, 시간으로는 밤 시간, 방위는 북쪽이다. 겨울과 밤 시간이라는 것을 보면 알 수 있듯이 수는 만물의 휴식을 상징하기도 한다. 즉 휴식, 수면, 고요, 차분하고 정적인 성격 등이 모두 수의 속성이다. 굉장히 비활성화된 상태라고 할 수 있다. 반대로 가장 들뜬 상태의 오행은 화火이다.

수가 상징하는 색깔은 검정색이고, 맛은 짠맛, 숫자는 1과 6이다. 인의예지신仁義禮智信 중에서는 지智에 해당한다. 그래서 수水 일주인 사람은 머리가 비상한 편이다. 저장을 잘하는 특성상 머릿속에 들어온 정보를 잘 저장해서 암기력도 좋다. 사주에 수水가 없는 사람은 암기 과목이 많은 한국 교육에서는 불리할 것이다.

목木이라는 오행은 기본적으로 수水에서 생성이 된다. 보통은 나무에

물을 쥐야 나무가 성장하기 때문에 이것을 일컬어 수생목水生木이라고 이해하기 쉬운데, 사실은 그렇지 않다. 빅뱅의 논리에 따르면 우주는 수축과 팽창을 반복하며 순환한다고 한다. 우주가 만들어지던 초기에는 모든 물질과 에너지가 최고의 온도와 최고의 밀도 상태로 한 점에 모여 있었다. 즉, 처음에는 블랙홀처럼 주변의 물질을 집어삼키면서 계속 수축하여 응축된 수水의 상태였는데, 수축하면 할수록 내부에는 엄청난 반발력이 생겨 외부로 폭발하게 되었다. 마치 스프링의 양옆을 눌렀을 때 스프링이 퍼지려고 반발하는 것과 같다. 내부의 반발력에 의해 밖으로 솟구치는 힘이 바로 목木이다.

이렇게 목木 오행은 꼭 나무의 생태만을 가리키는 것이 아니다. 만물이 순환하는 과정에서 강하게 압축받을 때 저절로 외부로 솟구치는 반발력이 생기는데, 그 힘이 바로 목木의 속성이다. 우리 선조들의 지혜 속에서도 수와 목의 속성을 찾을 수 있다. 농부들은 겨울에 씨앗을 처마 밑에다 걸어놓는다. 씨앗은 겨울을 나는 동안 휴면기를 거치는데, 그래야만 봄이 왔을 때 발아를 할 수 있다. 사람도 잠을 푹 자서 휴식을 취해야 다음 날 일어나서 활동을 할 수 있지 않은가. 씨앗은 수의 속성 그대로 겨울 동안 차가운 상태로 보내야 단단하게 응축되어 봄이 되면 스프링처럼 튀어올라 발아를 잘할 수 있다. 이것이 바로 수생목水生木의 과정이며, 자연의 이치와 우주의 이치가 맞물려 있다는 증거다.

과거에는 빅뱅을 단기적인 사건으로 봤다면 지금은 되돌림 현상으로 본다. 과거에는 한 차례 일어난 빅뱅의 역사가 현재의 우주의 역사다, 라고 생각했다면, 지금은 그 빅뱅조차도 과거에 여러 번 반복됐을 것이라는 주장이다. 시이먼 싱 박사는 우주가 무한히 작아질 때 밖으로 강하게 밀어내는 반발력이 생긴다는 사실을 수학적으로 증명하기도 했다.

요약하자면, 겨울에 한껏 압축됐던 수는 봄에 스프링처럼 솟아나서 목이 된다. 그래서 영어에서도 봄을 스프링spring이라고 하는 것이다.

즉, 목木이 상징하는 계절은 봄이며, 억눌러 놓았던 것을 분출하고 상승시키는 '새출발'의 의미가 있다. 따라서 사주에 목木이 강한 사람은 일을 벌이고 시작하기를 잘한다. 봄이 되면 씨앗을 심어서 농작물로 기르는 것처럼 목木은 아이를 올바로 길러내는 '교육'을 상징하기도 한다. 육친으로 볼 때 인성을 교육이라고 하지만, 그보다는 목木 자체를 교육으로 보는 게 사주 해석에는 적중도가 훨씬 높다.

목木과 같이 점점 자랄 수 있는 대표적인 사물이 건축물이기 때문에 목은 건축물을 상징하기도 한다. 오행 중에 사람과 가장 닮은 것이 목木으로, 목木을 곧 사람으로 보기도 한다. 그래서 사주에 목木이 없는 사람은 조금 외로운 면이 있다.

목木은 시간으로 봤을 때 하루의 시작, 한 해의 시작, 아침에 해당한다. 방위로는 동쪽, 숫자로는 3과 8, 맛은 신맛, 인의예지신 중에서는 인仁, 색깔로는 푸른색을 나타낸다. 한국을 동방의 나라라고 하고, 청와대의 상징 색이 푸른색인 것은 우연이 아니다. 인仁도 교육과 밀접한 관련이 있다.

오행 2 : 火, 金, 土

씨앗 상태의 수水는 싹을 틔우며 목木이 되고, 꽃을 피우며 화火에 이른다. 다시 말해 수水에서 감추고 있던 자신의 본모습을 화火에 와서 완전히 드러내는 것이다. 그래서 여름이 되면 온갖 식물이 본연의 모습을 한껏 드러내서 숲이 무성해진다. 본모습을 감추려는 수水와는 정반대 움직임을 보이는 것이다. 물론 식물만 그런 것이 아니다. 세상의 온갖 일이 수水 운에서는 은밀히 감춰져 있다가 화火 운이 왔을 때 훤히 드러나는 경우가 많다. 사주에 화火가 많은 사람은 본질적으로 감출 줄을 잘 모른다. 그래서 비밀공작원은 화火가 많은 사람을 뽑으면 안 된다. 그런 사람은 감정이 겉으로 드러나 버린다든가 맡은 임무를 적에게 발각당하기 쉬우므로 비밀공작원으로 능력을 발휘하려면 수水가 많은 사람이 유리하다.

화火의 속성을 긍정적으로 풀이하면 자신의 생각을 잘 표현하고, 그래서 말재주도 있고, 무엇을 하든 열정적인 면을 보인다. 이런 면에서는 화 일주 중에서도 정화丁火보다 병화丙火 일주가 더 뚜렷한 특징을 나타낸다.

여기 장미 씨앗이 있다고 상상해보자. 이 씨앗이 계속해서 수水의 상태에 머물러 있다면 그것은 단지 한 톨의 티끌일 뿐이다. 이 씨앗이 자신의 정체성을 완전히 드러내려면 목木을 거쳐서 화火의 상태로 나아가야 한다. 그래야만 여름 오월午月의 장미가 되어 본연의 화려함과 향기, 색깔, 까칠한 가시 등을 낱낱이 드러낼 수 있다. 이러한 화火의 속성을 긍정적으로 활용하면 방송, 예술, 문화, 언론 등 표현력이 중요한 직업군에서 능력을 발휘한다.

화火의 계절은 여름이고, 시간상으로는 한낮이며, 방위는 남쪽, 색깔은 빨간색, 숫자는 2와 7, 맛은 쓴맛, 인의예지신 중에서는 예禮에 해당한다. 사주에 화火가 없는 사람은 예의가 없어 보인다. 표현력이 부족해서 감사의 표시 같은 것도 잘 못해 오해를 살 수 있다. 아무리 존경심이 깊어도 표현하지 않으면 상대방이 어떻게 알겠는가.

그럼 화火가 많은 사람은 어떨까? 너무 많은 것도 없는 것과 마찬가지다. 다만 화火가 많은 사람은 예의가 있는 듯 보이면서 따지고 보면 없는 경우가 많다. 예의를 엄청나게 따지는 사람인데 그런 지나침이 결국은 무례함으로 귀결되는 사람이 있지 않은가.

화는 위로 솟구치거나 외부로 발산하는 기운을 나타낸다. 이렇게 자꾸만 겉으로 나타내려다 보니 허례허식이 있는 사람도 많다. 자기 것을 감추려 드는 수水의 속성과는 반대로 화火는 무엇이든 감추는 걸 꺼려해서 정의스러운 면이 있기도 하고, 어둠을 밝히려는 속성 때문에 남의 일에 참견하여 시시비비를 가리려고 하는 경우도 많다. 그렇게 오지랖을 떨다 보면 자칫하다 시비구설에 휘말리기 쉬운 단점이 있다.

금金은 서늘한 가을에 해당한다. 이 시기는 외부로 발산됐던 기운이 안으로 수렴되고 위로 솟구쳤던 기운이 아래로 하강한다. 그래서 여름에는 여물지 않아서 꼿꼿하게 고개를 쳐들었던 벼 이삭이 가을이 되면서 차츰차츰 고개를 숙이고, 농부들은 가을걷이를 한다. 이전에 벌여놓았던 일들을 하나둘 거두어들이고 정리정돈하는 것이다.

정리정돈을 잘하고 잘 거둬들이는 속성 때문에 금金은 금융권과 관련이 많다. 돈을 거두어 보관하는 곳이 은행 아닌가. 농부로 치면 현금화가 잘 되는 시기가 가을이다. 즉, 가을은 현금의 속성이 있어서 금융계 및 금융경영과 관련이 있다.

사주에 금이 많은 사람은 서늘한 가을 날씨처럼 매우 냉정한 면이 있다. 냉정함과 정리정돈의 속성으로 인해 금융계뿐만 아니라 생명을 다루는 분야에서도 두각을 드러낸다. 예를 들면 의학, 군인, 경찰, 법조계 등이다. 의사라면 사람의 몸에서 불필요한 부위를 정확히 분별하고 냉정하게 도려낼 수 있어야 하지 않는가. 그것이 바로 정리정돈, 즉 금의 속성이다. 군인 경찰, 법조인도 마찬가지로 일벌백계로 엄벌하거나 적을 물리쳐야 자국민의 생명을 지키고 사회 질서를 정돈할 수 있다.

반면에 사주에 목木이 많은 사람은 성품이 어질어서 그런 일을 잘 못한다. 금金이 없으면 인간관계에서도 정리정돈을 잘 못한다. 그래서 상대방이 다가오면 맘에 들지 않더라도 모질게 관계를 끊어내지 못한다.

금金이 상징하는 계절은 가을이며, 시간으로는 해가 지는 저녁, 방위로는 서쪽, 맛은 매운맛, 숫자는 4와 9, 색깔은 흰색, 인의예지신 중에서는 의義에 해당한다.

토土는 중앙, 중간을 나타낸다. 예를 들어 수에서 목으로 넘어가는 데 토가 개입하여 조정 역할을 한다. 이때 개입하는 토는 축토丑土이다. 목에서 화로 넘어갈 때는 진토辰土가 조정하고, 화에서 금으로 넘어갈 때는 미토未土, 금에서 수로 넘어갈 때는 술토戌土가 개입하여 조정 작용을 한다. 즉, 각각의 오행 사이에서 토土가 매개 작용을 한다. 그래서 토土는 이해관계가 상충될 때 중간에서 중재, 조정 역할을 잘하는 특성이 있다.

토土는 드러나지 않은 채 오행과 오행 사이에 잠재하여 오행의 순환이 잘 이루어지도록 만들어준다. 피스톤 운동을 상상해보자. 앞으로 나가려고만 하는 피스톤을 거꾸로 돌아오게 하기 위해서는 방향 전환을 시켜주는 토土 운동이 필요하다. 이때 피스톤이 가장 멀리 나가려는 운동이 화火이고, 방향 전환하는 운동이 토土이고, 거꾸로 되돌아오는 운동은 금金이다. 이처럼 목화금수가 계속해서 순환할 수 있도록 보이지 않게 도와주는 것이 토土의 역할이다. 이러한 역할로 인해 토의 속성이 신뢰, 신용으로 나타나기도 한다. 사주에 토가 없는 사람은 신용이 부족할 수 있다.

토土가 상징하는 숫자는 5와 10, 색깔은 노란색, 맛은 단맛, 인의예지신 중에는 신信에 해당한다.

3강

천간

갑목甲木

목에는 갑목甲木과 을목乙木이 있다.

목의 속성을 단적으로 표현하는 단어가 곡직曲直이다. 목 운동에는 똑바로 나아가는 직直 운동과 곡선으로 나아가는 곡曲 운동이 있다. 갑목은 직 운동, 을목은 곡 운동을 한다. 갑甲이라는 글자는 밭田에서 뿌리를 내리고 위로 솟구치는 형상으로(田+丨=甲), 글자 자체가 이미 직 운동을 상징한다. 똑바로 나아가려 하고 어떤 압력에 의해 위로 솟구치려는 힘을 지닌 것이다.

갑甲은 글자의 형상이 말해주듯이 큰 나무, '거목'를 상징한다. 큰 나무가 건물을 받치는 기둥 역할을 하듯이 갑목甲木은 우두머리의 속성을 갖고 있다. 즉 집안에서는 장남과 같은 역할을 한다. 갑목 일주가 꼭 장남으로 태어난다는 말이 아니라 장남이 아니더라도 장남과 같은 역할을 하게 된다.

갑甲의 상징물로는 큰 건축물, 전봇대, 교육 등인데, 갑甲이 큰 나무이므로 대학 이상의 높은 교육, 성인 대상의 교육 등이 된다. 갑甲이 십간十干의 맨 처음에 자리하니 시작과 출발의 의미도 조금 있다. 기문둔갑奇門遁甲에서 '둔갑'은 갑을 감춘다는 의미인데 왜 갑을 감출까? 병법에서 갑甲이란 가장 귀한 존재로, 장기로 치면 왕에 해당한다. 왕이 사로잡히면 게임이 끝나지 않는가. 왕처럼 존귀한 존재일수록 적에게 내보이지 말고 전쟁을 치러야 한다. 그래서 왕인 갑을 감추는 것이다.

갑甲은 왕과 같이, 또는 큰 나무와 같이 뿌리를 깊이 내리고 우뚝 서 있는 상像으로 비유된다. 사주에 갑甲의 기운이 강한 사람은 자존심이 강하고 흔들리지 않는 소신이 있다. 굵고 단단한 나무 줄기와 같이 부러질지언정 소신을 굽히지 않는 강직함이 있다. 남 앞에 굽히기 싫어해서 어디서든 리더 역할을 하기 좋아한다. 만일 그런 속성이 지나치면 융통성이 부족한 사람, 또는 거만한 사람으로 비쳐서 대인관계가 나빠질 수 있다.

《연해자평淵海子平》이나 《삼명통회三命通會》 등을 보면 갑목을 죽은 나무인 사목死木, 을목乙木을 살아 있는 나무인 활목活木으로 비유한다. 갑목은 완전히 성장한 다음 벌목이 되었을 때, 즉 사목이 되었을 때 비로소 거목으로서의 가치와 용도를 지닌다. 거목은 건물을 단단히 떠받치는 '기둥'으로 쓰일 때 제 가치를 발한다. 그래서 갑목은 한 집안이나 나라를 떠받칠 만한 인재, 즉 '동량지재棟梁之材'를 상징한다.

그렇다면 갑목이 큰 나무로 성장할 수 있는 조건은 무엇일까?

첫째, 갑목甲木은 넓은 땅이 필요하다. 넓은 땅은 무토戊土, 좁은 땅은 기토己土로 나타낸다. 만일 갑목에게 좁은 땅 기토만 있으면 어떻게 될까? 좁은 땅에서 자라는 갑목은 큰 나무로 성장하지 못한다. 이런 사주를 가진 사람은 리더가 되지 못하고 조직생활을 하게 된다.

둘째, 갑목甲木이 자라는 땅에는 금金이 있어야 한다. 나무는 바위가 있는 땅에서 자라야 단단하게 뿌리를 내릴 수 있다. 바위가 있으면 나무의 곁뿌리가 바위 틈을 비집고 들어가 단단하게 감고 있기 때문에 강풍이 불어도 쉽게 뽑히지 않는다. 태풍이 불고 나서 뿌리가 뽑혀 넘어진 큰 나무들을 보면 대부분 흙에서 얕게 뿌리를 내리고 자라던 나무들이다.

또 갑목甲木은 금金과 같은 칼로 잔가지를 쳐줘야 굽지 않고 반듯하게 자란다. 벌목하여 목재로 사용하기 위해서도 금金이 꼭 필요하다. 갑목에게는 특히 경금庚金 같은 강한 금이 필요하다. 약한 금인 신금辛金은 갑목을 재목으로 만드는 데 한계가 있다. 신금은 나무를 세심하게 다듬어줄 수는 있지만 큰 나무를 기둥으로 만들어주지는 못한다. 그러므로 갑목 일주에게 경금庚金이 있다면 큰 리더가 될 수 있고, 신금辛金만 있다면 리더로서의 능력이 떨어질 수 있다.

셋째, 모든 생명체에게 물이 필요하듯이 갑목도 물이 없으면 자라지 못한다. 사주에 갑목甲木이 여러 개 있어도 물이 없으면 크게 자라지 못하니 고만고만한 나무로 본다. 만일 이런 사주가 운에서 수水를 만나면 큰 나무로 성장할 수 있다. 이 경우는 계수癸水보다 큰 물인 임수壬水를 만나야 좋다.

넷째, 갑목이 잘 자라려면 햇빛이 필요하다. 나무의 숙명은 곧 햇빛과의 전쟁이라 할 수 있다. 목생화木生火의 개념에 따라서 나무가 햇빛을 생한다고 생각하기 쉽지만, 사실은 햇빛이 나무를 생하는 게 맞다. 햇빛을 잘 받아야 나무가 영양분을 얻고 건강하게 자랄 수 있지 않은가. 병화丙火와 정화丁火 중에서도 갑목에게 필요한 햇빛은 광량이 풍부한 병화이다. 병화를 만나야 갑목이 훨씬 위풍당당하게 자라고 제 존재를 뽐낼수 있다. 이렇게 목木과 화火가 만나서 아주 밝아진 것을 목화통명木火通明이라고 한다. 특히 갑甲과 병丙이 만났을 때 훨씬 더 밝아지는 속성이 있다.

갑목이 이상의 네 가지 조건, 즉 넓은 땅과 큰 금과 물, 햇빛을 모두 충족하고 있는 사주는 드물다. 하지만 어느 한 조건이 결핍됐을 경우 그것을 충족시켜 주는 운을 만나면 큰 거목으로 성장하여 능력을 발휘할수 있다.

을목乙木

갑목甲木이 곧고 강직한 데 비해 을목乙木은 곡曲 운동을 하여 유연하고 부드럽다. 갑목이 여러 사람을 거느리고 넓은 땅에서 성장하는 반면, 을목은 넓지 않은 밭이나 정원 같은 땅에서 보호를 받으며 화초처럼 자라는 기질이 있다. 이러한 을목을 땅에서는 초목으로 보고, 하늘에서는 바람으로 본다. 큰 나무 갑甲이 양이라면 상대적으로 작은 식물인 을乙은 음이 된다. 을목乙木의 상징물에는 작은 나무나 화초를 비롯하여 작은 사람, 작은 교육, 작은 건물, 새, 붓, 실, 옷감, 담쟁이, 넝쿨 등이 있다. 이들 상징물의 공통적인 특성은 가늘고 기다란 줄의 형상으로, 옆의 사물을 타고 오르며 곡 운동을 한다는 것이다.

을목乙木은 갑목에 비해 유순한 편이며, 리더가 되려는 성향이 약하다. 화초는 정원에서 자라는 식물로 정원을 벗어나지 않으려는 속성이 있다. 그래서 을목 일주인 사람은 가정적인 면이 있으며, 또한 가정적으로 생활할 때 제 능력을 발휘한다. 을목 일주 여성 중에 사주 구성이 좋으면 제 가치를 발휘해서 집안을 빛나게 하는 경우가 많다. 갑목은 사회적 경제적으로 능력을 발휘해 집안을 일으키는 반면, 을목은 집안에서 가족들을 잘 돌보고 정원에서 아름답게 꽃을 피워 집안을 명예롭게 만들 수 있다. 을목은 갑목에 비해 작은 나무이므로 명예와는 상관없이 고만고만하게 살아간다고 이해해서는 안 된다. 십간十干은 각자에게 알맞은 최고의 환경을 만나면 모두 부와 명예를 얻을 수 있다.

갑목甲木은 소신과 자존심을 굽히지 못해 처세에 불리한 면이 있는 반면, 을목乙木은 친화적인 속성으로 다양한 사람에게 성격을 맞춰가며 어울리는 재주가 있다. 그래서 을목은 이해타산을 따지며 상황에 따라 처세를 잘 바꾼다. 또 갑목은 새로운 환경에 잘 적응하지 못하는 반면, 을목은 새로운 환경에 곧잘 적응해서 살아간다. 큰 나무는 새로운 땅에 옮겨졌을 때 다시 건강하게 뿌리내리기 어려운 반면, 작은 식물은 새로운 화분에 옮겨 심어서 이삼 일 물만 주면 싱싱하게 잘 자라는 것을 볼 수 있다.

을목의 물상

을목乙木은 분리, 이별의 속성도 조금 있다. 나무의 씨앗이 발아하여 땅 위로 고개를 내밀 때의 시점을 갑목甲木이 시작되는 시기로 본다면, 을목의 시작은 땅 위로 올라온 싹이 벌어지는 시점이다. 그래서 을목은 이별의 속성을 갖고 있다.

을목은 화초가 벌과 나비를 불러들이듯이 사람들에게 인기가 많다. 특히 화火가 있는 을목 일주는 더 아름답고 예술적 기질도 있다. 성격도 나긋나긋하고 친화적이다. 그렇다 보니 이성의 유혹이 따르기도 쉽다.

을목乙木의 생육 조건을 보자.

첫째, 을목乙木은 정원이나 텃밭과 같은 작은 땅 기토己土가 필요하다.

자연명리
초급편

넓은 땅 무토戊土를 만나면 산에 핀 야생화가 되어 척박한 자연 환경에서 갑목甲木들과 경쟁해야 하는 환경에 빠진다. 을목은 정원이나 텃밭에서 보살핌을 받으며 자라야 훨씬 안정감 있고 가치를 발한다. 만일 을목이 넓은 땅 무토戊土를 만나면 사회활동을 많이 하게 된다. 을목이 사회활동을 잘하기 위해서는 또 다른 조건이 필요한데 그것은 다음 기회에 자세히 알아보기로 하자.

둘째, 을목乙木을 아름답게 다듬어줄 금金이 필요하다. 금 중에서도 세심하게 다듬어줄 신금辛金이 필요하다. 어떤 명리 이론에서는 신금이 을목을 사정없이 치기 때문에 을목에게 신금은 무조건 흉하다고 한다. 이것을 이전최화利剪摧花라고 하는데 그런 십간론에 빠져서는 사주 풀이를 제대로 할 수 없다. 을목과 신금은 연필과 칼, 실과 바늘, 머리카락과 가위처럼 매우 조화로운 관계이다. 가위가 없으면 어떻게 머리를 자르고 옷감을 재단해 옷을 만들어 입겠는가. 실도 바늘이 있어야 옷을 꿰맬 수 있고, 구슬도 실로 꿰어야 보배라고 하지 않는가.

만일 을목乙木이 약한데 신금辛金이 강하면 잘린 꽃 같은 형국이 되지만, 서로 조화가 맞으면 을목이 매우 아름답게 가꾸어진다. 을목이 농작물이라면 신금인 낫이 있어야 수확도 할 수 있다. 하지만 을목이 경금庚金을 만나면 칼이 너무 커서 감당이 안 되고, 도끼 같은 경금庚金으로는 여린 을목을 섬세하게 다듬어주지 못해 아름다워지기 힘들다. 또, 강한 경금에 을목이 을경합乙庚合으로 묶여서 능력을 발휘하기 힘들기 때문에 오너가 되지 못하고 조직생활을 하게 된다.

셋째, 적당한 물이 필요하다. 을목은 뿌리를 얕게 내리고 있기 때문에 물이 너무 많으면 뿌리가 둥둥 떠버린다. 따라서 계수癸水처럼 비나 이슬과 같은 작은 물이면 충분하다.

넷째, 을목乙木은 화火를 만나야 아름답게 꽃을 피울 수 있다. 갑목도 물론 화가 필요하지만 을목은 더욱 필요하다. 다만 작은 식물인 만큼 햇빛이 아주 많이 필요한 것은 아니다. 그래서 병화丙火도 좋고 정화丁火도 괜찮다. 단, 정화는 밤의 달빛과 같으니 을목이 정화를 만나면 야화夜花가 되어 음지에서 일하는 속성이 나타날 수 있다.

병화丙火

화火에는 병화丙火와 정화丁火가 있다. 병화의 속성을 한 단어로 나타내면 뜨거울 염炎, 위 상上을 써서 '염상炎上'이라 한다. 병화의 특징은 염상 중에서도 '상'이라는 글자가 잘 말해준다. '상'이란 감춰져 있던 사물이 지상으로 드러나는 속성을 의미한다. 丙이라는 글자의 형상을 보면 안(内)에서 지상(一)으로 드러나게 한다는 의미다. 여기서 드러낸다는 것은 꼭 비밀을 드러낸다는 말이 아니다. 2강(오행)에서 이야기했듯이 씨앗이 품고 있던 식물의 본모습이 여름에 다 드러나는 것과 같은 개념이다. 사람이 내면에 감추고 있던 본성을 드러내는 것도 병화의 속성이며, 본성을 드러나게 하는 것이 곧 병화의 역할이다.

병화丙火는 태양과 같은 상象을 갖고 있다. 병화가 곧 태양은 아니지만 태양과 같은 역할을 하며, 그래서 태양과 같은 속성을 갖고 있다. 그렇다면 태양의 속성은 무엇일까? 태양은 유일무이唯一無二한 존재다. 세상에 단하나뿐이며, 가장 높은 곳에 자리하며, 가장 밝게 빛나는 존재다. 그럼 이런 속성을 가진 것에는 태양 외에 무엇이 있을까? 신神, 하늘, 제왕, 국가, 최고, 방송, 전국구, 법 등이다.

병화丙火는 태양으로서 우선 신神을 상징한다. 종교에서 태양은 숭배의 대상이 되지 않는가. 또 하늘을 상징하기도 하며, 만물을 다스리고 키운다는 의미에서 제왕, 또는 왕의 존재감을 지닌 리더를 상징하기도 한다. 가장 존귀하고 최고인 하나뿐인 것의 의미로 국가를 상징하며, 훤히 밝혀서 널리 알린다는 의미로 방송을 상징하기도 한다.

고전 명리 이론에는 병화丙火에 대해 '천지 사방을 비춘다'라고 거론되어 있다. 모든 지역을 밝게 비추는 것이 방송의 속성이다. 방방곡곡에 소식을 전함으로써 사람들이 문맹에서 벗어나 밝은 눈을 갖게 해준다. 이렇게 전국 방방곡곡을 비추니 태양은 전국구를 상징하며, 어두운 사회를 물리치고 밝은 사회를 만든다는 의미로 법을 상징하기도 한다. 만일 병화 일주가 법조인이 된다면 시시비비를 잘 가리기 때문에 검사보다 판사가 될 때 더 능력을 발휘할 수 있다.

이런 속성으로 인해 병화丙火의 기운이 강한 사람은 정의감이 강하고, 자존심이 센 편이다. 자신이 항상 최고로 대접받기를 바라며, 그래서 립서비스에 약한 면이 있다. 병화 일주 남편에게 '당신이 최고예요'라는 말을 해주면 매우 좋아할 것이다. 병화 일주들은 시시비비를 가리려는 속성 때문에 비리를 용납하지 못한다. 예의를 깍듯이 차리는 면이 있고,

사람을 분별하는 눈이 밝고, 사물에 대한 판단이 매우 빠르다. 딱히 관상을 공부하지 않더라도 사람을 판단하는 직관이 뛰어나다. 눈치도 빠르고 분위기 파악을 매우 잘한다. 병화 일주가 여성이라면 하다못해 통반장이라도 해서 언제 어디서든 좌중을 좌지우지하려고 한다. 겉으로 매우 얌전한 여자같이 보여도 집안에서라도 가족을 휘어잡으려는 속성이 있다.

병화丙火는 사물을 꼼꼼하게 비춰주지 못한다. 겉만 비추는 속성으로 인해 병화 일주는 실속도 없이 남들에게 보여지는 모습에만 신경을 쓰는 면이 있다. 그런 속성이 사치나 허영기로 드러나기 쉽다.

병화丙火가 온 세상을 밝게 비추며 만물을 키우기 위해서는 어떤 조건이 필요한지 알아보자.

첫째, 병화丙火는 기본적으로 밝게 빛나게 한다. 태양이니 밝아야 제 존재를 드러낸다. 그러려면 사오미巳午未처럼 지지地支가 밝아야 한다. 뿌리에 사오미나 인오술寅午戌이 있으면 밝은 태양이 된다.

둘째, 병화丙火에게는 갑목甲木이 필요하다. 갑甲이 있으면 병화가 더 밝아진다. 이것을 목화통명木火通明의 일종으로 보는데 목木과 화火가 만나서 매우 밝은 상태를 이루었다는 뜻이다.

셋째, 병화丙火에게는 임수壬水가 필요하다. 임壬이 있으면 수극화水剋火로 인해 태양에게 해로울 거라고 오해하기 쉽다. 그러나 임수壬水는 바다나 호수와 같은 것으로 밝은 태양이 더 눈부시게 빛날 수 있도록 만들어준다. 호수 위의 태양이 은빛 물결에 반사되어 유난히 밝게 빛나는 풍경을 본 적이 있을 것이다.

그런데 병화丙火가 지나치게 밝으면 온 세상을 태워서 사막과 같이 만들어버린다. 이런 사주를 가진 사람은 태양을 피해 그늘로 숨으려다 보니 인덕이 없는 편이다. 이 경우 병화丙火는 만물을 기르는 게 아니라 만물을 죽이는 존재가 된다. 자기 능력을 제대로 발휘하지 못하는 무능한 병화가 되는 셈이다.

병화丙火는 원래 열이 아니라 빛이기 때문에 경금庚金을 녹이지 못한다는 명리 이론도 있는데 결코 그렇지 않다. 병화는 기본적으로 경금을 잘 다룬다. 병화가 상上의 속성이 있어서 만물을 드러나게 한다는 의미지, 열이 없다는 말은 아니다. 만일 태양이 없다면 지구는 열기를 얻지 못해 영하 수백 도씩 떨어져서 빙하기에 돌입할 것이다. 병화는 경금庚金의 재물을 더 잘 다루며, 신금辛金을 만나면 병신합丙辛合이 되어 오히려 어두워진다. 《적천수滴天髓》 같은 고전에도 병화가 신금을 만나는 걸 두려워한다고 씌어 있다. 즉, 병신합이 되면 병화 빛이 블랙홀에 휩쓸리듯 빛을 잃어버린다.

병화는 또한 丙 丙과 같이 쌍병双丙을 이루면 좋지 않다. 병화 자체가 유일무이한 존재이기 때문에 그런 존재가 나란이 두 개 있으면 어느 쪽도 최고가 될 수 없다. 명품 가방을 너도나도 다 들고 다니면 명품의 가치가 떨어지는 것과도 같다. 쌍병인 경우는 병화가 하나 더 들어오면 다시 밝아질 수 있으며, 병화 하나를 병신합丙辛合으로 묶어줄 때도 다시 병화가 밝아진다. 병화丙火가 정화丁火를 만나면 개기일식 현상처럼 달이 태양을 가려서 잠시 어두워질 수 있다. 그러나 정화丁火를 부하로 쓰는 사주가 되면 큰 사업가가 될 수도 있다.

정화丁火

정화丁火는 '염상炎上'이라는 글자 중에서 '뜨거울 염炎'의 속성을 더 많이 갖고 있다. 그래서 정화가 금을 더 잘 녹이고 병화는 밝게 비추기만 한다고 오해하는 사람들이 많은데 결코 그렇지 않다.

병화丙火가 안에서 밖으로 속성이 드러나게 하는 것이라면, 정화丁火는 만물이 자라서 우뚝 선 모습과 같다. 그래서 건장한 남성을 장정壯丁이라고 하는 것이다. 정丁이라는 것은 병화丙火의 기운이 충분히 무르익은 열로 본다. 돋보기로 종이 위에 태양 빛을 모으면 초점을 이룬 곳에서 연기가 폴폴 나는데, 이때 생기는 열을 정화丁火에 비유할 수 있다.

그러나 이렇게만 이해해서는 안 된다. 정화丁火는 병화丙火에 비해서 밤에 빛나는 속성이 많다. 고전에서도 찾아볼 수 있듯이 정화는 밤을 밝히는 달빛, 별, 등잔불, 형광등, 네온사인, 촛불, 등대, 가로등을 상징한다. 이 가운데 촛불이 될 때의 속성은 조금 다르다. 정화가 촛불이 되면 종교인의 속성이 있는 걸로 해석한다. 그 밖에 정화가 달빛으로 작용하는 경우, 등잔불로 작용하는 경우 등 각각의 경우에 어떤 차이점이 있는지 구별하는 게 중요하다. 그 차이점에 대해서는 고급 이론에 가서 이야기하기로 하자.

정화丁火 일주는 밤에 빛나는 속성으로 인해 밤길을 걷는 사람이 안전하게 목적지에 도착할 수 있도록 방향을 제시하고 이끌어주는 역할을 잘한다. 밤바다의 등대처럼 누군가에게 희망의 빛이 되어주는 사람으로, 교직敎職이나 성직聖職과 인연이 많다. 그렇다 보니 인정이 많고, 봉사정신과 희생정신이 남다르다. 감정적인 데가 있어서 눈물이 많기도 한다. 병화는 천지사방을 비추느라 구석구석 살피는 면이 떨어지는 반면, 정화는 어느 한 분야를 랜턴처럼 꼼꼼하게 밝히는 속성이 있다. 그래서 뛰어난 집중력으로 한곳에 몰입하기를 잘한다. 연구직이나 연구개발직에 어울리는 사람이다.

단점으로는 조금 고독하고 세속성과 현실 감각이 약하다. 반면에 병화는 낮이라는 현실 세계를 잘 반영한다. 태양이 어두워질 때는 종교적 속성을 띠지만, 그렇지 않으면 병화는 현실적인 가치를 매우 중요히 여긴다. 반면에 정화는 밤에 작용하는 빛이므로 정신 세계, 정신적 가치, 이상 세계와 밀접하다. 병丙과 정丁이 같이 섞여 있으면 현실적인 면과 정신적인 면이 충돌하게 된다. 현실적인 문제로 고민하는 한편 정신적으로 추구하는 가치를 놓지 못해서 머릿속이 항상 복잡하다.

정화丁火 일주가 밝게 빛나기 위한 조건을 알아보자.

첫째, 주변 환경이 어두워야 한다. 병화가 밝게 빛나기 위해서는 지지가 사오미巳午未로 밝아야 한다면, 정화가 빛을 내며 능력을 발휘하려면 지지가 해자축亥子丑으로 조금 어두워야 한다. 밝을 때는 왜 빛의 역할을 하지 못할까? 환한 대낮에는 등불을 밝힐 필요가 없기 때문이다.

둘째, 목木이 필요하다. 화火의 속성상 목木이 있어야 밝아지는데, 여기서 목이란 바람을 말한다. 청풍명월淸風明月이라는 말이 있듯이 맑은 바람이 불 때 달이 유난히 밝아 보이며, 별도 그 아름다움이 더욱 빛을 발한다. 윤동주의 시 〈하늘과 바람과 별과 시〉에서도 목과 화가 만났을 때의 조화로움을 감상할 수 있다.

셋째, 정화丁火가 임수壬水를 만나면 밤에 호수에 비친 달처럼 되어 아름답게 빛날 수 있다.

정화丁火는 무조건 경금庚金을 잘 녹인다고 알고 있는 사람이 많은데 경금을 잘 녹이기 위해서는 뜨거운 용광로 같은 조건을 갖추어야 한다. 신금辛金은 약해서 정화가 잘 녹일 수 있지만 보석과 같은 신금은 굳이 녹일 필요가 없고 빛으로 비춰주는 게 좋다. 예를 들어 신금辛金이 다이아몬드라면 녹이기보다 정화丁火의 조명으로 비춰줄 때 가치가 더 높아진다. 정화가 어떤 방법으로든 다이아몬드를 좀 더 아름답게 만들어주면 정화와 신금이 매우 아름다운 관계를 맺은 것이다.

정화가 경금庚金을 녹이려면 어떤 조건이 필요하다. 그 조건을 흔히 벽갑생화劈甲生火라고 하는데, 벽갑생화란 장작 갑목甲木을 쪼개서 정화丁火로 불을 일으키면 불길이 세져서 경금庚金을 녹일 수 있다는 논리다. 결국 정화는 경금을 보면 큰 무쇠를 녹일 정도의 열이 필요하고, 신금 보석은 비추기만 해도 되기 때문에 정화 일주에게는 경금보다 신금辛金이 올 때 재복이 크다.

정화가 열이 아니라 빛으로서 밝게 비추는 역할을 할 때는 보통 남을 인도하고 가르치는 일을 한다. 또 남이 잘 가지 않는 분야의 길을 걸으며 그 분야를 선도하고 개척하게 된다. 다만 정화가 아주 밝을 때 태어나면, 예를 들어 지지가 사오미巳午未로 밝은 정화 일주는 빛으로서의 역할을 잘 하지 못한다. 이 경우는 정화가 매우 뜨거워져 금金을 녹이는 열의 역할밖에 하지 못한다. 빛으로 살아가는 정화가 정신적 가치를 추구한다면, 열로 살아가는 정화는 재물인 금金을 다루기 때문에 매우 현실적이며 세속적이다.

정화丁火가 가장 꺼리는 것 중 하나가 병화丙火이다. 병화는 병화를 만나면 어두워지지만, 정화는 정화를 만났다고 해서 어두워지지 않는다. 정화가 가장 어두워질 때는 병화를 만났을 때다. 태양이 뜬 대낮에는 달빛이나 별빛이 밝은 태양에 가려져서 보이지 않는 것과 같다. 이것을 병정탈광丙丁奪光이라고 하며, 그대로 해석하자면 태양으로 인해 별을 볼 일이 없어진 것이다.

정화가 병화를 만났다면 어떤 방법으로든 병화를 피하는 게 좋다. 만일 연월에 병화가 있는 정화 일주라면 해외에 나가서 활동하기를 권한다. 자신이 태어난 지역에서는 태양이 떠 있어서 정화가 힘을 못 쓰기 때문이다. 이런 사람이 해외에 나가면 국가 자리의 병화가 없어진 효과가 있어서 해외에서 능력을 발휘하기가 수월해진다.

다시 한 번 강조하지만, 병화丙火와 정화丁火는 속성이 전혀 다른 화火이며, 이것이 사주에서 어떤 속성으로 작용하고 있는지 분명히 파악해야한다. 정화가 달이나 별처럼 스스로 빛을 내서 어둠을 밝히는 빛인지, 등불처럼 심지를 통해 어둠을 밝히는 빛인지, 아니면 강한 열기로 경금庚金까지 녹이는 불인지 분별할 줄 알아야 한다. 그러지 않고 단순히 억부논리를 적용해 사주를 풀이하면 오류가 생기기 쉽다.

무토戊土

토土는 무토戊土와 기토己土로 나뉜다. 무토는 양이며, 기토는 음에 속한다. 토의 속성을 한자어로 나타내면 기를 가稼, 거둘 색穡을 써서 '가색稼穡'이라고 한다. 무언가를 기르고 거두어들인다는 의미다. 원래 땅이란게 만물이 자라는 터전이 아닌가. 무토와 기토 모두 가색의 속성을 갖고 있지만, 굳이 구분하면 무토는 기르는 속성이 더 강하고, 기토는 거두는 속성이 더 강하다. 기토가 조금 더 실속을 따지는 셈이다.

무토戊土는 넓은 땅을 의미한다. 어머니가 아이를 품고 기르듯 넓은 땅이 많은 것을 품고 기른다 하여 무토에 모성애적인 속성이 있다고 한다. 무토는 넓은 땅이며 모성애적인 속성이 있어서 산, 제방, 언덕, 옛것, 유교적, 전통, 보수성, 중국 등을 상징한다. 사주 풀이를 할 때 출생지나 거주지의 기운을 따지기도 하는데, 대전大田처럼 지명에 넓을 광廣자의 의미가 담긴 지역은 무토의 기운이 있다고 해석할 수 있다.

무토는 땅 중에서도 특히 산을 상징한다. 산은 많은 동식물이 살아가는 터전으로 어머니처럼 많은 것을 받아들이는 수용성과 넉넉함이 있다. 그래서 무토의 속성을 수용성, 넓은 아량 이외에 순박함, 선함, 신중함, 과묵함, 후덕함 등으로 풀이한다.

기본적으로 모든 토土들은 중개하고 화해시키고 조정하는 역할을 잘하며, 신뢰와 신용을 중시하는 경향이 있다. 다만 무토戊土의 기운이 너무 강하면 고집이 세고 융통성이 부족할 수 있고, 자기중심적이고 이기적인 성향이 나타나기도 한다. 그래서 토의 속성상 겉으로는 순박하게 생긴 사람이 의외로 이기적이고 음흉하게 행동하는 경우가 있다. 또 신중한 성격이다 보니 행동에 앞서 지나치게 고민하고 망설이다가 실행할 시기를 놓치기도 한다. 이런 면이 다른 사람에게는 답답해 보이기도 하고, 부족한 결단력, 무르고 둔한 성격, 또는 게으른 사람이라는 인상을 주기도 한다.

그럼 넓은 땅은 어떤 역할을 잘하는가. 이미 말했다시피 넓은 땅은 많은 것을 기르고 보살핀다. 그래서 무토戊土의 속성을 지닌 사람은 경영에 대한 마인드가 있다. 넓은 땅을 이용해 많은 사람을 먹여 살릴 수 있는 잠재력을 갖고 있다. 무토가 그런 잠재력을 잘 표출하기 위해서는 어떤 조건이 필요할까?

첫째, 무토戊土에는 갑목甲木이 필요하다. 넓은 땅에는 기본적으로 갑목이 잘 자라며, 무토에 갑목 큰 나무를 심었을 때 그 어울림이 매우 조화롭다. 또 산에는 큰 나무들이 있어야 홍수와 산사태를 막을 수 있다. 비가 왔을 때 나무들이 스펀지 작용으로 물을 한껏 흡수하기 때문이다. 바로 이것이 녹색 댐의 효과로, 산 전체가 물을 머금고 있어서 가뭄에 대비할 수도 있다.

토土에게 물은 재물이다. 넓은 땅일수록 많은 물을 원하며, 물이 많아야 많은 생명을 길러낼 수 있다. 산에 나무가 많다는 것은 무토에게 물이 끊이지 않는 것과 같다. 이렇게 나무와 물이 풍부하면 산이 멋진 자태를 뽐내어 명산이 되고, 명산이 되면 많은 사람이 찾아오는 휴식 공간이 되기도 한다.

이렇게 무토戊土는 을목乙木보다 갑목甲木을 품고 있을 때 자신의 존재

가치를 훨씬 드높일 수 있다. 갑목甲木은 큰 인재를 상징하기 때문에 갑목을 갖춘 무토戊土 일주는 교육직에서 능력을 발휘하거나, 경영을 하여 많은 사람을 먹여 살리는 능력도 있다. 만일 무토가 작은 나무 을목을 키운다면 홍수나 산사태 방지 효과가 떨어진다. 을목은 갑목처럼 물을 많이 흡수하지 못하기 때문이다. 게다가 을목乙木이 온통 무토戊土를 덮고 있다면 자칫하면 잡초 밭이 될 수 있다. 갑목甲木은 산에 물이 풍부하게 만드는 반면, 을목은 물의 증발량을 가속시킨다. 10제곱센티미터 면적의 잔디가 일 년간 증산하는 물의 양이 55톤이라고 하니 엄청난 양이다. 이렇게 을목乙木은 물을 소비할 뿐 키가 크지 않아 무토戊土를 명산으로 만들어주기는 어렵다.

만일 무토戊土 일주 여성이 을목乙木 정관正官이 약하게 있으면 남편을 수생목水生木해서 큰 거목으로 키우고 싶어서 남편을 엄청나게 지원하지만 을목乙木은 잔디와 같아서 물만 대량 소비하고 별로 자라지 못한다. 그래서 결국은 남편이 돈만 헛되이 날리게 된다. 물론 을목乙木이 자라는 무토戊土라도 사주 구성이 잘 되면 꽃동산이 되어 명예를 얻을 수 있다.

둘째, 무토戊土가 제 역할을 하려면 태양과 금金이 필요하다. 무토가 품고 있는 갑목甲木이 잘 자라려면 당연히 햇빛이 필요하지 않은가. 그리고 금金으로 갑목을 잘 다듬어줘야 나무가 잘 자랄 수 있다.

셋째, 무토戊土에는 물이 필요하다. 물이 없는 땅에서는 생명이 자라지 못하니 죽은 땅이나 마찬가지다. 그리고 평야 옆에는 임수壬水 같은 큰 강이 흐르게 마련이다. 그래야 평야가 많은 경작을 하여 사람들을 먹여 살리고 훌륭한 인재를 키워낼 수 있다. 바로 그것이 넓은 땅의 덕성이다.

자연명리
초급편

만일 무토 옆에 계수癸水가 있다면 큰 경영을 하기는 어렵다.

기토己土

기토己土는 무토戊土에 비해 작은 땅이다. 기토가 꼭 음陰이기 때문에 작은 땅이라고 하는 것이 아니다. 동양철학에서는 원래 음양을 구별해 사물을 지칭하므로 기토를 음이라 한 것이다. 기토는 작은 땅이며, 정원이나 텃밭, 길, 비옥한 땅, 진흙, 늪 등을 상징한다.

정원과 텃밭은 가정의 속성이 있다. 길로도 보기 때문에 기토己土 일주나 사주에 기토가 많은 사람은 역마 기질이 있다. 기토는 기본적으로 촉촉하고 비옥한 땅, 진흙을 상징하지만, 화火가 없이 물만 많은 기토는 늪과 같은 땅이 된다.

기토己土의 속성을 무토戊土와 비교하며 좀 더 자세히 알아보자. 무토戊土가 대륙적인 기질이 있다면, 기토己土는 가정적인 속성이 있어서 최대한 가정을 지키고 자신의 영역을 안정적으로 지키려고 한다. 보통은 비교적 작은 무대, 활동 공간이 크지 않은 환경에서 능력을 발휘하지만, 꼭 그렇지만도 않다. 사주에 기토己土가 여러 개라면 여러 가정을 상대하므로 넓은 공간이나 전국구를 무대로 활동할 수도 있다.

정원이나 텃밭은 그 둘레로 울타리가 있게 마련이며, 울타리가 있다는 것은 그 땅을 가꾸는 주인이 있다는 뜻이다. 주인의 손길이 닿지 않는 정원이나 텃밭은 벌판에 버려진 땅이나 마찬가지다. 이렇듯이 기토己土는 기본적으로 울타리를 치고 가정을 잘 지키려는 성향이 강하다. 그러다 보니 무토戊土에 비해서 실속을 따지는 편이며 이기적인 면을 보이기도 한다. 경영 마인드 측면에서는 무토戊土가 일을 크게 벌이려고 한다면 기토己土는 최대한 안정적인 선에서 경영하려고 한다.

기토己土를 정원이라고 했을 때 가장 아름다울 수 있는 조건은 무엇일까?

첫째, 을목乙木이 필요하다. 무토戊土 산에는 갑목甲木이라는 큰 나무가 있어야 명산이 되지만, 기토己土 정원에는 을목乙木 화초를 심어야 아름답다. 만일 텃밭이라면 그 밭에 걸맞은 농작물을 심어야 한다. 작은 텃밭에 커다란 소나무를 심으면 어떻게 되겠는가. 소나무 뿌리가 땅을 다 점령하고 나뭇가지가 햇빛을 가려버려서 농작물을 재배하지 못할 것이다. 또 정원에 큰 나무가 심어져 있다면 집안을 다 가려버려서 집안이 답답한 기분이 든다.

만일 기토己土에다 반드시 갑목甲木을 심어야 한다면 기토의 땅을 넓혀야 한다. 즉, 기토가 여러 개 있어야 한다. 그게 여의치 않다면 갑목甲木을 상대로 강하게 구조조정해야 한다. 나무의 가지를 최대한 쳐냄으로써 기토 넓이에 맞게 부피를 줄여야 한다. 기토 일주가 그런 사주 구조를 가졌는지 분명히 읽어내야 갑甲을 잘 길러낼 수 있는지 여부를 판단할 수 있다.

둘째, 기토己土가 을목을 잘 키우려면 화火와 금金이 필요하다. 화火가 있어야 을목이 꽃을 피우고, 신금辛金 가위가 있어야 을목의 모습을 좀 더 아름답게 다듬어줄 수 있다. 만일 을목이 밭에서 자라는 농작물이라면 신금辛金의 낫이 있어야 수확을 할 수 있다. 다시 말해 기토는 신금이 있어야 거두어들이는 마무리를 잘할 수 있다. 기토에 일단 화와 금이 충분하면 을목이 잘 자랄 수 있는 환경이 조성된 것이다. 만일 기토 일주 여성이 이런 사주 구조를 가졌다면 집안을 잘 다스려서 가족들을 모두 성공적인 삶으로 이끌고 집안의 명예를 높일 수 있다.

셋째, 기토己土는 수水가 있어야 생명을 기를 수 있다. 옛날에 집 마당 한쪽에는 우물이 자리하고 있었다. 우물이 있어야 집안 식구들을 먹여 살릴 수 있었다. 여기서 집안 식구들이 바로 을목乙木이다. 목木은 사람을 상징하기도 하지 않는가. 다시 말해 가정이라는 기토己土에서 가족이라는 을목乙木을 보살피기 위해서는 적당한 물, 즉 수水가 필요하다. 너무 많은 물 임수壬水는 필요 없다. 우물이나 샘물 정도 되는 계수癸水라면 충분히 아름답게 기토를 가꿀 수 있다.

만일 기토己土가 약하여 흙이 단단하지 않은데 임수壬水 같은 큰 물이 들어오면 기토가 휩쓸려버리게 된다. 기토는 무토戊土같이 제방 역할을 하지 못하는 땅이기 때문에 이런 경우 자칫하면 텃밭에 홍수가 난 형국이 된다. 정원에 물이 꽉 찬 형국이니 집안에 흉사가 들어온 것과 같다. 특히 수水가 재물에 해당하니 재물로 인한 고통을 겪게 된다. 기토는 기본적으로 임수壬水 재물보다 계수癸水 재물을 잘 다룬다. 물론 기토가 여러 개 되어 단단하고 넓은 땅으로 변하면 임수壬水 재물도 거뜬히 감당하게 된다.

무토戊土와 기토己土를 비교해서 정리하면, 무토는 큰 나무를 키울 때 더 능력을 발휘하며 큰 나무가 무토를 더 아름답게 만들어준다. 반면에 기토는 을목 같은 화초를 기를 때 능력을 발휘한다. 육친으로 토土에게 목木은 관官이니 무토戊土는 갑목甲木을 기르고 기토己土는 을목乙木을 잘 기르는 구조가 될 때 크게 명예를 얻을 수 있다.

기토己土에게 갑목의 임무가 주어졌다면 기토 땅이 넓어지는 운에 능력을 발휘한다. 이 시기에는 금金도 신금辛金보다 경금庚金이 있어야 갑목을 잘 다듬을 수 있다. 기토에게 경금은 육친으로 상관傷官이므로 기토가 경금을 보면 상관견관傷官見官이 되어 무조건 나쁘다고 해석하는 사람도 있는데, 이런 경우는 상관견관이 되는 게 아니라 경금庚金이 갑목甲木의 불필요한 가지를 쳐내 줌으로써 거목을 아름다운 정원수로 만들어준다. 아름다운 정원수로 인해 아울러 작은 기토己土 정원도 아름다워질 것이다. 또 경금이 갑목의 가지를 쳐내 주어야 햇빛이 잘 들어와 정원에 있는 다른 화초들도 잘 자랄 수 있다.

숲에서 나무를 가꾸는 일을 하는 조림사들은 모든 나무가 다 같이 자라도록 내버려 두지 않고 솎아베기를 한다. 나무들이 빽빽하게 모여 있으면 중간 중간에 있는 나무들을 과감히 베어내서 나무와 나무 사이에 공간을 만들어주는 것이다. 그래야 갑목을 갑목답게 키울 수 있다. 솎아베기를 해주지 않으면 나무들이 뿌리와 가지를 마음껏 뻗지 못하고 영양분도 제대로 얻지 못해 거목으로 자랄 수 없다. 솎아베기를 하고 불필요한 가지도 쳐내기 위해서는 작은 신금辛金이 아니라 큰 경금庚金이 필요하다.

지금까지 살펴보았듯이 무토戊土와 기토己土는 둘 다 토土이지만, 존재하는 양성은 각기 다르다. 그 차이점을 분명히 파악하고 이해해야 사주를 풀이하는 안목이 넓어진다.

경금庚金

금金에는 경금庚金과 신금辛金이 있다. 금金의 속성을 한자어로 나타내면 따를 종從, 가죽 혁革을 써서 '종혁從革'이라고 한다. 종혁이란 새롭게 바뀌는 것을 의미한다. 즉, 금金이란 새로운 것을 좇아 바뀌는 속성이 강하다. 오행 중에서 유일하게 금金만이 녹여서 거푸집에 넣었을 때 그 모양을 좇는다. 물론 물도 새로운 모양을 잘 좇아간다. 물을 새로운 형태의 그릇에 담을 때마다 그릇의 형태대로 물의 모양이 변하지 않는가. 그런데 금과 수는 그 변화에 다른 점이 있다. 금을 녹여서 거푸집에 부으면 거푸집 모양대로 자신을 변신시켜 그대로 유지한다. 새로운 형태의 금으로 다시 태어나는 것이다. 반면에 물은 어떤 그릇의 형태로 변했다가도 그릇을 벗어나는 순간 다시 자신의 본모습으로 돌아간다. 이것은 새롭게 바뀐다는 의미가 아니다.

그런데 금金이 능력을 발휘하는 역할에 대해서는 종혁으로 이해하면 안 된다. 금의 역할을 알기 위해서는 포양包陽 작용이나 숙살肅殺 작용에 대해 먼저 이해해야 한다.

금金을 음陰과 양陽으로 보자면 경금庚金은 양陽의 금, 신금辛金은 음陰

의 금으로 구분한다. 경금의 상징물은 큰 칼, 무쇠, 철강, 큰 바위, 기차, 그리고 군인, 경찰 등이다. 군인과 경찰이 왜 경금과 관련이 있을까? 군인과 경찰이 들고 다니는 칼, 총 등의 무기를 금으로 만들기 때문이다. 또, 칼의 재료인 철의 역사를 보면 권력 이동과 아주 밀접한다. 칼은 곧 권력을 상징하기 때문에 권력 구조가 지배하는 군인과 경찰을 경금의 상징물로 본다.

庚이라는 한자는 '다시 경更'의 의미도 있어서 '(잘못된 것을) 고치다, 계산하다, 변화하다'로 풀이하기도 한다. 역사적으로 보아도 경금庚金이 들어오는 해에는 변화와 개혁에 대한 시도가 많았다. 경자庚子년에는 4·19 혁명이 일어났으며, 경신庚申년에 전두환 정권이 들어서면서 사회 정화를 위해 악을 일소시킨다는 명분을 내세웠다.

금金은 그 속성상 의리가 있고, 끊고 맺음이 분명하며, 결단력이 있고, 일을 밀어붙이는 추진력도 강하다. 이런 속성이 잘 갖춰지면 카리스마를 발휘하게 된다.

경금은 목木, 화火, 수水를 잘 만나야 한다. 이 세 가지 환경이 기본으로 갖춰져 있어야 금金으로서의 완성도가 높아진다. 무쇠가 가장 아름답게 완성된 모양을 '칼'이라고 한다. 멋지고 성능 좋은 칼은 목, 화, 수의 세 가지 조합에 의해 탄생한다. 그렇다면 경금庚金이 큰 칼일 경우 큰 칼로서 능력을 발휘하기 위한 최적의 환경을 자세히 알아보자.

첫째, 칼에게 화火가 필요한 이유는 세 가지가 있다.

우선 무쇠가 칼의 강도를 유지하기 위해서는 철을 제련할 때의 온도가 굉장히 높아야 한다. 즉, 화火의 기운이 매우 강해야 한다. 자연 상태에서 불의 온도는 700~800도 이상 높이기기 어렵디. 숯이 등장하면서 900도 정도로 높아졌고, 나아가 풀무질 도구 사용이 가능해져 1천 도 이상 높이게 되면서 철을 제련할 수 있게 되었다.

한편, 칼은 날카로우니 주변의 사물이 베일 수 있는 위험에 노출돼 있다. 칼이 그런 위험을 범하지 않으려면 화火의 통제를 받아야 한다. 경금에게 화火가 있으면 칼이 칼집 속에 안전하게 보호되어 있는 것과 같다. 만일 화火가 없으면 칼이 제멋대로 춤을 춰서 자신과 남을 다치게 할 수 있다.

칼에게 화火가 필요한 세 번째 이유는 화火가 칼을 더 빛나게 해주기 때문이다. 화火 중에서도 병화丙火가 그 역할을 잘한다. 경금庚金은 권력의 속성이 있으며, 또한 병화 자체가 국가, 권력 등을 상징하기도 한다. 그렇기 때문에 경금庚金이 지닌 권력의 명예를 병화丙火가 더 드높여줄 수 있다. 정화丁火가 경금庚金을 녹여주므로 경금에게는 병화보다 정화가 낫다는 주장도 있지만, 절대 그렇지 않다. 경금庚金의 명예는 병화丙火로 비춰줄 때 더 높아진다.

둘째, 칼에게 목木이 필요한 이유는 두 가지가 있다. 우선 제련을 위해 화火의 기운을 높이려면 목木의 힘이 필요하다. 한마디로 목생화木生火가 잘 되어야 한다. 그래야 금金을 녹일 정도의 온도가 된다.

칼을 제련하고 나면 마지막으로 칼자루를 달아주어야 하는데 이때 다시 목木이 필요하다. 손잡이가 없는 칼은 맘껏 휘두를 수 없으니 칼로서의 능력이 떨어진다. 경금은 큰 칼이니 손잡이도 커야 하므로 갑목甲木이 있어야 좋다. 만일 이 칼이 도끼라면 갑목甲木으로 만든 튼튼한 자루를 달아줘야 장작을 팰 수 있다. 또 도끼는 나무를 패는 역할을 하니, 도끼가 도끼로서 살아가기 위해서는 쪼갤 대상물인 나무가 필요하다. 이런 면에서도 경금에게는 갑목甲木이 필요하다. 만일 갑목甲木이 없다면 도끼는 처마 밑에 우두커니 기대선 채 녹슬어갈 것이다.

경금庚金 칼에게 을목乙木 자루를 달아주면 맘껏 휘두를 수 없어서 큰 칼로서의 능력이 떨어진다. 도끼 모양새를 하고 있는 칼이 회초리나 화초처럼 작은 목木밖에 자를 수 없는 처지가 되는 셈이다. 이런 형국이 되면 경금庚金이 살아가기에는 재물이 너무 작은 사주가 되어 사업을 하기가 어렵고, 큰 칼로서의 위용을 발휘할 수 없기 때문에 리더가 되기도 어렵다.

셋째, 제련한 칼을 단단하게 만들기 위해서는 수水가 필요하다. 1천 도가 넘으면 철은 고온 수축을 한다. 다른 물질은 고온이 되면 팽창을 하는데 철만이 수축을 하며 이때 입자들이 질서정연하게 배열이 된다. 그 상태를 유지해야만 칼날이 날카롭게 되는데 그러려면 담금질을 해서 빠르게 식혀야 한다. 이때 필요한 것이 바로 수水이다.

금金은 수水를 볼 때 날카로움이 더해진다. 수水를 만나지 못한 칼은 무뎌서 살상 도구로 사용하기가 어렵다. 경금庚金은 크기 때문에 작은 물 계수癸水보다는 큰물 임수壬水를 만나야 한다. 임수로 담금질을 해줄 때 경금庚金이 훨씬 날카로워지며 완성도 있는 칼이 된다.

신금辛金

경금庚金이 큰 칼이라면, 신금辛金은 작은 칼, 작은 금속이다. 경금이 큼지막하고 둔탁한 이미지라면, 신금은 날카롭고 작고 정밀하고 섬세한 이미지의 금이다. 그래서 신금辛金은 보석, 바늘, 작은 칼, 가위 등을 상징한다.

신辛이라는 한자에는 '새로울 신新'의 의미도 있어서 신금辛金 역시 변화의 속성을 갖고 있다. 경금庚金의 변화가 잘못된 것을 바꾸는 의미의 변화라면, 신금辛金의 변화는 유행 등을 좇아 계속해서 새로움을 시도하는 의미의 변화다. 그래서 신금辛金 일주는 자신에 대해 변화를 시도하거나 아름답게 가꾸려는 특성이 있다. 이런 특성이 부정적으로 나타나면 칠면조처럼 변덕이 심해질 수 있다.

신금辛金은 보석과 같아서 기본적으로 인기가 있는 편이다. 사주 풀이를 할 때 신금은 이성과 문제를 일으킬 수 있는 글자로 보기도 한다. 신금辛金 일주는 사람들에게 주목받기를 좋아해서 옷차림에 신경을 쓰는 편이며, 이런 점이 지나치면 사치나 허영기를 보일 수 있다. 한편, 바늘과 같은 속성으로 인해 빈틈이 없고 예리하고 성격이 까칠한 면이 있다. 그래서 상대의 정곡을 찔러서 상처를 주기도 하고, 예민하다 보니 스스로 스트레스를 많이 받는다. 신금辛金 일주들은 독설을 내뱉지 않도록 신경을 쓰는 게 좋다. 만일 신금 일주의 사주 구성이 좋다면 일처리를 매우 꼼꼼하고 깔끔하게 하는 사람이 된다.

보석의 단점은 귀하고 아름다운 만큼 사람들에게 유혹의 대상이 되어 남의 손을 많이 탄다는 것이다. 그러다 보면 보석이 변색되어 귀함이 천함으로 바뀌기 쉽다. 그래서 신금 일주는 인기를 얻다가 어느 순간 추락해서 밑바닥에서 다시 시작해야 하는 경우도 많다.

신금辛金이 보석으로서 최고의 진가를 발휘하기 위해서는 경금처럼 목木, 화火, 수水가 필요하다. 목 중에서도 작은 을목乙木이 필요하고, 화 중에서는 정화丁火가 필요하며, 수 중에서는 임수壬水가 신금辛金에게 이로운 작용을 한다.

그럼 신금辛金에게 필요한 목, 화, 수에 대해 자세히 알아보자.

첫째, 신금辛金이 바늘이라면 실이 필요하다. 이 실이 바로 을목乙木에 해당한다. 가위도 가위로서 살아가려면 자를 대상인 실이나 옷감, 머리카락 등이 필요하다. 옷감과 머리카락도 을목乙木이다. 또 신금이 작은 칼이라면 작은 칼에 어울리는 손잡이가 필요한데, 이 손잡이 역시 을목乙木에 해당한다. 구슬이 서 말이라도 꿰어야 보배라는 속담이 있다. 이 말은 신금은 을목을 만나야 보배가 된다는 것이다. 신금이 갑목甲木을 만나면 자기 완성도를 높일 수가 없다.

신금辛金이 을목乙木을 만나면 을목이 칼에 무참히 잘려나가서 나쁘다는 논리가 유행할 때가 있었다. 이것을 이전최화利剪摧花라고 하는데 지금도 이 논리를 진리라고 여기며 신금辛金은 갑목甲木을 만나야 한다고 주장하는 사람들이 많다. 그러나 갑목甲木 나무는 신금辛金이 잘 다듬을 수도 없고, 손잡이로 사용하기에도 너무 크고, 신금 가위로는 갑목을 자를 수도 없다. 또 신금 바늘과 갑목은 전혀 어울리지 않다. 물론 못이라면 건축에서 갑목에 박는 용도로 쓸 수 있지만 이것은 조금 특별한 경우다. 일반적으로 신금辛金이 갑甲을 만난 사주는 자기 맘대로 휘두를 수 있는 칼로서의 능력을 발휘하지 못하기 때문에 조직생활을 하는 것이 좋다.

둘째, 신금辛金에게는 정화丁火가 필요하다. 신금이 병화丙火를 보면 병신합丙辛合이 되어 병화가 어두워진다. 물론 병신합丙辛合을 해도 완전히 어두워지는 경우와 어두워지지 않는 경우가 있는데, 이런 사주 구조는 고급 논리로 가야 이해할 수 있다. 기본적으로는 병신합丙辛合의 형태가 이루어지면 병화丙火가 어두운 형태의 관官이 되게 마련이다. 이런 구조를 가진 신금辛金 일주는 일인자 밑에 가려진 채 조용히 2인자 역할을 하는 경우가 많다. 그것은 병화丙火가 어두워졌기 때문이기도 하고, 병화에게 통제받는 칼로서의 역할을 하는 것으로 해석하기도 한다.

신금辛金에게는 빛으로서 보석을 비춰줄 정화丁火가 필요하다. 보석에게 조명이 없으면 그 가치가 훨씬 떨어진다. 신금이 바늘이라면 재봉틀로도 볼 수 있다. 재봉틀을 돌리려면 전기가 필요한데 이때는 정화丁火가 전기 역할을 한다. 신금이 칼이라면 정화가 있어야 칼에서 빛이 나고 칼이 함부로 사용되지 않도록 통제가 된다. 이렇게 정화丁火가 빛의 역할을 할 때 신금은 충분히 명예를 얻는다.

만일 신금辛金에게 정화丁火가 열로 작용한다면 어떻게 될까? 그러면 신금을 녹이는 역할을 하여 을목 칼자루도 태워버린다. 칼이 자기 능력을 상실하게 되는 것이다. 이런 상황이 되지 않으려면 수水가 나타나 불이 붙지 않도록 통제를 해줘야 한다. 그래야만 열로서의 정화丁火를 쓸 수 있다. 즉, 화火라는 것은 지나치게 강하면 갑목甲木이든 을목乙木이든 칼자루를 태워버려서 칼로서의 능력을 잃어버리게 한다. 또한 경금이 쪼개야 할 나무를 태워버려서 현실적으로는 재물이 사라지는 형국이 된다.

셋째, 경금庚金처럼 신금辛金 또한 화火로 인한 피해를 입지 않으려면 수水의 통제를 받아야 한다. 수水가 없는 금金 일주는 항상 불안정하다. 언제 칼자루가 사라질지 모르고, 재물에 해당되는 목木이 타버릴지 모르기 때문이다.

수水는 임수壬水와 계수癸水가 있는데, 물론 신금은 작은 물 계수癸水로 닦여도 생명을 다루는 수술칼로서의 능력을 발휘한다. 다만 명예롭게 빛나게 하는 데는 계수癸水로는 조금 약하다. 신금 일주도 명예를 크게 얻으려면 계수보다 임수壬水와 함께하는 게 낫다. 임수壬水 호수에는 병화 태양이 떴을 때도 아름답지만, 밤의 호수에 달빛이 비추고 있을 때도 무척 아름답다. 다시 말해 신금도 임수壬水의 물로 닦일 때 화火의 통제가 잘 된다. 통제가 적당히 된 화火는 신금 보석을 아름답게 비춰줌으로써 명예를 끌어다 준다. 신금에게 계수癸水는 생명을 다루는 분야에서 능력을 발휘하게 해주기는 하지만, 명예까지 크게 만들어주지는 못한다. 계수癸水는 병화丙火도 잘 끄고 정화丁火도 잘 끄는 기질이 있기 때문이다.

지금까지 살펴본 것처럼 경금庚金을 둘러싼 목木, 화火, 수水의 작용과 신금辛金을 둘러싼 목, 화, 수의 작용에 어떤 차이점이 있는지, 그 차이점이 사주에서 어떤 특성으로 나타나는지 분명히 이해해야 한다. 그렇지 않고 단순히 신강 신약만 따져서 사주 풀이를 하면 오류가 많다. 오류가 많기 때문에 이런저런 이론이 많이 생겨나는 것이다. 자연의 이치를 바탕으로 사주를 분석하면 이론이 점점 줄어들며, 결국은 자연명리라는 하나의 이론만 남을 것이다. 자연명리는 단지 십간+干 십이지+二支의 본질만 깊이 이해하면 모든 사주가 해석이 되며, 굳이 특별한 이론이 필요하지 않다.

임수壬水

수水에는 임수壬水와 계수癸水가 있다. 수水의 속성을 한자어로 표현하면 윤택할 윤潤, 아래 하下를 써서 '윤하潤下'라고 한다. 임수壬水는 윤하 중에서도 '하下'의 속성을 많이 갖고 있다. '하下'의 속성을 확장하면 지하에 있다, 감추다, 보관하다, 저장하다 등의 의미로 풀이한다. 壬이라는 한자는 맡길 임任의 의미도 갖고 있다. 하下의 속성은 임수壬水가 강하고, 윤潤의 속성은 계수癸水가 강하다. 계수란 촉촉하게 내리는 비로 만물에 생기를 부여한다. 사람의 피부에 윤기가 흐르는 것도 체액 성분 때문인데 이체액 성분을 계수癸水로 본다.

임수壬水의 대표적인 상징물은 큰 물, 계수癸水는 작은 물이다. 큰 물에는 호수, 강물, 바다 등이 있는데 이들의 속성이 각기 다르다. 임수가 강물이 되려면 어떤 역할을 해야 하고, 바다가 되려면 어떤 형태로 살아가야 하는지를 구별할 줄 알아야 한다. 그래야 그 특성을 활용해 적성과 직업도 판단할 수 있다.

물은 생명의 근원지로서 많은 물 임수壬水는 많은 생명을 살릴 수 있다. 이런 속성으로 인해 임수는 경영, 교육 등의 분야에서 능력을 발휘한다. 그런데 물의 특성상 통제가 되지 않으면 제멋대로 흘러다녀서 쓸모가 없다. 많은 물일수록 반드시 통제, 즉 제방을 해주어야 물로서의 역할을 할 수 있다. 엎질러져서 쓸어 담을 수 없는 물이나 홍수가 난 물은 쓸모가 없기 때문에 물로서의 의미가 없다.

댐이나 저수지, 우물, 수로, 농로 등을 만드는 것이 모두 제방의 한 방법이다. 이렇게 물을 통제해놓아야 농업용수, 공업용수 등 필요한 용도로 필요한 시기에 적절히 끌어다 쓸 수 있다. 물론 바다는 제방을 할 수 없으며 할 필요도 없다. 제방의 필요성이 없는 임수壬水는 '바다'의 속성으로 해석한다.

물이 깨끗하고 맑게 유지되려면 물의 속성상 흘러야 한다. 흐르지 못하고 고인 물은 썩게 마련이다. 물이 흐르려면 목木이 필요하다. 수생목水生木으로 수水는 목木을 향해 흘러간다. 사대강 사업은 자연생태학적으로 보면 자연의 순리를 매우 거스르는 일이다. 자연의 순리대로 흘러야 할 강에 쓸데없이 보洑를 세우는 바람에 유속이 10분의 1로 느려졌다. 물이 제대로 흐르지 못하니 강물이 썩어가면서 밑바닥에 녹조 현상까지 생기고 있다.

임수壬水는 특히 금金이 있어야 한다. 수량이 지속적으로 확보되기 위해서는 금생수金生水로 물을 끊임없이 공급해주는 금金이 필요하다. 사주에 수水의 개수가 많아서 외관상 물이 많아 보여도 금金이 없으면 수량이 적다고 해석한다. 중요한 것은 수水의 개수가 아니라 그 물이 마르지 않고 끊임없이 샘솟고 있어야 한다는 것이다. 이런 사주 구조를 추수통원秋水通源이라고 하는데, 그대로 풀이하면 가을 물이 맑고 수량이 끊이지 않는다는 뜻으로, 이것이 곧 금생수金生水가 잘 되었다는 뜻이다.

수水 일주는 기본적으로 명석한 편이다. 다만 수水가 맑게 흘러야 머리가 좋으며, 수水가 썩으면 머리가 둔하다고 본다. 수水 일주는 물과 물이 잘 섞이는 속성으로 인해 친화력도 좋은 편이다. 또 장애물을 만나면 돌아서 흐르는 물의 속성상 순발력과 융통성이 있고 임기응변에 능한 편이다. 한편, 물이 깊으면 바닥이 안 보이는 속성으로 인해 속을 알 수 없는 사람이라는 평가를 받기도 한다.

임수壬水가 큰 물로서 능력을 발휘하기 위한 조건을 정리해보자.

첫째, 임수壬水는 일단 제방이 되어야 한다. 제방이 되려면 무토戊土의 힘이 필요하다. 기토己土 흙은 조금 약해서 큰 물을 잘 막지 못한다. 물론 기토己土도 수분이 적고 단단한 흙이라면 물을 막을 수 있지만, 제대로 막지 못하면 흐린 물, 탁수濁水가 되고 만다. 기토己土가 제대로 제방 역할을 하기 위해서는 또 다른 조건이 필요한데 그것은 고급 논리에 가서 공부하기로 하자.

둘째, 임수壬水는 수원처 같은 금金이 필요하다. 그래야 물이 끊임없이 샘솟는다. 금金을 갖추고 있는 임수壬水는 경영을 잘할 수 있으며 생명을 다루는 직업과도 밀접하다.

셋째, 임수壬水는 목木으로 적절히 설기되어야 물이 맑게 흐른다. 이런 임수壬水는 많은 사람을 기르고 경영할 수 있는 능력이 있다.

넷째, 임수壬水가 아름다운 물이 되기 위해서는 화火가 필요하다. 호수나 바다, 강에 태양빛으로 인해 은빛 물결이 일렁이면 그 풍광이 훨씬 더 아름답지 않은가. 그리고 지구의 물이 순환하기 위한 동력은 병화丙火 태양에서 나온다. 지구의 적도 지방에서 많은 태양 에너지를 받은 물이 데워지면, 남극과 북극에서는 물이 차가워지며 밀도가 높아져서 밑으로 가라앉는다. 이때 적도에서 데워진 물은 밀도가 낮아져서 대기중으로 증발하며 이동을 한다. 이런 식으로 지구 전체의 에너지가 분산되며 순환하는 것이다.

범위를 좀 더 작게 잡아 물의 순환을 설명하면, 바닷물이 태양에 의해 데워지면 수증기가 되어 대기중으로 떠올라 물방울로 응결한다. 이 물방울이 모여 구름을 이루며 나중에는 비나 눈이 되어 땅으로 떨어진다. 땅으로 떨어진 물은 흐르고 흘러 결국 다시 바다로 모여든다. 이런 식으로 계속 물이 순환하려면 태양의 도움이 필요하다. 만일 물이 순환하지 않으면 물속에 산소가 공급되지 않아 물이 썩는 것은 물론 물속 생물도 살아갈 수 없을 것이다.

물론 임수壬水에게 정화丁火도 중요한 역할을 한다. 정화가 달이라면 달의 중력으로 인해 바다에 밀물과 썰물 현상이 나타난다. 하지만 결과적으로 임수에게는 병화丙火가 있을 때 아름다움과 재물, 명예 면에서 훨씬 가치를 발하며, 정화丁火를 취했을 때는 그 수준이 조금 떨어진다고 할 수 있다.

자연명리
초급편

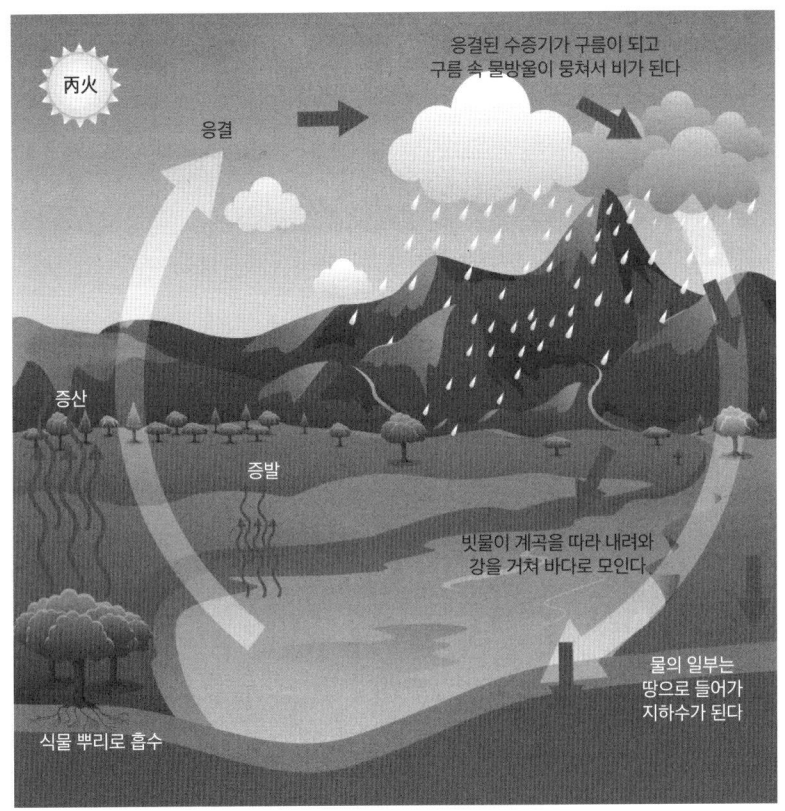

물의 순환

계수癸水

계수癸水는 윤하潤下 중에서 '윤택할 윤潤'의 속성이 강하다. 그래서 체액, 작은 시냇물, 개울물, 샘물, 비, 눈으로 상징된다. 임수壬水가 초목을 키우는 큰 물이라면, 계수癸水는 샘물과 같은 것이니 목마른 사람에게 갈증을 해소시켜 주듯이 오아시스 같은 역할을 한다.

봄에 내리는 비, 여름의 단비, 가을비, 겨울눈의 역할이 다 다르듯이 사주에서 수水가 어떤 작용을 하고 있는지 분명히 구별해야 한다. 예컨대 계수癸水가 여름의 단비라면, 또는 시원한 샘물이라면 각각 어떤 조건이 필요한지 알아야 한다. 겨울의 눈이라도 눈보라로 내리는 눈도 있고 소복소복 조용히 내리는 눈도 있다. 눈보라가 칠 때는 엄청나게 춥고 을씨년스러운 반면, 소복소복한 눈은 오히려 푸근한 온기를 준다. 이런 차이를 분별할 수 있는 안목이 생기면 사주 해석 능력이 훨씬 높아질 것이다.

계수癸水는 단비 같은 역할을 하면서 작은 생명체라도 키우려는 속성이 강하다. 그래서 모성애가 강하고 품고 기르는 역할을 잘한다. 그렇지만 계수癸水가 가을의 물이라면 어떨까? 가을로 접어들면 서리가 끼기 시작한다. 가을 아침에 서리가 앉은 사물의 표면을 만져보면 어떤가? 섬뜩하리만치 차갑고 날카로운 기운이 느껴진다. 그래서 가을의 계수는 아주 독한 속성이 있다고 본다.

계수癸水가 봄비라면 어떨까? 봄비는 한 번씩 내릴 때마다 땅에서, 나뭇가지에서 새싹이 돋으며 초목이 점점 더 푸르게 변해간다. 아울러 기후도 점점 더 따뜻해져가며 봄비에 젖은 풍경은 싱그러운 느낌을 준다.

반면에 가을비는 한 번씩 내릴 때마다 점점 더 을씨년스럽고 날이 추워진다. 점점 더 차고 냉정한 느낌을 준다. 가을이 깊어갈수록 겨울나기를 준비해야 하므로 불필요한 생명을 다 정리정돈해야 한다. 필요한 것만 거두고 필요 없는 것은 가차없이 내쳐야 하므로 가을비는 인정사정이 없으며, 그래서 구별을 잘하는 속성이 있다. 반면에 봄비의 속성을 띤 계수癸水는 구별을 잘 못한다. 봄의 새싹들이 자라서 어떤 나무로 성장할지 모르기 때문에 모두 차별 없이 강한 모성애로 키워내려는 성향이 많다.

계수癸水 일주도 임수壬水처럼 잘 어울리는 친화성이 있다. 다만 임수壬水에 비해서 감성적인 면이 강하며, 변덕이 있는 편이고 끈기가 부족하다. 끈기 부족은 수량 차이에 있다. 수량이 많을수록 강하게 밀어붙이는 힘이 있으며, 수량이 적으면 처음에는 기세 좋게 밀어붙였다가 나중에는 수량이 달려서 마무리를 잘 못 짓게 된다.

계수癸水가 변덕의 속성이 있다는 것은 계수의 모양이 여러 형태로 변하기 때문이다. 계수는 눈으로 내렸다가, 녹아서 비가 됐다가, 서리가 됐다가, 안개가 되는 등 다양한 모습을 나타낸다.

계수癸水가 능력을 발휘하기 위한 조건을 알아보자.

첫째, 계수癸水 역시 임수壬水처럼 수로 즉 제방이 필요하다. 계수는 물이 적은 만큼 수로가 없으면 금방 흙탕물이 되어버린다. 임수壬水를 막는 저수지처럼 큰 제방은 필요 없다. 농로나 수로 같은 기토己土로도 충분히 계수의 제방 역할을 할 수 있다. 만일 수량이 약한 계수癸水에게 무토戊土처럼 지나치게 많은 흙이 들어오면 탁수가 되기 쉽다. 임수壬水에 필요한 제방과 계수癸水에 필요한 제방의 속성이 다르다는 것을 명심해야 한다. 특히 먹는 샘물은 탁하면 샘물로서의 용도를 완전히 잃어버린다. 임수壬水는 농업수, 계수癸水는 샘물에 가깝다. 따라서 임수는 조금 탁해도 쓸 수 있지만, 계수는 얼마나 청정한지가 매우 중요하다. 이런 속성으로 인해 맑은 계수癸水 일주는 사람들의 시선을 끄는 경향이 있다. 깨끗한 물이어서 사람들이 서로 먹으려고 달려들기 때문이다. 계수癸水 일주 여성이 사회활동을 하면 남자들에게 인기가 많을 것이다. 다만 계수가 그 가치를 유지하려면 깨끗한 처신과 행동을 하고 계수로서의 역할을 아주 잘 해야 한다는 약점도 있다. 샘물이 조금만 탁해도 사람들이 먹지 않으려는 것과 같은 이치다.

둘째, 계수癸水 역시 금金이 있어야 샘물이 마르지 않는다. 금생수金生水가 잘 되어야 물이 계속해서 솟아나서 샘물로서의 가치가 있다.

셋째, 계수癸水 주변에는 목木이 있어야 흙탕물이 되지 않는다. 나무가 필터 역할을 해서 흙이 물로 섞여들지 않도록 막아준다. 청계천에 가보면 갈대 같은 수초가 많은데, 갈대가 원래 물의 정화 장치 역할을 하는 식물이다. 청계천 도로에서 더러운 빗물이 흘러 들어와도 수초들이 필터 역할을 해서 물을 깨끗하게 유지해주는 것이다.

넷째, 계수癸水에도 역시 화火가 필요하다. 웅덩이 물이나 웅달샘 같은 물은 안 그래도 그늘진 곳에 있기 쉬운데, 이곳에 햇빛이 비치지 않아 너무 습해지면 물이 금방 더러워질 것이다. 또 화火가 비치는 샘물은 그 가치가 훨씬 커진다. 햇빛이 비치면 덥게 마련인데 더울 때 샘물의 가치가 높을까, 덥지 않을 때 샘물의 가치가 높을까? 더위가 없다면 시원한 물은 의미가 없다. 날이 더울수록 생수가 디 많이 팔리는 것도 화火에 의혜 계수癸水의 가치가 높아졌기 때문이다. 물론 금金, 목木, 토土도 계수癸水의 가치를 높여줄 수 있지만 각각의 오행이 높여주는 가치의 의미가 서로 다르다.

그런데 계수癸水에게 재물 병화丙火가 있으면 좋긴 하지만, 수량이 적으면 큰 재물을 감당하지 못한다. 이런 경우에는 사업을 하기보다 남의 재물을 다루면서 재財를 취하는 게 좋다. 즉 조직생활을 하면서 일을 하는 환경에 놓일 가능성이 크다. 계수癸水가 사업을 하려면 정화丁火가 있는 게 좋다. 특히 계수가 겨울눈이 될 때 정화丁火는 엄청난 재물이 될 수 있다. 겨울눈에 비친 정화丁火는 달빛과도 같이 넓은 눈밭 가득 온전히 스며들 수 있다. 그러면 엄청난 재를 지니고 있는 것과 같다.

계수癸水 일주는 조금만 탁해도 인기가 떨어지기 때문에 조심성도 강한 편이다. 이런 점이 지나친 여성은 남자 기피증까지 생길 수 있다. 한마디로 주변 환경에 영향을 많이 받는다고 볼 수 있는데, 이것은 수량 자체의 한계성 때문에 그렇다.

4강

지지

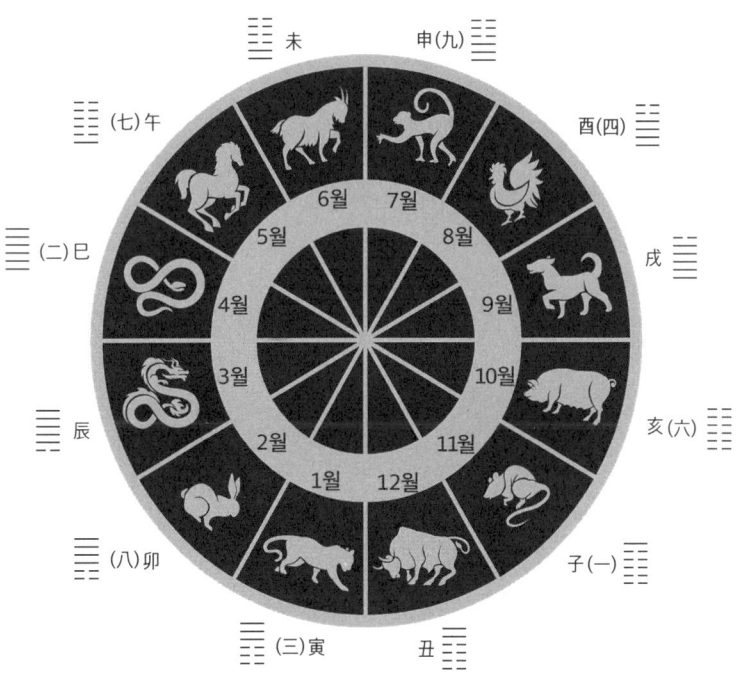

12지지

자子, 축丑

　지지地支는 자축인묘진사오미신유술해子丑寅卯辰巳午未申酉戌亥의 12지지가 있는데, 이 역시 천간처럼 계절의 속성과 밀접하다. 지지에는 계절이라는 시간과 방위가 함축돼 있다. 즉 지지에 대한 이해는 시공을 논하는 것과 같다고 할 수 있다.

　12지지 중 첫 자는 자子이며, 시간상으로 자시子時를 맨 처음으로 본다. 한 해의 시작은 1월 인월寅月인데 시간은 왜 자시로 시작할까?

　자子는 겨울의 시기이면서 한밤중의 시간이다. 자시子時는 밤 11시 반부터 1시 반까지다. 원래는 11시에서 1시까지인데 동경시 때문에 30분을 감해서 보는 것이다. 숫자로는 자子가 一水에 해당하며, 사巳는 二火, 인寅은 三木, 유酉는 四金, 해亥는 六水, 오午는 七火, 묘卯는 八木, 신申은 九金이 된다.

　여기서 一이라는 것은 만물의 '본질'이자 '근원'이며 씨앗의 상태, 한 점으로 귀일된 것, 제자리로 '회귀'한 상태로 본다. 그래서 '도道'를 상징하기도 한다. 子라는 한자는 원래 씨앗의 의미도 갖고 있다. 그래서 한방에서도 약으로 쓰는 씨앗들의 이름에 '자子'를 붙여서 구기자, 토사자 등으로 부르며, '자식'에 쓰인 한자도 子이다.

　자축인묘진사오미의 흐름은 음양陰陽의 변화, 즉 태양과 달이 차고 이지러짐에 따른 변화라 할 수 있다. 이에 따라 12지지의 마지막인 해亥의 공간은 6음陰으로 보며, 자子에 오면 양陽이 하나 생겨서 5음1양이 된다. 하늘이 자子에 와서 열렸다고 해서 천개어자天開於子라고 한다. 우주의 시간, 하늘의 시간으로 보면 자子에서 양이 움직이기 시작했다는 것이다. 그래서 자시子時를 하루의 시작으로 본다. 사실 자시子時는 한밤중이기 때문에 우리는 하루의 시작 시간이라는 것을 체감하기 어렵지만 하늘은 자시에서 이미 하루를 시작하는 것이다. 과거에 중국에서는 한 해의 시작을 자子로 보기도 했다.

12지지의 두 번째인 축丑은 지벽어축地闢於丑이라 한다. 축월에 이르러 2양이 시작되어 4음2양이 된다. 하나의 음이 물러가고 양이 하나 더 생기는 것이다. 축월에는 여전히 음기陰氣가 많아서 매우 춥다. 축월의 땅 축토丑土는 얼어붙은 땅 동토凍土와 같다. 땅은 축토丑土를 비롯하여 크게 네 곳으로 진술축미辰戌丑未가 있다. 이 가운데 축토丑土는 단단히 얼어붙어서 최대한 압축이 돼 있는 땅이다. 물이 얼면 부피가 팽창하여 깨져나가듯이 축토는 최대한 압축되었다가 결국은 그 속에 있던 단단한 금金 기운이 깨져나가게 된다. 바위도 실제로 그때 부서진다. 축월을 지나 인월에 목木이 튀어나오려면 목木 기운을 가두고 있던 금金이 축丑에서 깨져나와야 한다. 다시 말해 축토丑土가 최대한 땅을 꽁꽁 얼어붙게 해서 금金의 껍질을 깨버려야 비로소 봄을 맞게 된다. 이렇게 축丑에서 땅이 갈라진다고 하여 '지벽어축'이라고 한다.

자子는 ☷의 상象으로 볼 때 바깥의 음이 가운데의 양을 은밀하게 포위하고 있다. 양을 포위하고 있다는 것은 중요한 것을 감추고 있다는 것이다. 그래서 사주에 자수子水가 있는 사람은 비밀이 많고 남에게 밝히기 힘든 애로 사항이 있는 경우가 많다. 또 자子는 압축돼 있는 시간, 휴면기와 같기 때문에 이 시기에 이르면 만물이 다 쉬어야 한다. 그래야만 봄이 왔을 때 자신의 본모습을 드러내고 건강하게 자랄 수 있다. 동물로는 어두운 곳에서 생활하는 쥐를 나타낸다. 이런 속성으로 인해 자子는 고민하고 사색하는 시간, 은밀히 움직이는 시간, 성생활, 다산 등을 상징한다.

축丑은 묵은 것들이 다 깨져 나가고 깨진 틈을 통해 새로운 생명의 씨앗(木)이 움트기를 기다리는 '대기의 시간'을 상징한다. 시간은 새벽 1시 반에서 2시 반까지가 축시丑時에 해당한다. 축丑 속에는 낡은 것들이 있다. 사주에 축토丑土가 있는 사람은 물건을 잘 버리지 않는다. 축丑을 고철통으로 보기도 하는데, 금金 기운이 축丑에 들어가면 죽어버리기 때문이다. 하지만 금金이 축丑 속에서 죽고 깨져야만 새로운 생명인 목木이 태어날 수 있다. 그래서 축丑을 금金의 묘墓, 즉 '금의 무덤'이라고 말하기도 한다.

인寅, 묘卯, 진辰

12지지의 세 번째인 인寅은 삼목三木이라고 하는데 여기서 삼三이라는 숫자는 어디서 왔을까? 삼三은 일수一水와 이화二火가 만나서 형성된 글자이다(一 + 二 = 三). 목木은 수水의 강한 압축을 받아 내부 반발력으로 인해 발생하는 힘, 스프링같이 뛰쳐나오는 힘이라고 했다. 즉, 일수一水가 내부 반발력을 만나서 형성되는 목木 기운, 상승하는 기운이 삼三이라는 숫자의 의미다.

삼목三木에 이르면 3음3양으로 음과 양의 기운이 같아진다. 비로소 양이 음에 대항할 수 있는 정도로 대등해져서 이 시기를 양이 음을 뚫고 나올 수 있는 시작, 출발점이 된다. 그래서 태양이 막 떠오르려고 하는 여명의 시간이 인시寅時이다. 인목寅木은 나중에 인오술寅午戌이 만나 화국火局를 이루기 위한 시작점이 된다. 음을 이기기 시작한 시작점, 양이 겉으로 드러날 수 있는 시작점이기 때문이다.

인寅은 인생어인人生於寅이라 한다. 자子에서 하늘이 열리고 축丑에서 땅이 열렸으니, 인寅에 이르면 천지간에 만물이 생겨나기 시작한다. 사람도 이때 태어나 움직이기 시작하니 한 해의 시작을 인월寅月로 보는 것이다. 즉, 하늘과 땅이 열리고 나서야 그 후에 비로소 만물이 소생하는 것이다.

인월寅月에 이르면 추위에 움츠려 있던 양기가 땅을 뚫고 서서히 올라오기 시작한다. 천간으로 보면 갑甲과 같은 기운이다. 갑이 단단한 땅을 뚫고 뿌리를 내리면서 위로 솟구치는 기운이라고 했는데 인목寅木 역시 그런 상象을 갖고 있다. 분열하고 상승하는 기운, 하루의 활동이 시작되는 시기이다.

나무로 치면 인목寅木은 조열한 나무, 불이 잘 붙는 나무로 해석한다. 물이 매우 많은 사주라면 사주에 인목寅木이 하나만 있어도 넘치는 물을 잘 빼줄 수 있는데, 이것을 수탕기호水蕩騎虎라고 한다. 즉 인목은 수량을 조절하는 능력이 있다고 할 수 있다.

세자가 기거하는 거처를 궁궐의 동쪽에 있다고 해서 동궁東宮이라고 했다. 왜 세자의 거처를 동쪽에다 두었을까? 태양은 동쪽에서 떠오르며 병화丙火는 왕을 상징한다. 그러니까 세자는 다음으로 떠오를 태양, 왕의 자리를 물려받을 신분이라는 의미에서 동궁에 거처했던 것이다.

12지지의 네 번째인 묘卯는 2음4양이다. 묘월卯月에 이르면 양기가 이미 음기를 완전히 뚫고 나오기 시작한다. 묘목卯木은 팔목八木이라고 하는데, 한자 모양으로 볼 때 八의 상象이 벌어져 있다. 벌어진 틈으로 양기들이 탈출하는 것이다. 인월寅月은 싹이 막 땅을 뚫고 올라오려는 상이라면, 묘월卯月은 싹이 완전히 땅을 뚫고 나와 벌어져 있는 상이다. 그래서 묘월의 대지는 초록빛으로 덮여 완연한 봄의 풍경을 이룬다. 자子는 완연한 겨울, 묘卯는 완연한 봄, 오午는 완연한 여름, 유酉는 완연한 가을이다. 이것을 왕지旺地라고 하는데, 계절의 가장 왕한 기운을 나타내므로 왕성하다는 것이다.

묘卯는 만물이 깨어나서 크게 활동하는 시기다. 인寅은 새벽의 여명으로 해가 막 떠오르기 시작한 시기라면, 묘卯는 해가 둥실둥실 떠오르는 시기로 일출지문日出之門이라 한다. 일출지문을 그대로 해석하면 '해가 나가는 문'이다. 해가 문을 통해 나가기 시작했다는 것은 새로운 변화를 의미한다. 그래서 묘卯는 변화를 추구하고 일을 벌이기 좋아하는 속성이 있다. 그렇지만 봄의 시기이므로 아직은 어린 상태다. 어리고 연약하기 때문에 상처를 입기 쉬운 속성도 있다.

인목寅木이 단단하고 강한 나무이자 나무의 몸통을 이룬 줄기라면, 묘목卯木은 부드럽고 유연하고 연약한 나무, 잘 휘어지는 나뭇가지, 손가락 같은 가지를 상징한다. 손가락의 속성으로 인해 사주에 묘卯가 있으면 손재주가 좋다. 여기에 화火도 적당히 있으면 꽃을 잘 피우는 속성이 있다.

묘卯는 싹이 벌어지는 상이기 때문에 분리, 이별을 상징하기도 한다. 또 바람의 속성으로 인해 역마 기질을 보이며, 변화와 이직, 이사를 자주 하기도 한다. 당사주에서는 묘卯를 풍파를 부르는 글자로 보아 묘천파卯天破라고 하며 신살로는 파살破殺이라고 부른다. 사주에 묘卯가 있으면 이 일 저 일 잘 벌이지만 아직 미숙한 시기여서 실수가 생기는 경우가 많다. 이리저리 잘 파고드는 속성은 유연한 처세술로 나타나기도 한다.

12지지의 다섯 번째인 진辰은 늦봄인 3월에 해당한다. 진토辰土 땅은 5양1음으로 음기가 거의 남아 있지 않다. 네 개의 토土 진술축미 중에서 진토辰土는 초목이 생기를 얻고 가장 잘 자랄 수 있는 땅이다. 진월辰月은 24절기 중에 곡우穀雨가 들어 있는 시기로, 비가 한 차례씩 내릴 때마다 초목이 한 뼘씩 자라난다.

진토辰土 땅의 형상은 습지와 같아서 물을 잘 가두는 성질이 있다. 진토에 물을 충분히 가두어 놓아야 사오미巳午未 시기인 여름철에 생명을 건강하게 기를 수 있다. 이 시기에 땅에다 물을 가두는 능력을 갖추지 못하면 사오미巳午未에 이르러 생명력 있는 목木이 말라 죽어버린다. 따라서 땅이 물을 머금을 태세가 되어 있는 진월辰月에 습지를 습지답게 만들도록 노력해야 한다.

물이 있는 땅 습지는 '생명의 보고'라고 불릴 만큼 만물의 생명이 태어나는 근원지다. 다른 땅에서는 멸종해서 찾아볼 수 없는 생물들이 습지 주변에서 발견되는 경우도 많다. 그래서 진토는 만물을 가장 잘 길러낼 수 있는 땅이 된다.

물을 잘 머금고 저장하는 속성 때문에 진토를 수水의 묘고墓庫 또는 수고水庫라고 한다. 물 창고라는 뜻으로, 흘러다니던 물이 진토를 만나서 꼼짝없이 갇혀 있는 형국이다. 가장 촉촉한 땅이기 때문에 토생금土生金으로 금金을 잘 생하는 땅이다. 물상으로는 습지, 포구, 물통 등을 상징하며, 사람으로는 소방관에 비유할 수 있다.

사巳, 오午, 미未

12지지의 여섯 번째인 사巳는 만물이 번성하게 꽃을 피우는 초여름이며, 6양으로 양이 가장 많은 시기다. 숫자로 보면 二로서, 일수一水가 분열되어 이화二火가 된 것이다. 원래 수水와 화火 운동 사이에는 목木과 금金 운동이 있는데, 원래는 수화水火 운동이다. 즉, 합쳐지면 一이 되고, 분리되면 二가 되는 것이다. 분리됐다는 것은 一이 쩍하고 二로 벌어지며 양의 운동을 한껏 하고 있다는 것이며, 이것이 금金 운동을 통해서 하나로 합쳐지면 다시 一이 된다. 결과적으로 一과 二는 다른 게 아니다. 음의 운동이 많을 때는 하나로 합쳐졌다가 양의 운동이 많을 때는 두 개로 벌어지는 것이다.

사巳의 시기에 금金 운동이 시작되어 사유축巳酉丑 금국金局을 이룬다. 그런데 사巳에서 금金이 장생하는 이치를 의아해하는 사람들이 많다. 사화巳火는 여름인데 어떻게 금金 운동의 출발점이 될까? 이것은 물체를 위로 던졌을 때의 모습을 오행으로 구분해보면 이해하기 쉽다. 물체를 던져서 위로 상승하는 것은 목木 운동이고, 가장 높이 올라간 정점이 화火이며, 토土에 의해 방향을 바꿔 아래로 떨어지게 된다. 하강을 시작하는 바로 이 순간이 금金 운동의 시작점이다. 즉, 양의 기운이 가장 강한 사화巳火로부터 금 운동이 시작된다. 최대한 팽창된 순간, 그 지점부터는 수축하는 일만 남은 것이다. 수축하는 기운이 바로 금金이 아닌가.

사巳는 시간상으로 오전 9시 반에서 11시 반 사이에 해당하며, 자연으로는 꽃이 만개하는 시기다. 꽃은 씨방을 품고 있는데, 씨방 속에는 씨앗이 들어 있으며, 꽃이 지고 나면 씨방이 점점 더 여물어서 사과, 배, 복숭아 같은 열매가 된다. 열매가 바로 금金이다. 그러니까 꽃이 만개한 사화巳火의 시기는 열매가 막 생겨나기 시작한 시점으로 금金 운동의 출발점이 되는 것이다.

사화巳火는 뱀과 같은 속성이 있다. 사巳의 숫자 二처럼 뱀의 혀가 갈라져 있기 때문이다. 이런 속성으로 인해 사주에 사巳가 있는 사람은 말을 잘한다. 물상으로 보면 번화가, 화려한 대로변 등을 상징한다. 사巳가 숫자로 二를 나타내기 때문에 이중성, 양면성, 분리, 이별, 역마의 속성으로 해석하기도 한다.

사주에 사오미巳午未처럼 화火 기운이 많으면 사巳를 화火로 보며, 금金

기운이 많으면 금金으로 본다. 이렇게 사화巳火는 금金도 되고 화火도 될 수 있는 이중성을 갖고 있다.

12지지의 일곱 번째인 오午는 여름이며 정남쪽에 해당한다. 숫자로는 七로서 칠화七火는 분열돼 있던 이화二火가 구부러지며 합쳐지려는 속성이 있다. 사화巳火에서 한껏 팽창돼 있던 기운이 이 시기에 이르면 수축을 시작한다. 그래서 음이 하나 생겨나 5양1음이 된다. 비유를 하자면 겉보기에는 아주 더운데 속에서는 차가운 기운이 시작됐다는 것이다. 여름이 더울수록 샘물은 시원하며, 겨울이 추울수록 샘물은 따뜻한 것과 같다. 우리 몸도 겉이 뜨거울수록 속은 차가워진다. 예로부터 더운 여름에 오히려 뜨거운 매운탕을 찾아 먹는 것은 바로 몸속의 찬기를 다스리기 위함이다.

오午의 동물은 말이다. 말은 체구에 비해 심장이 되게 큰 동물이다. 오화午火는 신체 장기 중에 심장을 나타내는데, 말은 심장이 큰 만큼 체온이 가장 높은 동물에 속한다. 오화午火는 말이 끄는 마차, 역마, 새소식, 봉화대 등을 상징하며, 그래서 유행에 민감한 속성이 있다.

12지지의 여덟 번째인 미未는 4양2음이며, 음의 토土에 속한다. 미未는 목木이 자라다가 성장이 딱 멈춰 있는 형상이다(木＋一＝未). 미토未土에서 목木의 성장을 중단시켜야 나무가 얻은 영양분이 열매가 여무는 데 쓰일 수 있다. 성장하던 목木이 미토未土에 와서 멈추고 그 자리에 머물기 때문에 미토未土를 목의 창고, 목고木庫라고 한다. 목고는 '목의 무덤' 또는 목들이 쌓여 있는 장고로 해석하기도 한다. 미未의 시기에 이르면 과일에 단맛이 들기 시작한다. 목木이 한창 성장하는 시기에는 과일도 덜 여물어서 신맛이 난다. 이 신맛이 목木의 성장이 멈추는 순간 단맛으로 변하기 시작한다. 그래서 사주에 미未가 있는 사람은 맛에 예민하고 미식가인 경우가 많다.

未라는 한자가 '아닐 미未'이기 때문에 미未에는 미완성의 의미가 있다. 그래서 완성될 듯하다가 무산되거나 일이 지체되고 오리무중에 빠지는 속성이 있다. 계절로는 가을의 결실을 맺기 위한 중간 단계의 시기이기 때문에 마무리를 짓기에는 아직 이르다. 미未의 시기가 지나 가을이 되고 나서야 지체됐던 일들이 결실을 볼 수 있을 것이다.

미토未土는 메마른 땅으로 백사장을 상징하기도 한다. 미토 땅을 가진 사주에 물이 없으면 사막 땅이 되어 목木을 키우기가 어렵다. 반대로 물이 충분하면 목木을 잘 키울 수 있다. 예를 들어 계미癸未 일주라면 비가 내리는 땅이니 목이 잘 자라며, 정미丁未 일주는 메마른 땅이니 목이 잘 자라지 못한다.

신申, 유酉, 술戌, 해亥

12지지의 아홉 번째인 신申은 3양3음이며, 숫자로는 九에 해당한다. 신월申月인 음력 7월이 되면 음이 양에 대적할 수 있게 된다. 한껏 벌어져 있던 양을 끌어모아 포위할 수 있는 환경에 접어든 것이다. 그게 바로 九라는 한자의 속성이다. 九는 丿와 乙의 조합(九=丿+乙)인데, 丿는 양陽의 발전을 의미하고, 乙은 '굽을 굴屈'로 굽혀지는 형상이라 양기가 음기에 굴복해 포위당하기 시작하는 모습이다. 이 시기에 이르면 신금申金이 음을 만들기 시작한다. 신월申月이 되면 만물이 수렴되기 시작하여 그동안 벌여놓았던 일들을 거두어들이기 시작하는 시점이 된다. 따라서 수렴하는 신금申金 기운이 작용하면 여름에 분열돼 있던 대기중의 습기가 서로 뭉쳐 물방울을 이룸으로써 물을 만드는 출발점이 되고, 신자진申子辰이 모이면 수국水局이 된다.

신申은 천간의 경금庚金과 같은 속성이 있다. 경금처럼 날카롭고 강한 총, 칼 등을 상징하며, 사주에 신금申金이 있으면 총칼처럼 강하고 결단력 있는 성격을 갖게 된다. 또 만물을 거둬들이는 속성으로 인해 금전, 금융 분야와 인연을 맺기 쉬우며, 의약계나 군경, 법조계 등 생명을 다루는 직업을 가지면 능력을 발휘한다.

신申은 하늘과 땅이 소통되는 기운이 강하다. 申에 示(볼 시)자를 붙이면 神(귀신 신)자가 된다. 사주에 신금申金이 있는 사람은 신기神氣가 강하거나 직관력이 뛰어난 경우가 많으며, 종교 철학적 성향이 강한 편이다. 도인들이 올리는 기도 중에 '경신庚申 기도'가 있는데 여기에 申자가 들어간 것도 종교적 속성이 있기 때문이다.

12지지의 열 번째인 유酉는 태괘兌卦에서 나온 것으로 ☱의 상象을 갖고 있다. 위쪽이 뚫려 있는 모양으로 무언가를 받아들이는 '입'과 같다. 원래 태괘는 현금, 소녀, 유흥, 입 등을 상징한다. 사주에 유酉가 있으면 먹거나 말하기 등 입과 관련된 일에 인연이 많다.

유酉는 숫자 四를 나타내며, 음의 금金이다. 四는 상자 속에 팔목八木이 갇혀 있는 형상이다. 사각 틀 안에 봄 기운 즉 목木의 기운을 가두어놓은 것과 같다. 상자 속에 목木을 담아놓았다는 것은 무엇일까? 목木이란 씨앗이나 열매를 나타내므로 자연의 포장, 자연의 통조림이라 할 수 있다. 그 씨앗을 펼쳐놓으면 목木이 도로 튀어나오는 것이다. 사구금四九金 할 때의 四라는 숫자에는 열매, 씨앗의 기운을 싹 감췄다, 보관해두었다, 라는 의미가 있다. 따라서 유월酉月은 그동안 벌여놓았던 일들을 완전히 거두어 보관해두는 시점이다.

유월酉月에는 2양4음이 되어 양기가 음기에 완전히 갇혀서 꼼짝을 못한다. 그래서 사주에 유酉가 있는 사람은 마무리 정리정돈을 잘하는 경향이 있다. 유酉가 입을 상징하니 기본적으로 말솜씨가 좋으며, 닭의 속성상 잘 쪼아대는 성질이 있어서 남에게 상처 되는 말도 잘한다. 한편, 닭은 시간을 알려주는 동물이기도 해서 사주에 유酉가 있으면 시간 관념이 철저한 편이다.

酉에 氵(물 변)을 붙이면 酒(술 주)가 된다. 그래서 유酉는 술, 유흥을 상징하기도 하며, 금金이므로 현금이나 금융을 상징하기도 한다.

12지지의 열한 번째인 술戌은 늦가을이며, 미토未土처럼 술토戌土도 조열한 땅이다. 술戌은 1양5음으로 양기가 음기 밑에 완전히 깔려 있는 시기다. 땅속 깊은 곳에 양기가 숨어 있는 것이다. 예로부터 우리 조상들은 술월戌月이 되면 겨울에 대비해 고구마 같은 양식을 땅속에 묻어두었다. 땅속은 온기를 품고 있기 때문이다. 나무가 타고 남은 재 속에 아직 불씨가 숨어 있는 것과 같다. 화火가 전기를 상징하기도 하는데 술토戌土를 전기가 숨어 있는 형상으로 보아 전기 박스, 즉 전기전자, 컴퓨터 등으로 해석할 수 있다.

戌이라는 한자는 사람人이 창戈을 들고 나가서 사냥을 하는 형상이다. 오랜 옛날에는 사냥을 하면 그 사냥감으로 하늘에 감사의 제사를 지냈다. 제사를 지내는 것은 종교적 행위와 같다. 그래서 술토戌土에는 종교 철학적인 속성이 있다. 또 화火가 '정신'을 상징하기도 하므로 술토戌土를 정신이 숨겨져 있는 무덤으로 해석해 종교 철학적인 속성이 있다고 보기도 한다.

술토戌土 땅은 가을걷이가 끝나서 휴면기에 접어든 땅으로 늙은 땅이라 할 수 있다. 그래서 사주에 술토戌土가 있으면 노인처럼 보수적인 성향이 있으며 생각이 깊은 편이다. 또 술戌의 동물은 개이기 때문에 개의 속성상 충성심이 강하며, 무언가를 지키는 업무와 인연이 깊다.

미토未土는 한창 여름을 나는 땅이라 바쁘고, 진토辰土도 만물이 자라나는 땅이라 바쁘다. 그래서 사주에 진토辰土나 미토未土가 있으면 부지런한 면이 있는데, 축토丑土나 술토戌土가 있는 사람은 상대적으로 게으르며 정신적인 활동을 많이 하는 편이다.

12지지의 열두 번째인 해亥는 숫자로 六을 나타내며, 6음으로 12지지 가운데 음이 가장 많다. 음이 많다는 것은 무엇을 의미할까? 위로 던진 물체의 순환으로 보면 가장 밑바닥에 떨어져 있는 상태다. 그렇기 때문에 다시 올라갈 일만 남았다. 즉 상승하는 목木 기운이 시작되는 출발점이 바로 해亥이다. 음이 가장 강한 시점에 양(상승)이 시작되고, 양이 가장 강한 시점에 음(하강)이 시작된다.

六이라는 한자는 땅 위로 뭔가 솟아 있는 형상이다. 팔목八木이 솟아 있는 형상(亠 + 八 = 六)으로, 땅속에 있던 목木이 다시 땅 위로 뛰쳐나오려는 모습이다. 바로 이것이 해수亥水의 속성이며, 그런 이유로 해수를 목木의 시작점으로 보기도 한다. 해수亥水는 난류로 따뜻한 물이라 봄 기운이 있어 소춘小春이라 한다. 예를 들면 난류가 흐르는 영국의 실리제도는 바다로부터 열과 습기를 공급받아 한겨울에도 영하로 떨어지지 않아 열대 식물이 자라게 한다.

5강

육친

육친과 근묘화실

육친六親이란 한자 그대로 풀이하면 '여섯 종류의 친함'으로, 사람은 살면서 크게 여섯 종류의 친함(관계)을 맺고 살아간다는 뜻이다. 육친을 다른 말로 육신六神, 십성十星, 십신十神 등으로 표현하기도 하는데 모두 같은 말이다.

그렇다면 육친 분석이 필요한 이유는 무엇일까? 명리命理를 감명하는데 있어 사람들이 첫 번째로 궁금해하는 것은 '부귀富貴'의 여부다. 자신의 일생에서 재물을 얼마나 가질 수 있는가, 어떤 직업에서 능력을 발휘하며 명예는 얼마나 누릴 수 있는가, 라는 궁금증이다. 다음으로는 부모의 동향 및 부모덕의 유무, 배우자 및 자식과의 관계를 비롯하여 친구나 선후배 관계, 사회적으로 맺어지는 대인관계 등을 알고자 한다. 그런 것을 알려면 사주의 여덟 글자 중에서 부富, 귀貴, 부父, 모母 등에 해당하는 글자가 각각 어느 것인지, 그것들이 자신과 어떤 관계를 맺고 있으며 어떤 환경에 처해 있는지를 알아야 한다. 바로 이것이 육친 분석을 통해 알 수 있는 문제들이다.

육친을 알려면 우선 사주에서 본인에 해당하는 글자를 정하고, 그것을 기준으로 나머지 일곱 글자와의 관계를 알아야 한다. 그 기준을 어느 것으로 정할 것인가, 라는 내용을 언급해놓은 책이 《연해자평》이라는 명리학 고전이다. 바로 이 책에 일간日干, 즉 태어난 날을 기준으로 육친관계를 정한다고 나왔다.

《연해자평》에 따르면 당나라 학자 이허중이 생년월일시 간지干支의 생극生剋을 구별하여 사람의 귀함과 천함, 수명의 길고 짧음을 알아내고 그 학설을 세웠다고 한다. 그리고 송나라 때 이르러 자평명리 이론 체계가 확립되었다. 그전에는 연간年干을 기준으로 삼았다면, 송나라 때 자평명리 이론이 완성된 후로는 일간日干을 기준으로 육친을 논하기 시작했다. 태어난 날日의 천간天干을 기준으로 나머지 일곱 글자와의 관계, 즉 육친을 정하는 것이다.

《연해자평》에 이런 내용이 있다.

"일간을 주인으로 하여 생년을 뿌리로 보고, 생월은 줄기, 생일은 꽃, 생시는 열매로 본다."

이것을 근묘화실根苗花實이라고 한다. 나중에 근묘화실의 논리를 좀 더 자세히 알아보겠지만, 여기에 간단히 언급해보겠다.

육친의 근묘화실

	시時	일日	월月	연年
천간天干	시간	일간	월간	연간
지지地支	시지	일지	월지	연지
시간	말년	중년	청장년	초년
공간(궁宮)	자식	본인(일간) 배우자(일지)	부모(형제)	조상(부모)
근묘화실	실實	화花	묘苗	근根

위 표에서 보듯이 사주를 일생의 시기로 구분하면 생년은 초년, 생월을 청장년, 생일은 중년, 생시는 말년에 해당한다.

그리고 연월일시 각각의 간지干支를 공간 개념으로 궁宮이라고 하는데 연의 간지는 조상궁, 월의 간지는 부모 형제궁, 일간은 본인궁, 일지는 배우자궁, 시의 간지는 자식궁에 해당한다. 연의 간지는 조상의 의미가 강하지만 부모궁으로 보기도 한다. 즉, 연월의 간지를 모두 부모 자리로 볼 수 있다.

연월일시 중에서 자식의 동향이자 본인의 말년과 관계있는 시주時柱가 매우 중요하다. 생시를 몰라도 사주를 풀이할 수 있다고 하는 것은 엉터리다. 시時는 일생의 마지막인 열매라고 하지 않았는가. 이 열매의 형상이 어떤가에 따라서 다른 육친에 미치는 영향도 매우 크기 때문에 시주를 무시해서는 안 된다.

일간에 따른 육친의 생과 극

근묘화실의 의미를 시간과 공간 개념으로 나누어 알아보았으니 이제 육친을 간단히 도식화해보자. 먼저 사주의 천간天干 지지地支가 각각 어떤 오행에 해당하는지 알아보고 생일의 천간 즉 일간日干을 기준으로 상생 상극 관계를 따져서 육친을 정한다. 만일 갑자일甲子日에 태어났다면 갑목甲木이 일간으로 육친관계의 기준이 된다. 그러면 목木 일간을 기준으로 각 오행이 어떤 육친에 해당하는지 그림을 통해 알아보자.

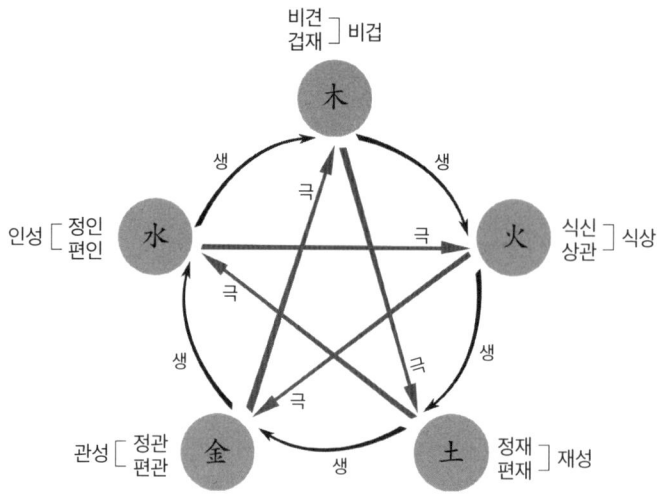

목(木) 일간을 기준으로 한 육친의 생과 극

오행의 순환을 나타낸 위 그림에서 보듯이 목木 일간이 생生히는 회火를 식상食傷이라고 한다. 식상은 식신食神과 상관傷官으로 나뉜다. 밥 식食자의 '식신'은 일간이 생하는 기운이고, 상할 상傷자의 '상관'은 일간의 기운을 빼는 기운이다.

목木이 극剋하는 관계의 오행인 토土는 재성財星이라고 한다. 본인 즉 내가 통제하며 다룰 수 있는 것으로 남녀 모두에게 '재물'에 해당하며, 남성에게는 여자친구나 부인 등 '여자'를 나타낸다.

목木이 못 이기는 오행인 금金은 관성官星으로 나를 극하고 통제하는 대상을 나타낸다. 사람들이 맘대로 행동하지 않고 법의 체계 안에서 질서와 규칙에 따라 살아가는 것은 관官의 통제가 있기 때문이다. 이런 의미에서 일간을 극하는 것을 관성이라고 한다. 내가 통제하는 것이 재성이라면, 나를 통제하는 것은 관성이다. 관성은 나의 직업, 명예 등을 나타내며, 남성에게는 자식, 여성에게는 남자친구나 남편 등 '남자'를 나타낸다.

목木을 생해주는 오행 수水는 인성印星이라고 한다. 인성은 부모를 상징한다. 즉 목木인 나를 잘 자랄 수 있도록 보살펴주는 육친이며, 부모를 비롯하여 문서, 윗사람, 선생님 등을 나타낸다.

요약하자면 일간인 내가 생하는 오행을 식상食傷, 내가 극하는 오행을 재성財星, 나를 극하는 오행을 관성官星, 나를 생하는 오행을 인성印星이라 하며, 일간과 같은 오행을 비겁比劫이라 한다. 만일 금金 일간이라면 금이 생하는 오행인 수水가 식상食傷에 해당한다. 금이 극하는 오행인 목木이 재성財星이며, 금을 극하는 오행인 화火는 관성官星이며, 일간인 금을 어머니처럼 생해주고 보살펴주는 오행인 토土는 인성印星에 해당한다.

육친의 상징과 역할

육친에 대하여 좀 더 자세히 알아보자.

일간을 기준으로 하여 일간과 같은 오행을 비겁比劫이라 하며, 비겁에는 비견比肩과 겁재劫財가 있다. 일간과 음양이 같은 비겁을 비견比肩이라고 한다. 어깨를 견준다, 어깨를 나란히 한다는 뜻이다. 일간이 갑甲이라면 비견도 갑甲이 되는 것이다. 지지로는 인寅이 비겁에 해당한다. 겁재劫財는 말 그대로 재물을 빼앗는 의미의 육친인데, 일간과 오행은 같고 음양이 다른 것을 말한다. 갑甲에게는 천간의 을乙과 지지의 묘卯가 겁재에 해당한다.

일간의 기운을 설洩하는 오행을 식상食傷이라고 하며, 식상은 식신食神과 상관傷官으로 나뉜다. 식신食神은 일간인 나를 설洩하는 오행 중에 음양이 일간과 같은 것을 말한다. 갑목甲木은 목木 중에서 양에 해당하므로 갑甲의 식신은 같은 양의 오행인 병丙과 지지의 사巳가 된다. 상관傷官은 일간과 음양이 다른 것으로, 갑甲의 상관은 천간의 정丁과 지지의 오午가 된다.

한자를 보면 식신食神은 말 그대로 식신의 의미로 식복食福을 비롯하여 수명, 건강 등을 상징한다. 상관傷官은 한자의 뜻 그대로 관官을 친다, 상하게 한다는 의미를 갖고 있다. 상관이 어떻게 관官을 상하게 할까? 갑甲의 재성인 토土와 관성인 금金이 있다면, 화火 상관이 금金 관성을 치기 때문이다. 그런데 왜 특별히 상관傷官이라고 이름을 붙였을까? 일간 갑목甲木은 목木 중에서 양이고, 나를 극하는 오행 금金 중에는 양인 경금庚金과 음인 신금辛金이 있다. 이때 경금은 갑목과 음양이 같은 것으로 편관偏官이라 하며, 신금은 갑목과 음양이 다른 것으로 정관正官이라 하는데, 정관은 일간에게 매우 귀한 육친이다. 그런데 상관傷官 정화丁火는 무쇠 같은 경금庚金은 못 치지만 여린 보석 같은 신금辛金은 거뜬히 칠 수 있다. 일간에게 귀한 신금辛金 정관을 정화丁火가 화극금火剋金으로 치기 때문에 관을 상하게 한다고 해서 상관傷官이라고 부른다. 원래 음의 오행과 양의 오행이 만나면 남녀가 만난 것과 같이 서로 돕고 화합하게 되는데, 음과 음이 만나거나 양과 양이 만나면 서로 무정하게 치게 된다. 이와 같이 화火 중에 음인 정화丁火는 금金 중에 음인 신금辛金을 인정사정없이 치게 되어 상관傷官이 된다.

그러면 갑목甲木에게 병화丙火는 어떻게 식신食神이 될까? 갑목甲木의 편관偏官인 경금庚金은 나를 시달리게 하는 육친이다. 경금庚金을 도끼로 보는데 이 도끼가 일간 갑목甲木을 찍어눌러서 질병, 횡령, 형액, 관재, 재난 등을 불러일으킨다. 식신 병화丙火는 화火 중에 양이고, 경금庚金도 금金 중에 양이니 서로 화합하지 않고 견제를 한다. 이때 식신 병화는 화극금火剋金으로 경금의 위세를 막아줌으로써 일간 갑목을 도와주는 역할을 한다. 즉, 일간 갑목을 억압하는 경금 편관을 견제하여 질병을 막아주고 수명도 길게 하고 먹을 복도 가져다 준다. 이렇게 사주에 식신이 있으면 근심 걱정 없이 편안하게 산다고 하여 식신을 아주 길한 육친으로 본다.

갑목甲木 일간이 극하는 토土 재성도 정재正財와 편재偏財 두 가지가 있다. 정재正財는 말 그대로 '바르고 정당한 재물'을 상징한다. 겁재劫財는 나의 정당한 재물인 정재만 보면 빼앗으려 하기 때문에 뺏을 겁劫을 써서 겁재劫財라고 이름 지어진 것이다. 정재正財는 일간과 음양이 다른 토土이다. 토土에는 무토戊土와 기토己土가 있는데, 무토戊土는 양이고 기토己土는 음이다. 기토己土가 정재가 되는 것이다. 이 기토만 보면 빼앗으려 하는 오행이 을목乙木이다. 즉, 을목은 갑목에게 겁재劫財로서, 갑목의 정당한 재물인 기토己土 정재正財를 뺏어가려고 한다. 자연에 비유하면 기토己土는 정원, 밭과 같은데, 을목乙木이 긍정적으로 작용하면 화초나 농작물이 되어 기토 땅을 멋지게 꾸며주지만, 나쁘게 작용하면 잡초가 되어 기토 땅을 망쳐버린다.

정재正財가 정당한 재물이라면 편재偏財는 치우친 재물, 바르지 못한 재물로 본다. 남성의 사주에서 정재는 처를 상징하고, 편재는 처 이외의 여성, 즉 애인 또는 여자친구를 상징한다. 만일 정재가 없으면 편재를 처로 본다. 육친으로 편재는 남녀 모두에게 부친을 나타내는데, 이에는 약간의 논란이 있지만 기본적으로는 부친으로 해석한다.

여성의 사주에서 남자를 상징하는 것은 관성官星이다. 정관正官은 남편, 편관偏官은 남편 이외의 남자를 나타낸다. 사주에서 재성과 관성은 매우 중요하게 다뤄진다. 여성에게 남편이 정관이라면, 남성에게 처는 정재이다. 그런데 재성은 육친으로 아버지를 나타내기도 하므로 남성에게는 재성이 아버지인 동시에 처인 것이다. 어떻게 아버지와 처의 육친이 같을 수 있을까. 이것은 근묘화실을 자세히 공부하면 알 수 있다.

갑목甲木에게 수水는 인성印星으로, 인성에는 정인正印과 편인偏印이 있다. 정인은 나를 생하는 모친, 친어머니 개념으로 본다. 갑목甲木을 생하는 수水 중에 음양이 다른 것이 정인으로, 음인 계수癸水가 정인이다. 편인은 계모의 개념으로 본다. 어머니 외에 어머니와 같은 역할을 하는 대상으로 이모가 될 수도 있다.

육친 응용 1 : 갑목甲木 일간 기준

육친 일간	비겁		식상		재성		관성		인성	
	비견	겁재	식신	상관	편재	정재	편관	정관	편인	정인
甲	甲	乙	丙	丁	戊	己	庚	辛	壬	癸
	寅	卯	巳	午	辰, 戌	丑, 未	申	酉	亥	子

❶ 비견比肩 : 갑목甲木, 인목寅木

갑목甲木 일간을 기준으로 육친을 논해보면, 천간天干의 '갑목甲木'과 지지地支의 '인목寅木'이 비견比肩이다. 비견은 '어깨를 나란히 한다'라는 의미를 품고 있다. 갑甲이라는 오행을 통해서 비견의 의미를 좀 더 자세히 분석해보겠다.

나무를 기르는 사람들은 나무가 어느 정도 자라면 솎아 베어주기를 한다. 그래야 나무들이 반듯하고 왕성하게 자라기 때문이다. 예를 들어

하나의 땅에서 여러 그루의 나무가 함께 자라는 경우와 한 그루만 자라는 경우를 떠올려보자. 이때 후자의 나무는 정이품 소나무처럼 가지가 옆으로 넓게 뻗어나가 축 처지기 때문에 받침대로 받쳐주기도 한다. 이런 나무는 기둥이 되는 줄기가 엄청나게 굵직하게 자란다. 주변에 경쟁할 나무가 없기 때문에 혼자서 햇빛 등의 영양분을 다 차지하고 느긋하게 자란다.

반면에 여러 그루가 함께 자랄 경우에는 나무와 나무 사이 간격이 좁을수록 나무들이 치열하게 경쟁하게 된다. 빨리 자라지 않으면 옆에 있는 나무에게 영양분을 뺏기기 때문이다. 내 옆의 나무가 먼저 거목으로 자라버리면 나는 큰 나무 그늘에 햇빛이 가려져서 광합성 작용도 제대로 못하며, 결국 경쟁에서 뒤쳐져 죽게 된다. 경쟁자들에게 뒤떨어지지 않으려면 부지런히 자라야 한다. 혼자서 자라는 정이품 소나무는 위로 빨리 자랄 필요가 없다. 자신의 땅, 햇빛, 물을 뺏어가는 경쟁자가 없기 때문에 높이 자라기보다 돼지처럼 덩치를 키우며 자란다.

경쟁자가 없다고 해서 반드시 좋은 것만은 아니다. 일간에게 긍정적인 형태의 경쟁자는 비견比肩이다. 비견을 갖추고 있으면 협동정신이 강하고, 어깨를 나란히 하며 발전적인 형태가 된다. 비견의 힘이 커져서 강한 명식의 사주가 되는 것이다. 다만 나무가 경쟁자를 만나 비견의 힘을 키우려면 나무들 간에 적당한 거리가 확보되어야 한다. 만일 나무들이 빽빽하게 자라는 형상이라면 서로 먼저 영양분을 차지하려고 경쟁하느라 치여서 결국은 모든 나무가 고만고만한 수준으로밖에 자라지 못한다. 비견들이 화합하지 못하고 서로 짓밟고 뺏는 관계가 되는 것이다.

이런 사태를 막으려면 솎아 베어주기를 해야 한다. 그래아 나무와 나무 간에 일정한 거리가 확보되어 모든 나무가 땅, 햇빛, 수분을 충분히 차지할 수 있다. 이렇게 비견은 좋은 역할도 하고 나쁜 역할도 한다.

갑목甲木의 또 다른 비견比肩인 인목寅木은 곧은 뿌리다. 갑목甲木 일간이 인寅을 갖고 있으면 나무가 깊이 뿌리를 내린 형상으로 본다. 갑목과 인목은 이렇게 완전히 다른 형태로 존재하고 다른 역할을 한다. 그런데 똑같은 비견으로 해석하다 보니 사주 풀이에 오류가 많다. 인목寅木은 갑목甲木인 내가 흔들리지 않을 수 있는 소신과 주관을 갖도록 도와준다. 곧은 뿌리와 같은 인목寅木은 갑목甲木이 깊게 뿌리를 내려 바람에 흔들리거나 뽑히지 않고 곧게 자랄 수 있도록 해주기 때문이다.

같은 비견이라도 경쟁자로 작용할 때는 주변인들 때문에 시달리게 된다. 갑목이 빽빽하게 자라는 형상이 되면 외고집에 외골수 같은 성격이 된다. 그래서 좋은 친구관계를 형성하기가 어렵다. 이것은 어깨가 나란한 게 아니라 어깨가 부딪쳐서 잘 달리지 못하는 형국과 같다. 독주를 하면 신기록 갱신이 힘들다고 하지 않는가. 그런데 옆에서 누군가 근소한 차이로 따라붙으면 신기록을 낼 확률이 높아진다. 비견의 영향력이 바로 이런 것이다. 비견이 긍정적으로 작용하면 서로 호형호제하며 좋은 대인관계를 맺게 되고, 부정적으로 작용하면 나쁜 친구를 두고 친구에게 뺏기는 아픔을 당하게 된다.

❷ 겁재劫財 : 을목乙木, 묘목卯木

겁재劫財란 내 재물을 뺏는다는 의미다. 갑목甲木에게 겁재는 '을목乙木'과 '묘목卯木'으로, 을목은 잔가지나 잡초, 묘목은 곁뿌리로 본다. 을목乙木은 기토己土를 보면 짓밟고 지배하려는 속성이 있는데, 갑목에게 기토는 정재正財에 해당한다. 즉, 갑목이 정당하게 뿌리내리고 자랄 수 있는 땅 정재를 을목乙木이라는 잡초가 와서 훼손하는 형국이 된다. 이렇게 겁재劫財를 갖고 있으면 내 것을 뺏기는 아픔을 겪게 된다.

겁재는 항상 도둑과 같은 역할을 한다. 을乙은 집안사람을 상징하므로 갑목甲木에게 을목乙木은 내 재물을 뺏어가려는 가족을 뜻하기도 한다. 을목乙木은 갑목甲木을 보면 타고 올라서 등라계갑藤蘿繫甲하려는 속성이 있다. 그래서 을목을 둔 갑목 일주는 의심이 많다. 누군가 꼬리 치면서 다가와 자기 것을 뺏어갈까 봐 주변 사람을 의심의 눈초리로 보는 것이다. 만일 금전 거래를 하면 정재인 기토己土를 을乙에게 뺏기는 양상이 생긴다.

물론 겁재가 반드시 나쁜 역할만 하는 것은 아니다. 갑목의 겁재인 묘목卯木은 잔가지와 곁뿌리 역할을 한다. 그래서 묘목을 본 갑목은 여간해서 쓰러지지 않는다. 곁뿌리가 사방으로 풍성하면 힘의 분산이 이루어져서 나무가 땅 속에 단단히 뿌리내리기 때문이다. 특히 묘목卯木이 잘 발달된 갑목은 옆으로 영역을 넓히려는 속성으로 인해 도둑 근성이 나타날 수 있고, 자신의 것을 빼앗기기도 쉽다. 한마디로 겁재란 내 것을 뺏기거나 남의 것을 뺏으려는 속성이다.

또 곁뿌리는 바위를 단단히 부여잡는 성질이 있어서 땅속에 바위가 있으면 갑목이 더욱 단단히 뿌리내릴 수 있다. 만일 곧은 뿌리 인목寅木만 있으면 갑목이 한곳만 깊이 파고들며 뿌리를 내리는데, 그러면 강직하고 소신 있게 행동하긴 하지만 시야가 좁다는 단점이 있다. 하지만 인목寅木과 묘목卯木을 두루 갖춘 갑목은 주변 환경을 넓게 보면서 강직하게 행동한다. 넓은 시야와 깊은 안목으로 미래를 내다보며, 강한 바위를 만나면 겁재 묘목卯木을 통해서 타협하게 하고, 나중에 강풍이 불어도 결코 쓰러지지 않는 환경을 만들어나간다. 즉, 어떻게든 어려움을 극복하고 남보다 앞서나가려는 삶의 요령과 수단, 눈치, 그리고 강단을 갖추었다고 할 수 있다. 갑목의 이러한 속성은 비겁인 갑甲과 인寅을 보았을 때보다 겁재인 을乙과 묘卯를 보았을 때 더 강하게 나타난다.

갑목에게 편관은 경금庚金, 정관은 신금辛金이 되는데, 갑목은 편관 경금庚金이 자신을 강하게 치는 시기가 오면 을목乙木을 이용해서 견제한다. 이것을 양인합살羊刃合殺이라고 하는데, 쉽게 말하면 을목乙木을 내세워 '미인계'를 쓰는 것이다. 그러면 경금은 을경합乙庚合으로 을乙과 '연애'하느라 갑목을 잘 치지 못한다. 치더라도 성격이 부드러워져서 세게 치지 못하게 된다. 마치 로비를 할 때 상대를 아가씨가 있는 술집으로 데려가 화기애애한 분위기를 조성하는 것과 같다. 이런 요령과 수단을 발휘할 수 있게 하는 것이 겁재의 속성이다.

그래서 사주에 겁재를 갖춘 사람들은 눈치가 빠르다. 겁재에게 뺏기지 않으려면 눈치가 빨라야 하고, 또 어려운 환경을 극복하기 위해 주변의 지형 지물을 활용하려면 눈치가 빠를 수밖에 없다.

❸ 식신食神 : 병화丙火

갑목甲木의 식신食神은 '병화丙火'와 '사화巳火'이다.

식신의 속성은 글자 그대로 식복食福이 있다는 것이다. 먹을 복을 비롯하여 건강하고 장수할 수 있게 해주고, 삶을 편안하게 해주는 육친이다. 어떤 원리로 식신이 이런 속성을 갖게 된 것일까? 갑목에게 강한 편관 경금庚金은 나를 쪼갤 수 있는 도끼로 무서운 대상이다. 이때 경금庚金은 관재官災, 질병 등 나를 힘들게 하는 대상으로 본다. 그런데 여기에 병화丙火라는 식신이 있으면 화극금火剋金으로 경금庚金을 견제해 갑목을 안전하게 지켜준다.

한편, 병화丙火는 갑목甲木을 설하는 기운이며, 목木이 꽃을 피운 상태다. 갑목甲木에게 식신 병화는 큰 나무가 큰 꽃을 피운 것이고, 을목乙木에게 식신 정화丁花는 작은 나무가 작은 꽃을 피운 것이다. 큰 나무는 영양분을 얻기 위한 광합성 작용을 하는 데 많은 햇빛이 필요하고, 작은 나무 을목乙木은 상대적으로 적은 햇빛이 필요하다. 나무의 크기에 따라 필요한 햇빛의 양도 다른 것이다. 즉, 식신食神은 나의 크기에 알맞은 꽃을 편안한 환경에서 피우게 하는 역할을 한다. 큰 나무 갑목甲木은 병화丙火 햇빛을 잘 받으면 광합성 작용이 활발해져 왕성하게 자라기 때문에 식복이 좋은 것과 같다.

병화丙火는 나를 괴롭히는 경금庚金을 견제해주기도 한다고 했다. 여기서 경금庚金은 '가을 기운'을 상징하기도 하는데, 가을이 다가오면 갑목甲木은 더 이상 성장하지 않고 낙엽을 떨어뜨리며 겨울을 날 준비를 해야 한다.

그런데 이때 병화丙火 식신이 있으면 일조량이 많아져서 좀 더 느긋하게 추운 계절을 맞이할 수 있다. 가을에 쫓겨서 급하게 낙엽을 떨어뜨릴 필요가 없는 것이다. 반대로 일조량이 적을수록 겨울 준비를 빨리 해야 한다.

따라서 갑목 일주에게 병화丙火가 있다는 것은 가을에 대한 걱정을 덜고 편안하게 살아간다는 뜻으로 해석할 수 있다. 이렇게 사주에 식신이 있는 사람은 성격이 낙천적이고 긍정적인 편이다. 나의 기운을 잘 펼치고 적당히 설하고 있기 때문이다. 갑목甲木은 병화丙火로 꽃을 피워서 자신의 속성을 충분히 펼쳐 보이기 때문에 삶이 만족스럽고 자기 것을 남에게 베풀려는 마음도 있다. 즉, 식신이 있으면 봉사심도 있다. 식신의 속성을 부정적으로 풀이하면 환경이 여유롭고 편안한 만큼 도전정신이 부족하다는 것이다. 어려운 일을 만나면 대항해서 싸우기보다 현재에 안주하려는 마음이 작용하기 쉽다.

❹ 상관傷官 : 정화丁火

상관傷官은 나의 크기에 맞지 않게 꽃을 피운 것이다. 갑목甲木은 정화丁火로, 을목乙木은 병화丙火로 꽃을 피운 셈이다. 자기 크기와 다르게 꽃을 피웠다는 것은 환경이 불만족스럽다는 뜻으로 해석할 수 있다. 갑목甲木은 식신 병화丙火의 햇빛을 봐야 왕성하게 자라며 큰 나무에 어울리는 큰 꽃을 피울 수 있는데, 환경이 받쳐주지 않으니 현실적으로 불평 불만이 쌓이게 된다. 그래서 상관을 보면 현실을 바꾸려 하고, 어떤 면에서든 변화를 추구하려는 성향이 강하다. 제도권의 틀을 벗어나려는 속성이 강해서 도전정신도 있고, 위험 요소를 감내하면서까지 조직 밖에서 활동하려는 속성이 있다.

갑목에게 신금辛金은 명예를 상징하는 정관正官인데, 정화丁火 상관이 오면 신금의 명예가 극剋을 당한다. 정화丁火와 신금辛金처럼 음과 음이 만나거나, 양과 양이 만나면 무정無情한 데가 있다. 무정한 상태에서 둘 사이에 어떤 '사건'이 생기면 사정없이 극剋을 하고 당하는 관계가 된다. 정화丁火가 신금辛金을 보면 화극금火剋金으로 녹여버릴 수 있으니 신금이 우습게 보인다. 갑목에게 신금辛金은 관성이니 원래는 자신을 통제하는 대상으로 두렵게 바라봐야 하는데, 여기에 상관傷官 정화丁火가 있으면 신금이 두렵지 않게 되는 것이다. 그래서 사주에 상관이 있는 사람은 윗사람이나 상사에게 지적을 받아도 굽어들지 않고 오히려 무시하는 성향이 있다. 자기 감정을 숨기지 않고 입바른 소리를 하거나 안하무인 기질을 드러내기도 한다. 환경에 불만이 있으니 그런 불만 요소를 다 표출해버리기도 하고, 구설이 따르기도 쉽다. 이런 속성으로 인해 상관은 정관을 치는 작용을 한다.

이와 같이 상관 정화丁火가 부정적으로 작용하면 열이 되어 신금辛金을 녹이는 형상으로 본다. 반면에 정화丁火가 긍정적으로 작용하면 빛이 되어 신금辛金을 아름답게 비춰준다. 이런 형상이 되면 식상이 '표현'을 상징하기도 하므로 표현력이 뛰어난 사람이 된다. 특히 화火의 속성상 겉으로 드러내는 예절을 잘 지키며, 붙임성이 있고, 립서비스로 신금辛金 상사의 비위를 잘 맞추기도 한다. 정화丁火 빛이 신금辛金 칼이나 보석을 더욱 빛나게 하듯이 "오, 정말 빛이 나십니다" "정말 빛나는 칼을 갖고 계시군요" 라는 말을 할 수 있는 것이다.

❺ 정재正財 : 기토己土

갑목甲木에게 정재正財는 기본적으로 갑기합甲己合이 되어 있는 상태다. 갑甲은 양, 기己는 음으로 음양을 이루고 있는 것이다. 정재와 음양을 이루었으니 재물복을 크게 누릴 것 같지만, 현실적으로는 갑목甲木이 기토己土를 만나 정재를 두면 조직의 한 사람으로 월급생활을 하게 된다. 갑목甲木이 기토己土를 만난 것은 음양을 이루기는 했지만 균형이 맞지 않기 때문이다. 큰 나무 갑목甲木이 작은 땅 기토己土에서 잘 자랄 수 있겠는가. 재財라는 것은 일간 갑목甲木의 활동 무대라고 볼 수 있는데 기토己土는 갑甲의 활동 무대로는 작다. 회사로 치면 하나의 작은 부서에서 커다란 갑목이 일하고 있는 셈이다. 이런 공간 환경에서는 갑목이 큰 나무로서 제대로 자라기가 어렵다. 그래서 기토를 만난 갑목은 리더가 되기 어려우며 조직생활을 하게 된다. 자기가 취할 수 있는 재물이 작은 땅 기토己土로 한정돼 있어서 아무리 큰 사업을 해도 어차피 기토만큼의 재물밖에 못 만질 텐데 리스크가 큰 사업을 뭐하러 벌이겠는가. 괜히 위험을 끌어안고 전전긍긍하며 사업해서 기토己土를 취할 거라면 안정적으로 직장을 다니며 기토己土 재물을 취하는 게 낫다.

따라서 갑목은 기토己土를 보면 안정적인 형태의 재물을 취하며 살아갈 수밖에 없다. 사주에 정재가 있는 사람은 사업을 벌이기보다 한푼 두푼 모으는 형식으로 재물을 쌓게 되고, 그래서 알뜰하고 근면성실한 편이다. 돈 거래에도 분명하고 철저한 면이 있으며, 재테크 등을 하더라도 항상 재물을 안전한 형태로 다루려는 속성이 강하다. 또 그렇게 안정적인 길을 선택하여 알뜰살뜰 살아야만 재물을 지키고 키워나갈 수 있다. 이것이 모두 기토己土라는 작은 재물의 속성에서 나오는 것이다. 그래서 '정재'를 땀 한汗자를 써서 '한재汗財'라고도 한다. 정재란 한마디로 땀 흘리며 한푼 두푼 번 돈이다. 이런 속성이 나쁘게 작용하면 작은 땅마저 뺏길까 봐 전전긍긍하다 보니 남에게 인색한 면을 보인다. 그리고 세상을 바라보는 시야와 안목이 좁은 편이다. 살아가는 환경이 원래 작은 땅이다 보니 그런 마인드를 가지게 되는 것이다.

❻ 편재偏財 : 무토戊土

갑목甲木의 편재偏財는 넓은 땅 무토戊土이다. 무토는 넓은 활동 무대, 큰 재물을 상징하여 무토 편재를 둔 갑목은 사업가 기질이 강하다. 넓은 땅에서 큰 나무로 성장하려는 속성으로 인해 리더, 영웅호걸의 기질을 갖고 있다. 큰 재물을 다룰 수 있는 요령과 수단이 좋은 편이며 금전 감각도 뛰어나다. 그런데 항상 큰 재물만 취하려 하다 보니 이런 속성이 나쁘게 작용하면 투기적인 재물에만 관심이 쏠려 한탕주의로 살아가기 쉽다. 정재가 한푼 두푼 모아서 차곡차곡 재산을 늘려갈 때 편재는 그런 정세의 속성을 우습게 어기며 '대박'의 꿈을 꾸는 것이다.

정재가 알뜰살뜰하고 가정적이라면, 편재는 밖으로 나돌며 영웅호걸의 면모를 드러내길 좋아한다. 정이품 소나무처럼 넓은 땅에 혼자 뿌리를 내리고 있으면 군림하려는 속성으로 인해 독불장군, 독재의 기질도 있다. 자기 맘대로 주무르고 장악할 수 있는 재물을 갖고 있다고 할 수 있다. 편재를 흔히 '공공의 재물'이라고 하는데, 꼭 그런 것은 아니다.

무토戊土가 있으면 넓은 땅을 맘대로 돌아다니는 속성으로 인해 역마 기질도 나타난다. 좋게 말하면 활동하며 능력을 발휘할 수 있는 영역이 넓다고 볼 수 있다. 그런데 편재 무토戊土도 너무 척박하거나 사막과 같은 땅이라면 아무리 넓어도 소용이 없다. 이런 땅에서는 갑목甲木이 편재를 자기 재물로 끌어올 수가 없다. 갑목이 편재를 자기 재물로 취하기 위한 필수 조건이 몇 가지 있는데 그것은 고급 이론에서 논하는 내용이라 중급편에서 다루도록 하겠다.

❼ 정관正官 : 신금辛金

갑목甲木에게 신금辛金은 정관正官에 해당한다. 편관偏官이 바르지 못하고 치우친 관이라면, 정관은 올바르고 곧은 관이다. 그런데 갑목甲木 입장에서 정관 신금은 자기를 멋지게 다듬어 주기에는 작은 칼이며, 신금 작은 칼에 크고 긴 손잡이 갑목이 끼워져 있는 형상이라 마음껏 휘두르기에도 마땅치 않다. 따라서 갑목 입장에서는 세상에 빛낼 수 있는 명예가 작은 것이다. 정관을 조직으로 치면 그 조직이 갑목인 나의 존재감이나 명예를 극대화시켜 주지 못하는 셈이다.

갑甲의 정체성은 원래 리더인데, 신금辛金을 본 갑목甲木은 리더에게 걸맞은 칼(권한)을 부여받지 못한 것과 같다. 그래서 큰 조직을 이끄는 오너가 되기 어렵고, 오너가 되고 싶어도 작은 칼을 쥔 갑목을 따르려는 사람은 없을 테니 조직생활을 할 수밖에 없다.

이와 같이 신금辛金 정관正官을 둔 갑목甲木은 할 수 있는 역할이라든가 누릴 수 있는 명예가 제한돼 있다. 이런 사람은 상명하복 정신으로 조직생활을 잘해야 하며, 또 그래야만 살아갈 수 있다. 리더의 권한도 갖지 못했으면서 리더처럼 폼만 잡으면 무슨 이익이 있겠는가. 정관을 둔 사람은 대개 남을 이끌기보다 남에게 부여받은 일을 하면서 능력을 발휘한다. 리더처럼 앞서나가며 맘대로 하려 들면 꼭 사고가 나고 결과가 나쁘게 된다. 그러니 조직생활을 안 하려 해도 안 할 수가 없다.

또 정관이 있으면 준법정신이 강하며, 일정한 규칙 아래 움직이는 공간에서 능력을 발휘한다. 외모 면에서는 단정하고 깔끔한 편이며, 모범생처럼 보인다. 신금辛金이 갑목甲木을 다듬으면 세밀하고 정교하게 다듬기 때문이다. 단점은 시키는 일과 규칙적인 일만 잘한다는 것이다. 규칙적이고 정밀한 면은 있으나, 그런 점이 지나쳐서 원리 원칙적이고 고집스러운 면모를 보이기도 한다. 익숙한 범위와 규칙을 벗어나면 당황하며 융통성을 발휘하지 못한다. 고지식하고 명분에 집착하는 편이며, 그러다 보니 인정을 받지 못하면 자격지심을 느끼며 매우 불쾌해하기도 한다.

❽ 편관偏官 : 경금庚金

갑목甲木에게 편관偏官은 경금庚金이다. 갑목이 경금을 지녔다는 것은 매우 '큰 칼'을 쥐고 있는 것과 같아서 잘되면 큰 명예를 얻을 수 있다. 운을 잘 만나면 리더로서 굉장한 카리스마를 발휘하며 큰 무리를 이끌 수 있다. 갑목甲木이 타고난 능력을 맘껏 뽐낼 수 있는 환경을 제대로 만난 것으로, 경금庚金이라는 큰 칼이 갑목甲木이라는 큰 나무를 잘 다듬어서 기둥으로서의 역할을 할 수 있게 만들어준다.

편관 경금庚金을 둔 갑목甲木은 성격이 대범하고, 추진하는 일에 있어서 스케일이 큰 편이다. 리더 기질이 강하며, 어떤 어려운 일도 돌파하는 능력이 있다.

물론 경금庚金의 속성도 지나치면 탈이 나게 마련이다. 신금辛金은 아무리 많아도 작은 칼이기 때문에 갑목甲木을 무너뜨릴 수 없다. 식칼을 들고 가서 나무 한 그루라도 베려면 하세월이 아닌가. 하지만 편관 경금庚金이 너무 많고 강하면 갑목甲木이 버티지 못하고 꺾여버린다. 갑甲이 경庚과 균형을 이루어야 큰 나무가 큰 칼을 차고 있는 형국이 돼서 긍정적인 리더의 속성을 드러낸다. 만일 균형이 안 맞아 갑목甲木이 꺾이는 형국이라면, 이때의 경금庚金은 내가 감당하기 버거운 일이라 할 수 있다. 그래서 이런 구조의 사주를 가진 사람은 업무상 스트레스를 받기 쉬우며, 그로 인해 일에서 오류를 범하게 되며, 결국 신경과민과 질병, 관재에 시달리게 된다.

이렇게 갑목甲木이 지나치게 강한 금金을 만나면 칼을 제대로 휘두를 수 없게 되는데 이런 상황에는 병화丙火가 필요하다. 병화가 경금庚金의 공격을 견제해주기 때문이다. 나를 시달리게 하는 편관偏官을 호랑이처럼 무서운 존재로 보아 칠살七殺이라고도 하는데, 경금庚金을 병화丙火로 견제하고 통제해주면 칠살 호랑이가 잘 길들여져서 유순해진다. 그래서 갑목인 나를 무정하게 못 치게 된다. 다시 말해 경금庚金의 가을 기운이 너무 강해지면 갑목甲木은 낙엽을 다 떨구고 겨울나기를 해야 하는데, 이때 병화丙火가 나타나 일조량을 늘려주면 갑목이 다시 광합성 작용으로 영양분을 보충받아서 생기를 얻게 된다. 즉, 편관 경금庚金을 감당할 수 있는 능력이 생기는 것이다. 갑목에게 병화는 식신食神인데, 식신은 이렇게 근심 걱정을 덜어주고 식복食福과 건강을 안겨다 준다.

❾ 정인正印 : 계수癸水

갑목甲木에게 정인正印은 나를 생生해주는 수水 중에 계수癸水이다. 원래 갑목甲木에게는 수량이 비교적 많아야 한다. 특히 물이 절실하게 필요한 형국에 있는 갑목이 계수癸水를 만나면 인덕이 좋다. 나를 보호해주고 끊임없이 성장시켜줄 수 있는 윗사람, 부모, 또는 부모와 같은 후원자를 만난 것과 같다.

원래 인성印星의 속성은 정보를 계속 받아들이고 싶어 하는 것이다. 그래서 계수癸水가 있는 갑목 일주는 기본적으로 학문을 좋아한다. 받아들이는 속성 중 하나가 학문을 좋아하고 공부를 잘하는 것이다. 나를 끊임없이 성장시켜주는 것이 부모나 후원자가 될 수도 있지만, 공부도 역시 나를 성장시켜주는 인성 중 하나다.

정인正印의 속성이 지나치면 단점으로 작용해 부모, 특히 어머니에게 너무 의지하는 '마마보이'가 될 수 있다. 원래 갑목甲木의 정체성은 리더인데, 마마보이와 리더는 균형이 맞지 않다. 따라서 인성이 강한 갑목 일주는 특히 우유부단하고 매사에 어머니의 판단과 지시를 따르려 한다. 갑목으로서의 정체성을 잃어버리는 것이다. 그리고 정인이 지나치게 많아서 부정적인 역할을 하게 되면 수량이 넘쳐서 편인과 같은 역할을 할 수 있다.

❿ 편인偏印 : 임수壬水

편인偏印은 친모 외에 나를 생生해주는 대상을 나타낸다. 원래 올바르지 못하게 생해준다는 의미가 있지만, 사실 갑목甲木이 성장하는 데는 편인이 좋은 역할을 하는 경우가 많다.

편인이라서 부정적으로 생해준다고 육친의 기본적인 의미로만 사주를 풀이해서는 올바른 감명을 할 수 없다. 육친으로는 각각의 오행이 갖고 있는 고유한 정보를 온전히 드러낼 수 없기 때문이다. 예를 들어 갑목甲木의 경금庚金도 편관이고, 을목乙木의 신금辛金도 편관이며, 병화丙火의 임수壬水도 편관, 정화丁火의 계수癸水도 편관, 기토己土의 을목乙木도 편관, 무토戊土의 갑목甲木도 편관이다. 하지만 다 같은 편관이라고 해서 이들 모두

가 똑같은 역할을 하는 것은 아니다. 육친으로는 기본적으로 전부 편관의 속성을 갖고 있지만, 해당하는 오행과 처해 있는 환경에 따라서 그 역할을 각기 다르게 풀이해야 한다. 즉, 사주 감명을 할 때는 오행의 고유한 속성을 적용해서 풀이하고, 육친은 관계성을 보는 것만으로도 충분하다.

계수癸水는 갑목에게 정인正印으로 '올바른 지원'이라는 좋은 의미가 있지만, 수량이 적은 계수는 갑목에게 도움이 되지 않는다. 갑목 나무가 자라는 데는 오히려 편인偏印 임수壬水가 도움이 된다. 물론 임수의 수량이 지나치게 많아서 갑목甲木이 들뜰 정도가 되면 부정적인 역할을 한다. 생해준다는 명목으로 갑목에게 다가왔지만, 결국은 갑목의 성장을 방해하는 셈이 된다. 이렇게 된 형국을 수다부목水多浮木이라고 한다.

편인偏印은 정인正印에 비해서 시야가 좁은 단점이 있지만, 대신에 한 분야를 깊이 들여다보는 속성이 있다. 그래서 남들이 인지하지 못하고 넘어가는 부분을 예민하게 감지하고 파악하는 능력이 있다.

편인偏印의 속성이 부정적으로 작용하면 끈기가 부족하고 비활동적이며 신비주의에 잘 이끌려서 자기만의 세계에 빠져 지낼 수 있다. 그리고 계모를 상징하는 편인을 두었기 때문에 대인관계에서 피해의식을 잘 느끼기도 한다.

육친 응용 2 : 기토己土 일간 기준

육친\일간	비겁		식상		재성		관성		인성	
	비견	겁재	식신	상관	편재	정재	편관	정관	편인	정인
己	己	戊	辛	庚	癸	壬	乙	甲	丁	丙
	丑, 未	辰, 戌	酉	申	子	亥	卯	寅	午	巳

❶ 비견比肩 : 기토己土

　육친에 대한 이해를 돕기 위하여 이번에는 기토己土 일간을 중심으로
육친을 분석해보겠다.

　기토己土 일간이 자신과 똑같은 기토 비견比肩을 만나면 己 己의 형상을
이룬다. 이렇게 비견과 합세하면 기본적으로 협동정신이 강하고, 주변 사
람과 나눠 가지려는 분배정신이 있고, 형제 동료와 호형호제하며 잘 어
울린다.

　기토己土가 비견을 만나 己 己가 되면 좁은 땅이 넓은 땅으로 변한 것
으로 볼 수 있다. 그리고 원래 기토己土 땅은 작은 땅이기 때문에 큰 나무
갑목甲木을 잘 감당하지 못한다. 그런데 기토己土가 두 개 있으면 좁았던
땅이 조금 넓어짐으로써 갑기합甲己合으로 묶여 있던 기토가 또 다른 기
토의 도움으로 갑목甲木을 감당할 수 있게 된다. 백짓장도 맞들면 낫다

는 속담처럼 동료와 짐을 나눠 짊어지는 것이다. 그래서 이런 구조의 사주를 가진 사람은 협동심과 공동체 정신, 분배 정신이 강하다. 기토己土에게 큰 물인 임수壬水가 나타날 경우에도 기토 혼자서는 감당하기 힘들지만, 비견 기토가 도와주면 함께 큰 물을 막거나 흡수해서 임수의 공격을 피할 수 있다. 그리고 원래 토土의 속성상 서로 잘 합쳐지는 성질이 있어서 협동·분배 정신이 특히 강하다.

기토己土는 정원, 가정을 상징하므로 비견이 와서 己 己가 되면 '여러 가정'을 두었다고 보기도 한다. 가정이 많으니 이혼을 하거나 주말부부 형태로 살아갈 가능성도 있고, 부모의 이혼으로 본인이 두 집안 출신이 될 수도 있고, 두 집 살림을 할 수도 있다.

직업 면에서는 가가호호家家戶戶의 속성으로 인해 많은 가정을 상대하는 의식주 관련 사업을 할 수도 있고, 건축업을 한다면 집안과 관련된 실내 인테리어, 교육업이라면 집집마다 방문하는 방문교사 일을 하면 능력을 발휘한다. 또, 기토己土는 '길'의 속성으로 역마 기질이 있어서 여행을 좋아한다. 그래서 전국에 걸쳐 있는 거래처나 고객을 상대하는 일, 그중에서도 특히 영업에서 능력을 발휘한다.

❷ 겁재劫財 : 무토戊土

기토己土의 재물은 큰 물인 임수壬水 정재正財와 작은 물인 계수癸水 편재偏財이다. 만일 여기에 겁재劫財 무토戊土가 나타나면 기토가 좋아하는 계수

癸水를 무세합戊癸合으로 뺏어가러 한다. 임수壬水는 큰 깅물과 같아시 기토己土가 막기에는 역부족인데, 무토戊土는 충분히 강물을 감당할 수 있다. 그래서 기토가 무토를 만나면 무토에게 재물을 뺏기기 쉽다.

무토戊土는 기토己土에게 도둑과 같은 대상으로 부정적인 면이 많지만, 때로는 긍정적인 역할도 있다. 원래 기토는 정원이나 텃밭처럼 땅이 작아서 할 수 있는 역량이 한정돼 있는데 무토戊土가 나타나면 넓은 땅으로 변해 역량이 커진다. 그러면 원래 집안 중심의 활동 영역을 갖고 있던 기토己土가 집안을 벗어나 넓은 공간에서 활동할 수 있다. 사업가 기질과 능력이 생겨서 경영을 크게 할 수도 있다. 기토만 있으면 을목乙木밖에 기르지 못하지만 무토와 합세하면 갑목甲木 같은 큰 인재도 기를 수 있다. 무토戊土 겁재劫財가 이렇게 긍정적으로 작용하면 기토己土의 역량이 훨씬 높아진다.

원래 땅은 잘 합쳐진다고 했는데 기토己土와 무토戊土가 합쳐지면 대인관계가 매우 좋아진다. 이것을 경련상배硬軟相配라고 한다. 단단한 무토와 부드러운 기토가 짝을 이루어서 완급 조절이 되므로 처세술도 좋아진다. 또, 을목과 갑목을 모두 기를 수 있는 것처럼 여러 가지 일에서 능력을 발휘할 수 있으며, 그래서 이런저런 일을 잘 벌이기도 한다.

❸ 식신食神 : 신금辛金

기토己土의 식신食神 신금辛金은 예리한 작은 칼과 같다. 작은 땅 기토己

土에는 화초와 채소 같은 을목乙木이 잘 자란다. 을목乙木이 환경을 잘 만나면 아름다운 화초로 살아가고, 나쁜 환경에서는 잡초의 생을 살아가는데, 을목에게 좋은 환경을 만들어주는 육친 중 하나가 신금辛金이다. 신금은 을목乙木을 괴롭히는 살殺을 제압해주기 때문이다. 이것을 식신제살食神制殺이라고 한다.

기토己土 밭에는 항상 온갖 풀이 자란다. 화초나 농작물 같은 을목乙木만 기르고 싶지만, 원하지 않는 을목인 잡초들도 수시로 생겨난다. 그렇기 때문에 정원이나 밭은 잡초가 무성해지지 않도록 늘 돌봐주어야 한다. 을목이 화초라면 신금辛金은 전정가위가 되어 을목을 다듬어 줌으로써 아름다운 꽃을 피우게 하고, 을목이 농작물이라면 신금은 호미나 낫이 되어 잡초를 제거해줌으로써 농작물이 영양분을 잘 흡수하고 좋은 결실을 맺도록 도와준다. 기토 일주가 이렇게 을목乙木과 신금辛金을 갖추고 좋은 환경을 이루고 있으면 예리한 신금辛金 도구를 잘 써서 재주가 비상하고, 꼼꼼하고 정교함이 필요한 업무에서 능력을 발휘한다. 즉, 남들이 꺼려하는 편관 을목을 정교하고 날카로운 칼로 마음껏 다룰 수 있기 때문에 전문직에 종사하는 경우가 많다.

만일 기토己土 일주가 신금辛金과 갑목甲木을 갖고 있으면 예스맨이나 순둥이 기질이 있다. 신금辛金은 정관 갑목甲木을 보면 나무가 너무 커서 자르지는 못하고 잔가지만 다듬어주는 역할을 하는데, 이것은 곧 상사에게 대항하지 못하고 예, 예, 하며 따르는 것과 같다.

한편, 신금辛金은 날카로운 바늘과 같은 속성으로 상대의 정곡을 찌르는 말을 잘해서 남에게 상처를 주기도 한다.

114

❹ 상관傷官 : 경금庚金

　기토己土의 상관傷官은 경금庚金이다. 신금辛金이 작은 칼과 같다면 경금庚金은 큰 칼, 도끼와 같다. 그래서 경금은 가녀린 을목乙木을 자르는 데는 서툴지만, 통나무 같은 갑목甲木은 잘 자를 수 있다.

　작은 땅 기토己土에 정관 갑목甲木이 심어지면 감당하기 버거우며, 특히 갑기합甲己合으로 묶이면 더 갑갑하고 버거워서 벗어나지 못한다. 관官이란 법, 조직, 상사, 또는 상사의 명령으로 볼 수 있는데 기토己土는 이 관에 잘 따르기 때문에 준법정신이 강하고, 조직생활에 잘 적응한다.

　갑목甲木이 심어진 기토 땅에 경금庚金 상관이 오면 경금이 갑목을 자르려고 한다. 나무가 너무 크다느니, 갑갑해 보인다느니 하며 갑목을 쳐내려 하는 것이다. 이렇게 상관傷官이 강한 사주가 조직생활을 하면 상사를 어려워하지 않고 자기 의견을 잘 표출한다. 불평 불만이 있으면 참지 못하고 쉽게 드러내며, 행동에 있어 거침이 없으며 반항아 기질이 있고, 그러다 보니 성격이 까칠한 면도 있다. 이런 상관의 속성이 긍정적으로 작용하면 자신을 구속하는 관을 무조건 받아들이는 게 하니라 소신껏 의견을 펼치며 대항할 수 있다. 그리고 상사의 마음을 움직여 자신에게 이익이 되도록 만드는 요령과 수단을 갖추게 된다. 즉, 관官에 대해 무조건 굽히거나 무조건 대항하지 않고 자신의 이익을 따져가며 노련하게 처세하는 재주가 있다.

　상관의 기질이 지나치면 조직생활을 견뎌내지 못한다. 자신을 구속하는 대상을 강하게 거부하려 하고 자유분방한 기질이 강하기 때문이다.

만일 경금庚金 상관이 있는 기토己土 일주에게 직장생활을 하라고 하면 고개를 절레절레 저을 것이다. 하지만 남들이 무서워하는 갑목甲木에 당당하게 맞서는 배짱과 적극성이 있다. 남들이 조직의 권위에 눌려서 잘못된 일에도 이의 제기를 하지 못할 때 상관이 있는 사람은 당당히 소신을 밝히며 잘못을 지적할 수 있다. 기존의 것을 답습하지 않는 개혁성과 창의성이 있고 순발력도 뛰어나서 남다른 발상으로 발전을 이끄는 아이디어 뱅크 같은 역할도 한다.

만일 기토己土 일주 여성의 사주에 상관 경금庚金이 강하게 있으면 부부 갈등이 심하거나 이별을 맞이할 수 있다. 경금이 갑목甲木을 쳐서 기토己土 땅에 제대로 자리 잡지 못하게 하기 때문이다. 하지만 경금庚金의 기운이 적당하면 갑목甲木을 잘 다듬어서 작은 땅 기토己土에 어울리는 나무로 가꾸는 재주가 있다. 대신에 남자에게 잔소리가 많고, 남자를 손에 쥐고 쥐락펴락하는 속성도 있다. 그래도 결과적으로는 남자를 능력 있는 나무로 다듬어서 성공시킬 가능성이 높다. 여성의 사주에 상관傷官이 있으면 무조건 남편복이 없다고 풀이하는 경우가 많은데 결코 그렇지 않다.

❺ 정재正財: 임수壬水

기토己土의 정재正財 임수壬水는 큰 강, 바다를 상징한다. 작은 땅 기토己土가 감당하기에는 수량이 너무 많다. 기토己土 밭에 임수壬水 물이 너무 많으면 홍수가 난 격으로 농작물이 다 쓸려 내려가서 농사를 망치게 된다.

임수壬水라는 재물로 인해서 일긴 기토己土기 디치고 고통을 받는 형국이다. 그래서 사업을 하기가 어렵다. 기토己土 일주가 사업을 하려면 강물 한복판에 뛰어들어서 많은 물을 충분히 통제할 수 있어야 하는데, 기토의 기운이 강하지 못하면 그 임수壬水를 재물로 취할 수 없다. 기토가 선불리 큰 물을 재물로 취하려고 했다가는 오히려 그 재물로 인해 고통에 시달리게 된다.

만일 기토 일주가 정재正財 임수壬水를 재물로 취해야 한다면, 강 한복판으로 뛰어들지 말고 강가에서 발만 담근 채 안전한 범위에서 행동해야 한다. 강물 전부를 취할 수 없으므로 강물의 일부를 야금야금 끌어오는 식으로 재물을 모아야 한다. 이런 구조의 사주를 타고난 사람은 원래 알뜰하게 사는 편이라 위험 부담이 있는 사업을 벌이기보다 안정적인 월급생활을 선호하고 그런 생활에서 안정감을 느낀다.

하지만 기토己土의 기운이 강해서 땅이 넓어지면 임수壬水 강물을 충분히 감당할 수 있으므로 사업가로 능력을 발휘할 수 있다.

❻ 편재偏財 : 계수癸水

기토己土의 편재偏財 계수癸水는 샘물, 시냇물, 비를 상징한다. 기토己土가 충분히 제어할 수 있고 마음껏 주무를 수 있는 재물이므로 계수癸水를 본 기토는 사업을 하려고 할 것이다.

계수癸水는 기토己土 밭을 적셔주는 단비와 같다. 마른 땅에 비가 내리면 한순간에 가뭄이 해결되고 식물이 생기를 되찾듯이 기토己土가 계수癸水를 만나면 갑자기 큰돈이 생길 수 있다. 그러다 비가 그치고 가물기 시작하면 촉촉했던 땅이 메마르고 식물이 시들시들해지듯이 재물이 싹 사라질 수도 있다. 이와 같이 편재는 도깨비 살림처럼 기복이 있는 재물을 상징한다.

정재正財 임수壬水는 유유하게 꾸준히 흐르는 물이므로 땅이 쉽게 마르지 않지만, 편재偏財 계수癸水는 비처럼 어느 순간 뚝 그칠 수 있는 물이라 땅이 마르기 쉽다. 이렇게 땅이 마르기 시작하면 재물이 갑자기 사라져가는 느낌이 들 것이다. 이렇게 재물의 기복이 있다 보니 가뭄에 단비가 내려 대지가 촉촉할 때는 흥청망청 돈을 쓰며 호기를 부리거나 풍류 기질을 드러낼 수 있다. 월급처럼 고정적인 수입은 성에 차지 않아서 위험하고 힘들어도 한 방에 크게 벌 수 있는 재물을 좇는 성향으로 인해 투기를 좋아한다.

만약 금생수金生水가 되어 계수癸水가 안정적으로 흐르면 정원에 있는 샘물과 같은 형국이 되어 재물이 마르지 않는다. 사주 원국에 계수癸水가 어떤 형태와 구조에 놓여 있는지 정확히 파악해야 이렇게 재물의 형국을 읽어낼 수 있다. 금생수金生水가 잘 되지 않아 계수癸水가 단비 형상으로 존재하는 사주는 재물이 어떨까? 단비가 내릴 때는 주체하지 못할 정도로 돈이 넘쳤다가 비가 그치고 가뭄이 들면 돈으로 인해 고통받게 된다. 바로 이것이 편재의 속성이다.

❼ 정관正官 : 갑목甲木

　기토己土는 정관正官 갑목甲木과 갑기합甲己合을 이룬다. 정관을 좋아하며 끌어안고 있는 형상으로, 이렇게 되면 돈보다 명예를 추구하고 준법정신이 강하다. 하지만 앞에서도 언급했듯이 큰 나무 갑목甲木이 작은 땅에 심어지면 기토己土는 큰 관에 눌려서 부담스럽고 갑갑해한다. 만약 기토己土라도 토土가 많아서 땅이 넓어지면 갑목甲木을 버거워하지 않고 충분히 키워낼 수 있다.

　작은 땅 기토己土는 갑목甲木을 버거워하면서도 합을 이루었기 때문에 마음대로 갑목을 뽑아낼 수도 없다. 즉, 거부하지 못하고 받아들여야 하므로 상사의 명령이 떨어지면 상명하복 정신으로 성실히 수행하고, 조직을 지키기 위해 최선을 다한다. 관에 대한 부담을 느끼면서도 불평 불만을 드러내지 않고 요령을 피우지 않으며 묵묵히 명령에 따르는 것이다. 그러다 보니 '예스맨'이 되기 쉬운 단점은 있지만, 직장생활을 하면 윗사람에게 인정을 받는다는 장점이 있다. 다만 명령에는 철저히 따르지만, 특별한 상황에 대처하는 요령과 수단이 부족하고, 원리 원칙에 얽매이고 체면을 중시하다 보니 사업가가 되기에는 부족한 점이 많다.

　기토己土 일주 여성이 기토 기운은 약하고 갑목甲木이 강하면 남편 때문에 스트레스를 많이 받는다. 그래서 정관 갑목과 갑기합甲己合이 됨에도 불구하고 남자와의 만남을 두려워하여 결혼하기를 꺼리고 혼자 사는 경우가 있다. 또 남들이 보기에는 주부로서, 부인으로서 남 부러울 것 없이 살아가는 것 같아도 가정에만 들어가면 남편 때문에 답답함을 느끼며 부부 불화로 고생하는 경우도 있다. 만일 이런 여성의 사주에 경금庚金이 있어서 갑목甲木을 적당히 다듬어주면 나름의 수단과 지혜를 발휘해 남편을 요령껏 다스릴 수 있고, 직장인은 상사를 잘 구스를 수 있다. 그러나 경금庚金이 지나치게 강하면 불평 불만이 폭발해서 자신을 통제하고 갑갑하게 하는 갑목甲木을 부러뜨려 결국 이혼에 이를 수 있다.

❽ 편관偏官 : 을목乙木

기토己土의 편관偏官 을목乙木은 정원에서 가꾸는 화초, 밭에서 기르는 농작물과 같다. 즉, 기토己土 땅이 기르기에 적당한 관이다. 을목을 본 기토는 관에 대한 부담을 덜 느껴서 비교적 편하고 자유로운 조직생활을 할 수 있다. 관에 대한 부담이 없으니 호기롭고 대범한 기질을 갖게 된다.

하지만 을목乙木이 지나치게 많다든가 얽혀 있는 구조가 되면 조금만 소홀히 보살펴도 금방 잡초로 변해버린다. 잡초가 정원이나 밭을 덮쳐서 크게 훼손한 형국이 되면 기토己土 입장에서는 고통을 당하게 된다. 바로 이때 무서운 편관의 속성이 드러나서 관재구설로 시달리고, 질병이나 사고로 몸이 다치기도 한다. 조직생활을 해도 잡초가 가득한 곳에서 일하는 형국이 되므로 명예가 떨어지고, 3D 업종에서 일하는 경우가 많다. 여성이라면 남편의 명예가 떨어지고, 폭군 기질이 있는 남자를 만나기 쉽다. 또 이런 여성이 꼭 나쁜 남자 스타일에 매력을 느끼게 마련이다.

이런 경우 식신食神인 신금辛金 가위가 있다면 을목乙木을 잘 다듬어서 아름다운 기토 정원을 만들 수 있다. 정원은 가정과 같으므로 부인이 가정을 잘 돌봐서 집안의 명예를 높이게 되는 셈이다. 기토己土를 밭으로 비유하면 신금辛金이라는 낫과 호미로 을목乙木 잡초를 뽑고 밭을 잘 가꿔서 풍작을 이루게 된다. 즉, 집안이 부유해지고 화목한 가정을 이루게 되는 것이다. 요약하면, 기토己土 일주 여성에게 편관 을목乙木이 있을 경우, 신금辛金이 나타나 을목乙木을 잘 다듬어주면 능력을 발휘하고 좋은 남자를 만나서 아름다운 가정을 이룰 수 있다.

❾ 정인正印 : 병화丙火

기토己土가 정인正印 병화丙火를 만나면 햇빛이 잘 드는 양지 바른 땅이 된다. 엄마 품처럼 따스한 땅이 되므로 기토己土가 키우는 갑목甲木과 을목乙木이 잘 자라고 탐스러운 결실을 맺어서 명예가 높아질 수 있다. 을목乙木을 키운다면 태양에서 얻은 영양분으로 아름답게 꽃을 피워서 가정의 화목과 명예를 높일 수 있다. 기토에 갑목甲木을 키우면 큰 나무가 작은 땅을 가려 버려서 그늘이 지고 답답한데, 이때 병화丙火 햇빛이 잘 비춰주면 갑갑함이 덜하고 갑목甲木도 열매를 잘 맺어서 명예가 높아진다.

이렇게 정인正印 병화丙火의 도움을 잘 받는 기토 일주는 조직생활을 잘하게 된다. 인성은 원래 부모, 윗사람, 선배 등을 상징하니 윗사람 덕을 볼 수 있다. 또 인성은 정보를 받아들이는 통로이기 때문에 학문 탐구를 즐기는 편이며, 사물과 현상을 바라보는 시각이 넓은 편이다.

❿ 편인偏印 : 정화丁火

　기토己土의 편인偏印 정화丁火는 밤의 등불과 같다. 그래서 기토己土가 병화가 아닌 정화를 만나면 정관正官 갑목甲木을 제대로 길러낼 수 없다. 만일 여성이 이런 사주라면 덩치 큰 갑목甲木 남자를 만나더라도 이 갑목이 작은 결실밖에 맺지 못하니 조금 갑갑한 상황에 처하게 된다. 갑목甲木을 직장으로 본다면 갑갑한 업무를 맡게 된다.

　을목乙木이 정화丁火를 만나 꽃을 피우면 밤에 피어난 야생화가 된다. 그래서 남들이 다 퇴근한 밤에 혼자 불을 켜고 연구하거나 희귀하고 특수한 분야에서 능력을 발휘하게 된다. 정화丁火 편인은 캄캄한 밤을 비추는 손전등과 같아서 세상을 바라보는 시야가 좁으면서 깊다. 그래서 자기 세계에 갇혀서 일할 가능성이 높고, 전문 지식으로 한 분야에서 능력을 발휘할 개연성이 많다.

6강
/
운명

역학은 과학이다

천지와 만물은 서로 유기적으로 연계되어 있어서 떼려야 뗄 수 없는 하나의 정체를 형성하고 끊임없이 움직이고 있다. 천인상응관天人相應觀, 천인합일天人合一이라는 말이 있듯이 인간 역시 만물 가운데 하나로서 천지 자연의 변화를 따르며 살아간다. 따라서 인간의 길흉화복吉凶禍福을 알기 위해서는 자연이 변화하는 이치를 면밀하게 들여다보고 이해해야 한다.

자연 현상의 법칙을 탐구하고 연구하는 학문이 자연과학이라면, 자연 현상의 법칙을 탐구하고 인간의 흥망성쇠를 연구하는 명리학命理學 역시 자연과학이라 할 수 있다. 과거에는 자연 변화가 인간의 삶에 지대한 영향을 미쳤기 때문에 자연 변화의 규칙성을 연구하고 대처하는 일이 국가 차원에서 매우 중요했다. 그래서 태양과 달, 오행성(목성, 화성, 토성, 금성,

수성) 등의 천체 운동이나 자연 변화를 연구하는 천문학과 역법曆法이 발달하였다.

초기 천문학은 통치자가 권위를 갖기 위해서, 또는 국가 중대사를 결정하는 데 참고하기 위해서 국가 점성술로 중요하게 쓰였으나 나중에는 개인의 운명 변화를 예측하는 데 많이 활용되었다. 이렇듯 명리는 자연 변화를 연구하는 과학적 탐구심을 바탕으로 발전하였다. 명리의 체계는 자연 변화의 이치 속에 있다.

특히 자연생태학의 논리는 사주명리학 공부 중에 가장 중요한 핵심에 속한다. 실제로 명리학 공부를 깊이 하기 위해서는 다양한 자연과학에 대한 지식과 이해가 필요하다. 자연에 존재하는 하늘, 땅, 태양, 달, 산, 밭, 바다, 호수, 철, 보석, 바람, 비 등이 존재하고 변화하는 이치에 대해서 말이다.

우리가 인식하는 모든 것은 음양으로 구분하고 오행五行에 배속하여 10간干 12지支로 나눌 수 있다. 자연을 따르는 삶 속에서 도道와 지혜를 얻었던 동서양 철학자를 소개한다. '자연自然'이라는 단어를 처음 사용한 노자老子는《도덕경》에서 다음과 같이 언급했다. "사람은 땅을 따르고, 땅은 하늘을 따르며, 하늘은 도를 따르고, 도는 자연을 따른다(人法地, 地法天, 天法道, 道法自然)." 서양 철학자 세네카는 "자연계에서 멀어져 가는 일 없이 자연이 우리에게 보여주는 법칙과 본보기에 따라 우리의 행동 방침을 정해나간다면 참된 지혜를 터득할 수 있을 것이다"라고 언급하였다.

운명은 정해져 있는가

물리학에서 고전역학은 현재의 상태를 정확히 안다면 미래의 어느 순간에 어떤 사건이 일어날지 정확하게 예측할 수 있다는 '결정론적deterministic' 입장을 취한다. 고전역학은 인과법칙을 따르고 우연성을 배제한다. 이러한 물리학을 일반적으로 '고전역학'이라고 한다. 이에 비해 '양자역학'은 고전역학과 달리 '확률론적probability' 입장을 취한다. 확률론적 입장은 현재 상황을 정확히 알더라도 미래에 일어날 일을 정확히 예측하기는 불가능하다는 것이다.

이러한 과학적 관점과 명리命理의 관점에는 유사성이 있다. 즉, 인생 전반의 삶을 바라보면 누구나 벗어나지 못하는 큰 틀이 존재한다. 노력이나 선택에 의해서 바꿀 수 없는 타고난 숙명宿命이 있다는 것이다. 그러나 바꿀 수 없는 숙명 아래에는 언제든 선택이 가능하고 바꿀 수 있는 운명도 존재한다. 따라서 최적의 삶을 살기 위해서는 명리命理 공부를 통해 자신의 숙명을 알고 그에 따라 삶을 개선할 수 있는 방법을 찾아야 한다. 만약 아무리 노력해도 바꿀 수 없는 숙명만 있다면 어차피 정해진 팔자대로 살 수밖에 없으니 명리학이라는 학문이 애초에 탄생하지도 않았을 것이다. 또 정해진 숙명이 없어 누구나 노력으로 운명을 바꿀 수 있다면 운명을 논하는 명리학이 존재할 이유도 없다.

하늘을 원망하지 않고 자신의 숙명을 받아들이며 안분지족하는 삶을 살아가되, 그 숙명에 적극적으로 대처한다면 추길피흉趨吉避凶하는 삶의 지혜를 얻을 수 있을 것이다. 바로 이것이 명리학을 공부하는 목적이다.

똑같은 사주라도
운명이 다른 이유

동일한 사주를 타고났다고 해서 그 삶도 똑같은 것은 아니다. 똑같은 사주가 왜 다른 삶을 살아가는지에 대해 도계道溪 박재완 선생이 주장한 환혼동각幻魂動覺이라는 논리가 있다. 사람의 길흉화복은 태어난 생년월일시뿐만 아니라 그 사람의 환경이 되는 환혼동幻魂動과 자유의지인 깨달음 각覺에 의해서 결정된다는 이론이다.

환혼동각

환幻 : 태어난 주체가 사람인가, 짐승인가에 따라서 운명이 달라진다.

혼魂 : 조상에 관한 환경이다. 조상의 음덕이 후손의 길흉화복에 영향을 미친다.

동動 : 지역과 시대에 대한 환경이다. 어느 나라 어느 지역, 어느 시대에 사느냐에 따라 길흉화복이 다르다.

각覺 : 자기 자신의 깨달음이다. 자유의지를 발휘해 어떤 선택을 하고 행동하는가에 따라 운명이 달라진다.

이렇게 사람은 동일한 사주라 해도 각자가 타고난 다양한 조건과 환경, 자유의지에 따라 매우 다른 삶을 살아갈 수 있다. 그렇다면 똑같은 사주를 타고난 다음 두 사람의 삶을 통해 동일 사주가 환혼동각에 따라 길흉화복이 어떻게 달라지는지 알아보자.

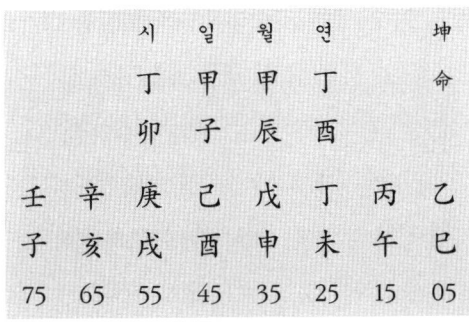

시	일	월	연				坤命
丁	甲	甲	丁				
卯	子	辰	酉				
壬	辛	庚	己	戊	丁	丙	乙
子	亥	戌	酉	申	未	午	巳
75	65	55	45	35	25	15	05

① 26세 임술壬戌년에 을사乙巳생 남성과 결혼, 남편의 집안은 좋았다. 갑자甲子생 아들을 낳았다. 남편이 건축업을 해서 망했다. 31세 때 명동에서 숙녀복 대리점을 운영하기 시작했고, 나중에 인천에 대리점을 하나 더 운영했다. 43세에 이혼한 이래 현재까지 독신이다. 모은 돈을 집과 부동산에 투자했다. 공인중개사 자격증을 따서 부동산 중개사무실을 내고 싶어 한다. 재복이 많은 편이다.

② 26세 임술壬戌년에 을사乙巳생 남성과 결혼, 남편의 집안은 좋았다. 갑자甲子생 아들을 낳았다. 남편이 무역업을 해서 망했다. 31세 때부터 부산에서 아동복 대리점을 운영하다가 36세 때부터 직장생활을 했다. 43세 때 사별하여 현재까지 독신이다. 직장생활은 임원급으로 능력을 인정받았으나 재복은 약한 편이다.

두 여성이 공통적으로 좋은 집안의 배우자를 만났으나 남편이 사업을 해서 망했고, 같은 해에 아들을 낳았고, 같은 해에 각각 이혼과 사별을 했다. 그리고 같은 해에 똑같이 의류업을 시작했으나 그 후 1번 여성은 계속 의류업을 했고, 모든 돈을 부동산에 투자했다. 반면에 2번 여성은 직장생활을 했으며 경제적인 여유는 별로 없는 편이다.

이렇게 두 사람이 공통적으로 겪어야 했던 숙명도 있었지만 사업과 직장생활의 갈림길에서 서로 다른 선택을 함으로써 재복에 큰 차이를 보였다. 특히 사주에서 필요한 기운이 '넓은 땅'인데, 부동산에 투자한 1번 여성의 선택이 결과적으로 더 현명했다.

직업으로 보면 무신戊申, 기유己酉, 경술庚戌 대운의 흐름으로 볼 때 상관생재가 되기 때문에 사업이나 개인업을 하는 것이 좋다. 반면에 직장생활을 하면 관인상생으로 금생수金生水가 더 잘되기 때문에 불필요한 수水 기운이 커져서 재복이 약해진다.

이렇게 동일 사주라 해도 어떤 선택을 하느냐에 따라 삶의 방향이 완전히 달라질 수 있다. 사주의 좋은 속성은 최대한 사용해 더 좋은 결과를 이끌어내고, 나쁜 속성은 최소화하는 것이 중요하다. 그러기 위해서는 최선의 선택이 무엇인지를 알아야 하고, 그러므로 자신의 사주를 정확히 이해해야 한다. 동일한 사주로 태어났다고 해서 누구나 똑같이 살아야 하는 게 운명이라면 굳이 사주를 참고할 이유가 없다.

운명에는 바꿀 수 없는 큰 틀과 큰 틀 안에서 바꿀 수 있는 작은 틀이 같이 존재한다. 사람으로 비유하면 선천적으로 타고난 유전자와 체질은 바꿀 수 없지만, 후천적 노력을 통해 타고난 약점을 보완할 수 있다. 사람은 누구나 부족한 기운을 갖고 태어나기 마련인데 이때 운에서 오는 기운과 사주 내에 있는 기운을 통해서 부족한 기운을 채우려고 한다.

마치 신체에서 어떤 영양분이 부족해졌을 때 본능적으로 그 영양분이 든 음식에 대한 욕구가 생기는 것과 같다. 이때 무엇을 섭취했느냐에 따라 건강 상태가 달라지듯이 사주도 팔자 내에 있는 글자 중 어떤 글자를 어떻게 활용하고 선택하느냐에 따라 삶의 방향이 달라진다. 그래서 자연명리에서는 어떤 직업을 선택했고, 어떤 지역에서 거주했으며, 어떤 배우자를 선택했고, 어떻게 재물을 취했느냐 등에 따라 동일 사주라도 길흉화복이 크게 달라진다는 점에 초점을 맞추고 이를 개운법으로 적극 활용하고 있다.

부정하려 해도
운명은 정해져 있다

2011년 5월 17일 연합뉴스 소식 중 '운명의 존재'에 대한 서양 연구 자료가 있어서 소개한다. 캐플런 조지 메이슨대 경제학 교수는 "입양아와 쌍둥이에 대한 연구들은 양육이 아이의 장래에 영향을 거의 끼치지 못한다는 강력한 증거를 제공한다"며 "부모가 양육 노력을 배가하든 게을리하든 아이들은 거의 똑같이 성장할 것"이라고 말했다.

캐플런 교수는 유전자가 같지만 태어날 때부터 떨어져 다른 가정에서 자란 일란성 쌍둥이에 관한 연구들을 집중적으로 살펴본 결과, 이들 연구는 모두 양육의 효과가 거의 없다는 결론에 이르렀다고 주장했다. 가령, 떨어져 자란 일란성 쌍둥이 100쌍을 대상으로 한 미네소타 대학의 연구 결과를 보면 이들이 완전히 다른 가정에서 자랐음에도 불구하고 이들의 지적 능력은 거의 같았다. 이들이 성인이 됐을 때 느끼는 행복감의 수준도 마찬가지였다. 1700명의 아동을 대상으로 한 연구에서는 유전자가 성적에 강력한 영향을 미치지만, 부모의 양육이 성적에 미치는 영향력은 미미하다는 결론이 나왔다.

성인이 됐을 때 벌어들이는 수입도 마찬가지였다. 캐플런은 "입양아가 자란 가족의 수입은 입양아의 경제적 성공에 아무런 영향을 끼치지 못했다"고 말했다. 그는 또 "입양된 아이들이 초기 아동기에는 입양 부모를 약간 닮지만, 중기 아동기나 청소년기에는 전혀 닮지 않는다"는 한 연구 결과를 인용하면서 부모가 자녀에게 영향을 끼칠 수는 있지만 이는 초기 아동기에 제한된다고 덧붙였다. 캐플런은 "타이거 마더식 교육법은 무의미하다"며 "아이들은 부모로부터 교육적이고 경제적인 성공을 유전적으로 물려받는다. 부모가 아이에게 줄 수 있는 가장 영향력 있는 선물은 돈이나 연고, 혹은 숙제를 도와주는 것이 아니라 필요한 자질"이라고 말했다.

그렇다면 성공하는 아이를 갖기 위해서 할 수 있는 일은 무엇일까? 이에 대해 캐플런은 "당신이 원하는 아이를 얻는 가장 효과적인 방법은 당신의 아이가 가졌으면 하는 자질을 가진 배우자를 선택하는 것"이라고 말했다.

운명을 예측할 수 있는
이유와 그 정확성은?

우주 만물은 생성과 소멸의 순환과정을 통해서 존재한다. 우리가 사는 태양계를 중심으로 볼 때 태양을 중심으로 끊임없이 도는 행성들은 운동의 방향성을 통제하는 질서가 있다. 카오스 논리에 따르면 "순환하는 것은 각기 고유하고 일정한 운동 방향이 있다"고 한다. 우리가 볼 때는 불규칙하게 움직이는 것 같아도 나름대로 일정한 질서가 있다는 것이다. 일정한 흐름과 질서로 운동하는 사물은 오랜 경험과 관찰을 통해서 운동 법칙을 발견할 수 있고, 그 법칙을 적용하면 다음 운동 방향을 쉽게 예측할 수 있다.

사주에서는 우주의 공간적·시간적인 좌표를 간지干支로 표현하고, 낮과 밤의 반복, 사계절의 순환을 통해서 60갑자甲子를 한 주기로 순환한다. 물리 운동에서 초기 값이 다음 운동 방향을 결정하듯 사람은 태어난 연월일시가 운명의 방향을 결정한다고 본다.

처음 사주를 대하는 사람은 정확도에 대해 매우 궁금해한다. 명리를 공부하는 사람은 사주는 논리가 정확한 과학이니 틀림없이 맞는다고 주장한다. 백 퍼센트 못 맞히는 것은 사주 논리가 틀려서가 아니라 사주를 해석하는 사람의 실력이 부족하기 때문이라고 주장한다. 그러나 사주 상담을 하며 맞을 때와 맞지 않을 때를 경험한 일반인 입장에서 사주는 통계로 생각된다. 통계의 정의를 보면 "모든 사회 및 자연 현상을 나타내 주는 의미를 가진 수치"이다. 개별적 사건이나 자료를 통해서는 어떤 현상을 이해할 수 없지만, 많은 자료를 통해 통계 수치를 이끌어내면 현상을 명확하게 파악할 수 있고 다음 상황을 예측할 수 있다는 것이다.

명리가 과학이냐 통계냐에 대한 논쟁에 앞서 그동안 명리는 음양오행을 관념적으로 인식하고 그 사고 위에 이론 체계를 세워서 논리성이 많이 부족했다. 그런데도 동양철학 자체가 신비한 학문인지라 그 관념적이고 모호한 점을 묵인하고 받아들이는 면이 많았다. 앞으로 명리가 미신에서 벗어나 음지 학문에서 양지 학문으로 인정받고, 미래를 예측하는 학문으로서 동양 무대를 벗어나 세계 무대에서 크게 활용되기 위해서는 음양오행을 자연과학으로 이해하고, 통계와 같은 객관적 자료를 통해 논리적이고 합리적으로 설명할 수 있어야 한다.

조선시대에는 역과譯科, 의과醫科, 율과律科, 음양과陰陽科를 두어 기술관을 모집하였다. 요즘으로 치면 인기가 있는 전문직에 해당하는데 역관은 외교관이나 통역관에 속하고, 의과는 한의사, 율과는 법조인에 해당한다. 음양과는 천문학, 지리학, 명과학으로 나뉘어 있었다. 다른 잡과는 모두 인기를 얻고 있는 반면에 음양과에 속하는 과목만은 비제도권으로 밀려나 천대를 받으며 명맥을 이어오고 있다. 하지만 몇 년 전부터 사이버대학 내에 '동양학과'라는 정식 학부가 개설되었으며, 오래전부터 대학원에서는 석박사 학위 취득자가 나오고 있다. 이런 현상에 비춰볼 때 이제 곧 명리학도 다른 과목들처럼 주요 학문으로 자리 잡고, 이 분야의 직업이 전문직으로 인정받을 날이 올 것이라 기대해본다.

길조와 망조

사주팔자를 뽑아
그 시간에 자식을 낳는 일

산모가 난산이 예상되어 불가피하게 제왕절개 수술을 하거나 자연분만이 힘들 것 같아서 자발적으로 제왕절개를 선택하는 경우가 있다. 이런 경우에는 이왕이면 다홍치마라고 좋은 날과 시간을 받아서 수술하는 것이 좋지 않나 해서 철학관에 가서 출산택일을 의뢰하게 된다.

그럼 제왕절개를 통해 태어난 아이는 인위적인 시간에 태어났으니 사주가 맞지 않을 거라고 생각하는 사람들이 있다. 그러나 제왕절개로 태어나는 것도 사실 그 아이의 운명이고, 실제로 임상해보면 제왕절개로 태어난 사주도 그 운명이 정확하게 들어맞는 것을 알 수 있다. 그럼 누구나 좋은 날을 받아서 제왕절개로 출산을 한다면 나쁜 사주를 가진 사람은 하나도 없을 거라고 생각하기 쉬우나 그것은 어리석은 생각이다.

그럼 좋은 날을 골라 수술하는데 왜 현실에서는 좋은 사주가 별로 없을까? 사실 제왕절개 날을 받아놓고도 실패하는 경우가 많다. 그 이유는 첫째, 미리 좋은 날을 잡아놓고 제왕절개할 날을 기다리고 있는데 아이가 그날보다 미리 나오는 경우다.

둘째, 출산택일을 잡아주는 역학인의 실력이 부족하여 평범하거나 오히려 나쁜 날을 받아서 출산하는 경우가 있다. 역학계 현실을 보면 프로 역학인보다는 아마추어 역학인이 훨씬 더 많이 상담하고 있다. 그런데 산모 입장에서는 어떤 역학인이 프로이고 아마추어인지 알 수가 없어 정말 중요한 출산택일을 아마추어 역학인에게 의지하게 된다. 어찌 보면 프로 역학인과 아마추어 역학인 중에 누구를 만나는지부터가 산모와 아이의 운명이라 할 수 있다. 팔자가 나쁜 부모가 좋은 자식과 인연을 맺기 어려운 것이 당연하니 이 또한 운명인 셈이다.

셋째, 대개 출산택일을 할 때 출산예정일을 기준으로 일주일에서 열흘 사이에 잡게 되는데 연年과 월月은 이미 정해진 상태에서 일日과 시時만을 선택해야 하니 아주 좋은 날을 잡기가 어려울 때가 종종 있다.

넷째, 좋은 출산택일 시간이 공교롭게도 늦은 밤이나 새벽 시간이어서 담당 의사가 수술하기에 불편한 시간이라 해주지 않는 경우가 있다.

대개는 이러한 이유로 좋은 날을 받아서 제왕절개를 했다고 하나 사주가 좋은 사람은 드물다. 또한 좋은 날 좋은 시간에는 거의 출산이 이뤄지지 않는 경우가 많다. 이 또한 신의 섭리가 아닌가 한다. 강남에 있는 유명한 산부인과 병원에서 이런 일이 있었다. 출산택일로 좋은 날이라고 나온 날에 그 큰 병원에서 태어난 아기는 2명뿐이었고, 그다음 날인 평범한 날에는 무려 24명이 태어났다. 그 바람에 병실이 부족해져서 가진통하는 산모들이 복도 쇼파에 누워 대기를 하는 진풍경이 벌어졌다고 한다.

이런 경험을 통해서 보면 일 년에 365명의 아기가 태어난다고 가정할 때 평균적으로 하루에 한 명씩 태어나는 것이 아니라 아주 좋은 날과 아주 나쁜 날에는 적게 태어나고, 평범한 날에는 많이 태어남을 알 수 있다.

선무당 사람 잡고
반풍수 집안 망친다!

필자를 찾아왔던 상담 의뢰인 중에 이런 일이 있었다. 며느리의 출산을 앞두고 시어머니가 평소 잘 아는 스님에게 출산택일을 부탁해 아이를 낳게 했다. 그런데 그 날짜와 시간을 보니 하필이면 군겁쟁재群劫爭財가 되는 날이었다. 명리를 제대로 공부한 사람이라면 누구나 그렇게 흉한 날은 피해서 택일을 했겠지만 그 스님은 부족한 실력으로 흉한 날을 잡아준 것이다. 결국 그날 태어난 아이는 자라면서 자폐증이 나타나 부모의 가슴에 피멍이 들었다. 군겁쟁재 사주는 특히 부친과 인연이 약한데 실제로 그 아이가 태어나고 몇 년 후 부친이 사고로 죽는 불행을 겪었다.

또 한 사람은 강남에서 자그마한 건물을 가지고 경제적으로 여유 있게 살고 있었다. 그러던 어느 날 좋은 투자 정보를 발견하고 그곳에 크게 투자를 할까 고민하다가 신중을 기하기 위해서 여섯 군데 철학관에 다니며 실패수가 있는지 상담을 했다. 철학관에서는 다들 한결같이 운이 아주 좋으니 걱정 말고 투자하라고 권유했다고 한다. 그래서 많은 돈을 한꺼번에 투자했다가 크게 실패를 봤다. 물론 그의 사주를 해석하기에 조금 어려운 부분이 있기는 했지만, 명리를 제대로 공부했다면 그때가 아주 위험한 시기임을 충분히 알 수 있었을 것이다. 그런데 불행히도 찾아간 철학관마다 틀리게 조언해주는 바람에 많은 돈을 날리고 말았다.

이와 반대의 경우도 있었다. 가끔씩 필자를 찾아와 상담하던 남자가 어느 날 회사를 세우려고 하는데 어떻겠느냐고 문의를 해왔다. 나는 운이 좋으니 적극적으로 고려하라고 조언했다. 그 후 다시 전화가 와서 자기가 용하다는 무당을 찾아가 물어봤더니 회사를 차리면 "그해를 못 넘기고 망하니 절대로 일을 벌이지 말라"고 했다고 한다. 그래서 다섯 군데를 더 찾아갔는데 신기하게도 무당들이 다 똑같은 소리를 했다고 한다. 그 남자는 무당과 필자의 상반된 조언 때문에 고민하다가 결국 필자의 조언을 따라 회사를 차렸다. 다행히 회사는 아주 잘되었고 지금도 잘되고 있다. 만약 무당의 말대로 회사를 차리지 않았다면 후회가 컸을 것이다.

이렇게 선무당이 사람 잡는 경우를 주변에서 자주 보게 되는데 대부분 부족한 실력으로 중요한 상담을 하다 보니 명리 자체가 미신으로 치부되고 부정적 선입견을 심어주기도 한다. 어설프게 명리 공부를 해서 조언해주면 중요한 선택을 앞둔 사람을 구원의 길로 인도하기는커녕 오히려 위험천만한 낭떠러지로 밀어버리는 셈이 된다. '모르는 것이 큰 죄가 된다'는 부처님 말씀처럼 아무리 선한 마음으로 어려운 사람을 도우려

해도 사주를 제대로 읽는 실력이 없으면 남의 앞길을 망치고, 그로 인해 본인은 죄의식을 가질 수밖에 없다. 평생 기도하는 마음으로 공부하고 신중하게 상담해야 한다는 것은 새삼 강조할 필요가 없을 것이다.

길일과 방향에 대해

좋은 날과 흉한 날은 존재하지만 우리가 살아가면서 어떤 날이 좋은 날인지, 어떤 날이 흉한지를 논리적으로 알 수는 없다. 역학에 문외한이라면 더욱 그럴 것이다. 그러나 사람은 느낌으로 어느 정도 예측할 수 있다. 그래서 일이 안 풀리면 오늘 일진이 사납다고 하고, 의외로 행운이 찾아오는 날이면 일진이 좋다고 생각한다.

일진이 좋은 날이라고 해서 꼭 좋은 일만 생기지는 않고, 흉한 날이라고 해서 꼭 나쁜 일만 생기지는 않는다. 그러나 나쁜 예감은 잘 맞는다는 말처럼 꼭 안 좋은 일은 흉한 날에 잘 벌어진다. 그런 날은 유난히 일이 안 풀리고 평소 익숙하게 하던 일조차도 꼬이는 것을 경험한다. 그래서 중요한 행사를 치를 때는 흉한 날만이라도 피해서 길일을 잡는다면 적어도 크게 흉한 일은 겪지 않을 것이다.

가깝게 지내는 역학인 중에 선물옵션을 하는 분이 있는데 그는 매일 선물옵션을 하기 때문에 일진의 영향을 자주 체감한다고 한다. 잘되는 날과 안 되는 날에 일진을 확인해보면 일진이 좋은 날에 확실히 잘된다는 것이다.

물론 좋은 일진이라고 해서 만병통치약이 될 수는 없고, 일진은 월과 연보다 그 영향력이 훨씬 적다. 그러나 길일을 선택하는 데 있어 흉한 일을 피할 수 있는 최소한의 안전장치는 된다.

인간은 누구나 시간과 공간 속에 존재하고 그 영향을 받으며 살아간다. 2018년이 되면 무술戌戌년이라는 시간의 기운이 지구 전체에 영향을 주기 시작하고, 그 시간 속에서 어느 지역(방향)에 거주하는가, 라는 공간에 따른 변수가 존재한다. 예를 들어 햇빛이 내리쬐는 무더운 여름철에는 덥지 않은 곳이 없다. 그렇지만 여름이라도 선선한 바람이 부는 바닷가 나무 그늘 아래는 시원해서 휴식을 취하기에 좋은 공간이 된다. 그러나 겨울이라는 시간이 되면 시원하던 그곳이 매우 추워져서 누구도 찾기를 꺼리는 흉한 공간으로 변한다. 이렇게 같은 시간이라도 어느 공간에 있느냐에 따라 길吉과 흉凶이 있고, 같은 공간이라도 시간에 따라 길과 흉이 바뀐다.

명리는 주로 시간의 변수를 많이 다루는 학문이다. 물론 공간 개념도 포함하고 있지만 시간에 따른 운의 변화를 따져 명리 체계가 만들어졌기 때문에 공간을 활용하는 개념은 시간에 비해서 부족하다. 그래서 필자는 명리에서 부족한 공간 개념을 기문둔갑이나 구성학으로 보완해서 사용하고 있는데, 풍수도 공간을 활용하는 학문으로 유용한 분야로 생각한다. 그러므로 명리의 시간 변화와 풍수, 기문둔갑, 구성처럼 방향 변화를 잘 접목하여 활용하면 적극적인 개운법이 될 것이다.

제2부
역학의 구성과
기본 원리

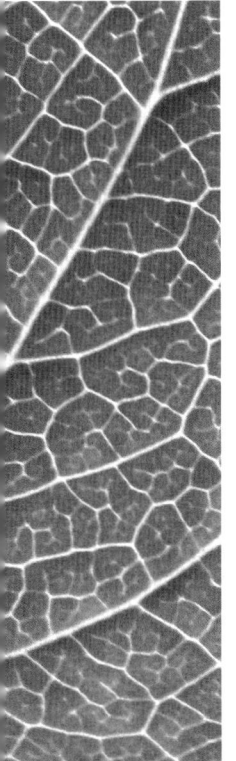

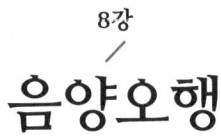

음양오행

음양陰陽

천지자연의 변화는 음양오행陰陽五行 운동으로 움직인다. 우리가 인식할 수 있는 사물에 대해서는 상대적 평가에 의해 음양陰陽으로 구분하고, 이를 오행五行으로 나눈다. 오행은 각각의 음양이 있어서 10가지가 된다. 이것을 바탕으로 10천간天干이 되고, 여기에 토土 기운 두 가지가 더해지면 12지지地支가 된다.

음양이라는 것은 어떻게 구분할 것인가? 음양은 절대적 개념이 아닌 상대적 개념이다. 예를 들어 '지하 1층은 음陰인가, 양陽인가?'라고 묻는다면 대답할 수가 없다. '지하 1층'과 비교할 대상이 없기 때문이다. 지하에 있기 때문에 음이라고 생각하기 쉽지만 이미 지하라고 생각하는 것 자체가 무의식적으로 지상과 비교해서 판단하고 있는 것이다. 만일 지하 5층과 비교한다면 지하 1층은 상대적으로 양에 속한다.

이렇게 비교 대상이 있는 존재는 항상 음양으로 구분할 수 있다. 풍수에서 산과 물을 비교할 때 형상으로 보면 솟아 있는 산은 양이고, 낮은 곳에 있는 물은 음에 해당한다. 이것을 움직임을 기준으로 분류하면 정지해 있는 산은 음이 되고, 흘러가는 물은 양이 된다. 그렇지만 겨울이 되어 흐르던 물이 얼어붙으면 다시 음이 될 수 있다. 그러므로 음양은 어떠한 관점으로 바라보느냐에 따라서 음양이 바뀔 수 있고, 시간에 따라서도 언제든지 바뀔 수 있다.

오행五行

오행五行은 우주 만물의 본질을 이루는 기운으로, 음양이 합하고 분리되는 분합작용分合作用에 의해서 만들어진다. 이때 오행은 물질적 개념만을 가리키는 목화토금수木火土金水가 아닌 정신과 동정動靜하려는 기운까지 포함한다. 그러므로 삼라만상의 변화가 아무리 복잡해도 음양오행의 범주를 벗어날 수가 없다.

오행에서 오五의 숫자는 목화토금수 다섯을 가리킨다. 그런데 훈석학자들에 따르면 "二와 ×가 합하여 五가 되었다. 여기서 二는 천天과 지地를 가리키는데, 천天은 양, 지地는 음이며 이 음과 양이 서로 사귀어(×) 합合한 것이 五이다"라고 한다. 즉, 천지간의 음양 두 기운이 서로 사귀어

오행을 이룬다는 의미다.

오행에서 행行의 의미는 기운이 모이고 흩어지면서 순환하는 것을 상징한 것이다. 목木은 단단하게 응축된 상태에서 팽창하여 뚫고 나오는 기운을 상징하고, 화火는 뚫고 나온 목木의 상태에서 사방으로 흩어지며 분열하는 기운, 금金은 분열된 화火의 기운을 모아 수렴시키는 기운, 수水는 수렴된 금金의 기운을 압축하여 단단하게 응고시키는 기운을 상징한다. 그리고 토土는 목화금수木火金水 기운이 잘 순환할 수 있도록 중간에서 중재하는 역할을 한다.

이처럼 오행은 목화木火에서 분산·분열하는 양의 운동을 하고, 금수金水에서 수축·응고하는 음의 운동을 하며 나아간다. 그러면 각각의 오행이 가지는 특성을 자세히 알아보자.

❶ 목木

목木의 기운은 음기陰氣를 뚫고 나오는 힘을 의미한다. 추운 겨울을 견디며 작은 씨앗에서 싹을 틔우려는 강인한 생명력과 단단한 땅을 뚫고 올라와 무럭무럭 성장하는 초목의 기운을 상징한다. 시간으로는 하루를 시작하는 아침이고, 일 년을 시작하는 봄 기운에 해당한다. 성정으로는 인仁에 해당하여 인자하고 어질어 베풀기를 좋아한다.

목木의 특성은 '곡직曲直'이라는 단어로 표현할 수 있다. 목 중에서도 갑목甲木이 직直의 기운을 가장 잘 드러낸다. 甲이라는 글자의 형상(田+丨=甲)

을 보면 땅(밭⽥) 밑에 있는 씨앗이 뿌리를 내리고 위로 상승(↑)하려는 기운을 표현한 것이다. 마치 로켓이 분사하며 위로 상승하는 기운과 같다. 즉, 직⋤은 소나무처럼 곧게 뻗어 자라는 나무와 같다. 위로 튕겨져 오르려는 스프링 운동, 분수, 똑바로 나가려는 직선운동 등이 모두 직⋤의 기운이다.

곡⾑의 기운을 가장 잘 드러낸 글자는 을⼄이다. ⼄의 글자 형상은 굴(屈, 굽을 굴)하며 횡으로 굴신운동하는 모양을 나타낸 것이다. 식물에서 곡⾑ 운동을 찾아보면 여린 싹이 회전하며 땅을 뚫고 올라오는 힘과 나무를 타고 오르는 덩굴식물과 같고, 무시무시한 태풍 속에서도 이리저리 흔들리는 유연함으로 꺾이지 않는 갈대와 같다. 회오리 모양으로 부드럽게 구부러지며 나아가는 나선운동이나, 팔랑팔랑 날갯짓하는 기운이 모두 곡 운동이라 할 수 있다.

❷ 화⽕

화⽕의 기운은 발산하는 목⽊ 기운을 바탕으로 더욱 분열하며 감춰져 있던 사물의 본성을 잘 드러낼 수 있도록 성장, 변화시키는 역할을 한다. 식물이라면 아름답게 피어 있는 꽃이 화⽕에 해당한다. 꽃처럼 화려하게 피어나는 문명과 정신문화가 바로 화⽕의 상징이다. 시간으로는 해가 중천에 떠 있는 한낮이고, 계절로는 무성하게 자란 초목이 꽃을 피우는 여름 기운에 해당한다. 성정으로는 예禮에 해당하여 예의가 바르고 단정하며 매사에 공명정대하고 시시비비 가리기를 좋아한다.

화火의 특성을 대표하는 단어는 '염상炎上'이다. 염炎의 기운을 가장 잘 드러낸 글자가 정丁이다. 정丁의 본래 의미는 다 자라서 오똑하게 서 있음을 뜻한다. 왕성하게 자라서 기운이 넘치는 남자를 장정壯丁이라고 하듯이 정丁은 화火의 기운이 완전히 무르익은 상태다. 예를 들면 돋보기로 태양 빛(丙)을 모을 때 서서히 따뜻해지며 무언가를 태울 수 있는 열기에 도달한 것이 바로 정丁의 상태이다.

염상炎上에서 상上의 기운을 잘 드러낸 글자는 병丙이다. 丙의 글자 형상을 분석하면 內(안, 속)와 一(땅 위)의 조합으로 볼 수 있다. 안에 감춰져 있던 사물이 땅 위로 드러나는 형상이다. 즉, 병丙의 속성은 내면에 숨기고 있던 감정을 잘 드러내서 솔직하다는 것이다. 불은 위로 솟는 성질이 있어서 자신을 뽐내고 최고가 되고 싶어 한다. 사주에 병화丙火가 있으면 감춰져 있던 비밀이 폭로되기 쉽고, 화火 기운이 강할수록 다른 사람이 감추고 싶어 하는 부분까지 캐내어 시시비비 가리기를 좋아해서 구설에 시달리기 쉽다.

❸ 토土

토土는 양陽을 뜻하는 十과 음陰을 뜻하는 一의 조합으로 볼 수 있듯이 가운데에 위치해 음양을 오가며 중재자 역할을 하는 속성이 있다. 즉, 중립적인 기운이며 계절이 바뀌는 환절기, 또는 양쪽을 연결하는 매개체 역할을 한다.

땅의 역할은 원래 만물을 포용하고 생산하고 길러내는 것이다. 토土는 목화금수木火金水를 받아들여서 서로 대립하는 기운을 상생하고 화합시켜 순환하도록 도와준다. 성정으로는 신信에 해당하여 신용과 신의가 있으며 대립과 갈등이 있을 때 화해시키는 역할을 잘한다.

토土의 특성을 대표하는 단어는 '가색稼穡'이다. 기를 가稼의 기운을 가장 잘 드러낸 글자가 무戊이다. 무戊의 본래 의미는 '무성하게 하는 기운'으로 茂(무성할 무)와 같은 의미다. 농사에 비유하면 봄에는 밭에 쟁기질을 하여 농작물의 씨앗을 심고, 여름에는 뜨거운 태양 아래 농작물이 무성하게 자라도록 기르는 것이 무토戊土의 속성이다.

거둘 색穡의 기운을 가장 잘 드러낸 글자는 기己이다. 己라는 글자는 곡식이 익어 고개를 숙이는 모습을 형상화한 것이다. 농사에 비유하면 가을에 알차게 여문 곡식을 수확하고, 겨울에는 추수를 끝내고 쉬고 있는 땅이 바로 기토己土이다.

무토戊土에도 가稼와 색穡의 속성이 같이 있고, 기토己土도 가稼와 색穡의 속성을 포함하고 있지만 조금 더 강한 특성으로 각각의 속성을 설명했으니 위의 설명에 얽매일 필요는 없다. 사주에 드러난 땅의 작용을 파악하고 그것이 가稼의 역할을 하는지, 색穡의 역할을 하는지 구분하는 것이 중요하다.

❹ 금金

금金은 화火에서 확산 분열된 양陽의 기운을 감싸고 수렴하는 기운을 갖고 있다. 초목에서는 결실을 이루는 '열매'를 상징한다. 시간으로는 하루 해가 지는 저녁이고, 계절로는 오곡백과가 결실을 맺어가는 가을 기운에 해당한다. 성정으로는 의義에 해당하여 강직하고 결단력과 의리가 있다.

금金의 특성을 대표하는 단어를 '종혁從革'이라고 한다. 종혁을 물상으로 표현하면, 쇠를 녹여 거푸집 틀에 부으면 각각의 모양을 좇아서(從) 새로운 형태의 모습으로 변하는(革) 것과 같다.

종從의 기운을 가장 잘 드러낸 글자가 신辛이다. 종從의 의미는 좇고 따르고, 정리정돈하는 것이다. 가을에 결실을 맺은 나무는 불필요한 가지와 잎을 과감하게 정리하고 뿌리에 생기를 저장해두어야 추운 겨울을 날 수 있다. 겨울의 찬 서리 같은 숙살肅殺 기운 앞에서 고개를 숙이고 따라야 하는 것이다.

혁革의 기운을 가장 잘 드러낸 글자는 경庚이다. 혁革은 낡고 잘못된 것을 새롭게 바꾸고 교체하려는 혁명의 기운을 나타낸다(양陽 운동에서 음陰 운동으로 바뀐다). 庚이라는 글자가 广(창고에) + 入(들이다) + 手(손)의 조합으로 이루어졌듯이 열심히 기르던 농작물을 수확하여 거두어들이고 한 해 농사를 마무리한다는 의미가 있다.

1960년 경자庚子년에는 부패 정권을 바꾸려는 4·19 혁명이 일어났다. 1980년 경신庚申년에도 전두환이 사회정화 사업을 내세워 정권을 잡으려고 했고, 이에 맞서 군부 독재를 바로잡으려는 5·18 민주항쟁이 있었다. 이렇게 금金이 들어오는 해에는 잘못된 것을 바로잡으려는 기운이 강하게 작용한다.

❺ 수水

수水의 기운은 양陽을 수렴한 금金을 더욱 강하게 응집시켜 보관하는 음陰의 기운을 의미한다. 싹을 틔울 봄을 기다리며 추운 겨울을 보내고 있는 '씨앗'을 상징한다. 시간으로는 만물이 잠드는 한밤이고, 계절로는 모든 활동을 마무리하고 쉬는 겨울에 해당한다. 성정으로는 지智에 해당하여 수水 일주는 지혜롭고 총명하여 처세에 능하고 정신 에너지가 발달한 편이다.

수水의 특성을 대표하는 단어는 '윤하潤下'이다. 윤潤의 기운을 가장 잘 드러낸 글자는 계癸이다. 癸는 '癶(發)+天'의 조합으로 본래 의미는 '하늘로 가는 수水'라는 뜻이다. 계수癸水는 응축되고 고여 있는 물에서 분열되어 습기, 이슬, 비와 같은 형태로 활동한다.

'윤하潤下'의 '윤潤'은 모든 생명체에 생기를 주어 활발하게 하는 기운이다. 봄이 되면 나무는 땅속에서 물이 올라오면서 파릇파릇한 생기를 되찾고, 사람은 혈액, 호르몬, 타액 등에 의해 생리작용이 활발해진다.

'하下'의 기운을 가장 잘 드러내는 글자는 임壬이다. 임壬의 본래 의미는 맡기거나 보관할 임任, 아이 밸 임妊, 또는 '생산'의 뜻도 갖고 있다. 하下

는 물이 아래로 흐른다는 특성 외에 아래로 무엇인가를 감추고, 보관하며, 저장한다는 의미를 품고 있다. 은밀하게 감추는 행위와 변하지 않고 안전하게 보관한다는 의미에서 금고, 비밀, 냉동, 보관 등을 상징한다.

천간天干

천간天干은 하늘에서 작용하는 기운이다. 목, 화, 토, 금, 수라는 오행의 기운이 각각 음양으로 나뉘어 모두 10천간이 된다. 천간은 지지地支에 비해서 양陽에 속하고 기氣로 작용하며 정신적인 속성이 많다. 물상적 논리로 이야기하면, 태양이 지상의 초목에 영향을 미쳐 그 초목이 변해가는 과정을 열 단계로 표현하고 부호화한 것으로 보는 견해도 있다.

사계	춘春		하夏		계하季夏		추秋		동冬	
오행	목木		화火		토土		금金		수水	
음양	양	음	양	음	양	음	양	음	양	음
천간	甲	乙	丙	丁	戊	己	庚	辛	壬	癸
지지	寅	卯	巳	午	辰,戌	丑,未	申	酉	亥	子

❶ 갑甲

갑甲은 싹이 막 터오르는 모습으로 양陽이 아직 음陰의 기운에 포위되어 눌려 있는 상태이다. 형상으로는 높이 자라는 큰 나무, 고층 건물, 동량지목, 전신주, 우두머리를 상징한다. 제일주의 의식이 있고 자존심이 강하여 남에게 지지 않으려는 경쟁의식이 강하고, 남에게 굽히기를 싫어해서 리더 역할 하기를 좋아한다. 기질 자체가 어른스러워서 나이 많은 사람과도 잘 어울린다.

큰 나무 밑에는 넓은 그늘이 있어 많은 사람들이 휴식을 취하려고 모여드는 것처럼 갑목甲木에게는 많은 사람이 따른다. 갑목甲木이 크게 자라기 위해서는 한곳에서 오랫동안 뿌리내려야 하기 때문에 한 가지 일에 오랫동안 종사해야 전문가로 인정받을 수 있다. 자주 이직하거나 이혼을 하는 것은 큰 나무를 다른 땅에 이식하는 것과 같아서 몸이 아프거나 재물이 흩어지기 쉽다. 시작을 잘하고 흔들리지 않는 강직함과 추진력은 있으나, 융통성과 유연성이 부족하고 마무리가 약하다는 단점이 있다.

갑목甲木은 무토戊土와 같은 넓은 땅이 있어야 크게 자랄 수 있고 결실을 잘 맺을 수 있다. 또한 수량이 넉넉하고 병화丙火 태양이 있어야 광합성을 하여 영양분을 얻고 왕성하게 자랄 수 있다. 큰 나무를 재목으로 다듬기 위해서는 도끼와 같은 강한 경금庚金도 필요하다.

❷ 을乙

을乙은 갑甲이 자라서 음陰을 뚫고 지상으로 나왔으나 아직은 음기陰氣가 완전히 물러가지 않아 을씨년스러운 모습이다. 형상으로는 하늘의 바람, 땅의 초목을 비롯하여 작은 나무, 꽃나무, 벽이나 나무를 타고 오르는 담쟁이, 붓, 날아다니는 새 등을 상징한다.

잡초와 같은 근성이 있어서 끈질긴 생명력이 있고, 변화된 환경에도 적응을 잘하는 편이다. 초목이 바람에 이리저리 흔들리듯 처세에 능하고 이익을 좇아 잘 움직인다. 자유롭게 떠다니는 바람의 속성으로 인해 이별의 암시가 있고, 꽃 주변에는 항상 벌 나비가 모이니 이성의 유혹이 따르기 쉽다. 손재주가 뛰어나고 예술적 감수성이 발달한 편이다. 특히 여름의 을목乙木은 화려하게 핀 장미꽃과 같아서 어디서든 인기를 얻기 쉽다.

옆에 갑목甲木이 있다면 을목乙木은 이 나무를 타고 올라가서 마음껏 태양을 보고 광합성 작용을 할 수 있어서 항상 귀인의 도움이 따르게 된다. 평소에는 여린 듯하나 병화丙火가 뜨면 성격이 명랑하고 당당한 면이 있다.

정원이나 밭과 같은 비교적 작은 땅에서도 잘 자라고, 적은 수량만 있어도 충분히 성장할 수 있다. 태양을 보면 아름다운 꽃을 피울 수 있고, 적당히 다듬어줄 가위 신금辛金이 있으면 더 아름다운 을목으로 성장한다.

❸ 병丙

병丙은 안에서(內) 밖으로(一) 나오는 모습이다. 형상으로는 높이 떠서 대지를 비추는 태양을 상징한다. 낮에 높은 하늘에서 유일하게 빛을 내는 속성으로 인해 최고, 국가, 권력, 리더를 상징한다. 병화丙火로 태어난 사람은 자존심이 강하고 예의가 바르다. 보이는 곳은 다 비추려 드니 오지랖이 넓은 편이고, 정의감이 강해서 불의를 보면 참지 못하는 성향이 있다.

자존심이 강하다 보니 지나치면 자기 자랑을 잘하며 안하무인 기질도 있다. 특히 화火가 강할수록 자기주장이 강하고, 조급하며 다혈질적인 성향이 많다. 자신을 최고로 여겨서 남의 충고나 비판을 받아들이지 않으며, 대접받기를 좋아하니 칭찬에 약하다. 이런 면에서 병화丙火 일주 여성은 공주병 같은 성향을 보이기도 한다. 활동성이 강하니 여성이라도 스케일이 커서 여장부 소리를 듣는 편이다. 태양은 눈에 보이는 겉만 비추니 겉치레와 허영심이 있는 편이다. 겉으로는 명랑한 것 같아도 속에는 눈물을 감추고 있다.

태양으로서 능력을 발휘하기 위해서는 밝은 낮 시간에 태어나는 것이 좋다. 단 화火가 많아 지나치게 뜨거워지면 사막과 같은 형국이 되어 사람들에게 기피 대상이 될 수 있다. 태양 빛이 바다나 호수 같은 일렁이는 물을 비추면 아름다운 금빛 물결이 일듯이 병화丙火가 큰 물 임수壬水를 만나면 병화의 존재가 더욱 환해지고 아름답게 빛난다. 반면에 계수癸水를 만나면 비에 가려진 태양이 되어서 존재를 드러내기가 어렵기 때문에 병화는 계수를 가장 싫어한다.

❹ 정丁

정丁은 만물이 자라서 오뚝하게 커져 있는 모습을 나타낸다. 형상으로는 밤을 수호하는 화신에 해당하니 달, 별빛에 비유할 수 있고, 네온사인, 가로등과 같은 인공 빛, 인공 불을 상징한다. 정화丁火가 빛으로 작용하는데 대낮에 태어나면 밝은 태양에 가려져서 존재감이 약해진다. 따라서 정화丁火 일주는 밤 시간에 태어나야 밝은 빛을 유지하고 능력을 발휘할 수 있다.

정화丁火가 금金을 녹이는 열로 작용할 때는 온도가 높아야 하기 때문에 연료에 해당하는 목木이 필요하며 화火의 기운이 강해야 한다. 이 경우에는 명예보다 재물을 추구하는 성향이 강해서 현실적인 면이 많고, 사업가의 길을 걷기 쉽다.

등불, 등대처럼 어둠을 밝히는 빛의 역할을 할 때는 사람을 인도하고 가르치는 일을 잘한다. 또한 명예와 이상을 추구하고 남을 선도하는 데 앞장서는 속성으로 인해 희소성 있는 분야의 일에서 능력을 발휘한다. 한 가지 일에 전념하는 기질이 있어서 창작 분야나 연구개발 업무에도 적합하다.

어둠에서 빛나는 촛불과 같은 속성으로 인해 정신 세계에 탁월한 감수성이 있다. 그래서 종교나 철학과 인연이 많고 기도, 희생, 봉사심이 많은 편이다. 겨울의 난로에 비유할 수 있어서 정情이 많고, 가슴이 따뜻하며 다정다감하다. 또한 어둠 속에서 빛나고 어두운 구석구석을 비추는 속성으로 인해 꼼꼼한 편이다.

❺ 무戊

무토戊土는 분열되어 있던 화火 기운이 뭉쳐서 무성하게 펴져 있는 모습이다. 형상으로는 우뚝 솟은 큰 산, 드넓은 대지를 상징한다. 든든한 언덕, 많은 물을 막고 있는 튼튼한 제방, 황량한 사막과 같다. 넓은 산은 많은 동식물이 살아가는 삶의 터전이 되니 모든 것을 수용하는 포용력과 넉넉함을 가지고 있다.

무토戊土에 나무가 없으면 어떤 생명도 살지 못하는 불모지나 황무지가 된다. 또한 물이 없어도 건조한 사막의 땅이 되어 생명을 기를 수 없다. 반대로 무토戊土 땅에 큰 나무 갑목甲木과 강물 같은 임수壬水가 있다면 많은 생명을 기를 수 있는 농토가 된다. 여기에 식물을 키워줄 적당한 햇빛과 수확할 도구인 금金이 있으면 많은 사람을 먹여 살리는 역할을 하는 사람으로 유능한 경영자가 될 수 있다. 사막처럼 조열한 땅이 되면 재관財官에 해당하는 나무와 물이 존재할 수 없어 세속을 벗어나 종교인으로 사는 경우가 많다.

토土는 중앙을 상징하니 중계와 조정 역할을 잘하고 신용이 있다. 나라로는 넓은 중국 땅을 상징하고, 학문으로는 종교, 철학, 옛 학문을 의미한다. 무토戊土 일주는 산과 같은 속성이 있어서 과묵하고, 전통적인 것을 좋아하여 예스러운 면이 있다. 대체적으로 보수적인 성향이 많으며 토왕土旺하면 자기중심적이고, 고집이 세며, 융통성이 부족하여 답답한 면이 있다.

❻ 기己

기토己土는 나지막한 동산이나, 작은 땅에 해당하는 논, 밭, 정원 등을 상징한다. 무토戊土가 동구 밖이라면 기토己土는 집안의 정원이나 텃밭에 해당한다. 따라서 무토戊土는 남성적인 대륙 기질에 포용력이 커서 사람을 가리지 않는 면이 있고, 넓은 지역에서 사회적 활동을 할 때 능력을 발휘한다. 반면에 기토己土는 여성적이고 모성적인 기질로 인해 가정을 잘 지키려는 속성이 있고, 친한 사람과 친하지 않은 사람을 가리는 성향이 있으며, 비교적 작은 지역에서 활동할 때 능력을 발휘한다.

텃밭이나 정원인 기토己土에는 큰 나무 갑목甲木이 심어지면 갑갑하여 싫어한다. 대신에 을목乙木 같은 작은 화초가 심어지는 것을 좋아하고 적당한 물과 햇빛이 있으면 아름답게 꽃을 피워 명예가 높아진다. 여기에 전정할 가위 신금辛金이 있으면 을목을 더 아름답게 가꿀 수 있으니 가족 구성원들이 잘되어 집안의 명예가 높아진다.

기토己土는 충沖이 되면 논밭을 개간하여 뽑고 심고 하는 형국이 되어 변화를 잘하고 유행에 민감하며 멋을 잘 부리는 속성이 있다. 반면에 무토戊土가 충沖이 되면 지진이 난 것과 같은 형국으로 무너지는 모래성과 같이 흉한 일을 겪게 된다. 기토己土는 '길'의 속성으로 인해 여행을 좋아하고 잘 돌아다닌다. 시작을 잘하는 것에 비해서 마무리가 약한 면이 있다.

❼ 경庚

경庚은 큰 칼, 도끼, 총, 원광석, 큰 바위, 열매 등을 상징한다. 힘의 결정체로 권력이나 명예, 살성殺星, 숙살肅殺 등의 속성을 갖고 있다. 금金이 수水를 만나면 예리한 칼과 같아서 대大를 위해서 소小를 과감히 희생시키는 숙살의 기운이 발동하니 생명을 다루는 직업(의약, 법, 군경) 및 경영에 종사할 때 능력을 발휘한다.

경庚은 변혁의 기운이 있어서 잘못된 것을 보면 바꾸고 개혁하려는 기질이 많다. 또한 고집을 부리면 끝까지 밀어붙이는 탱크 같은 추진력이 있다. 겉으로 보면 강한 것 같아도 성격이 부드럽고 의리가 강한 편이다. 경금庚金에 수다水多하면 금백수청金白水淸이 되어 성정이 깨끗하고 솔직 담백한 반면, 차가운 물이어서 냉정하고 까다로운 기질이 나타나 쉽게 사귀기 어려운 사람이 된다. 만일 경금庚金이 수水에 잘 닦이고 병화丙火의 빛을 받으면 금빛 찬란하게 명예가 높아진다. 그러나 작은 물이나 습기와 같은 계수癸水를 만나면 경금庚金이 잘 닦이지 않거나 녹이 슨다.

경금庚金은 미완성된 금과 같아서 가공이 필요하다. 즉, 강한 화火로 녹이고, 수水로 충분히 담금질해주어야 단단한 강철이 되어 쓸모 있게 된다. 강한 화火만 있고 수水가 없으면 담금질이 제대로 되지 않은 쇠와 같아서 무르고 끈기가 없다. 큰 칼에 비유되는 경금庚金은 칼자루가 되는 갑목甲木이 있으면 큰 칼을 마음껏 휘두를 수 있는 형국으로 능력을 크게 발휘한다. 또 여기에 화火로 잘 비춰주면 찬란하게 빛나는 칼이 되어 권위와 명예가 높아진다.

❽ 신辛

   신금辛金의 형상은 작은 칼, 가위, 빛나는 보석, 날카로운 바늘, 정밀한 부속품과 같다. 경금庚金이 미완성의 철광석이라면, 신금辛金은 제련된 완성품과 같아서 완벽을 기하려는 기질이 있고 철두철미하고 약속을 꼭 이행하려고 한다. 새로움을 추구하는 기질이 있어서 가꾸기를 좋아하고, 팔색조 같은 변덕스러움이 있다. 반짝반짝 빛나는 보석과 같이 최고 대접을 받고 싶어 해서 남녀 불문하고 왕자병, 공주병의 성향을 보이고, 또 보석은 원래 인기가 많아서 애정사에 휘둘리기 쉽다.

   보석과 같은 신금辛金은 토土가 많으면 흙에 더럽혀지기 쉽고 땅에 묻히기 쉽다. 따라서 항상 물로 잘 닦아줘야 귀함을 얻는다. 즉, 신금辛金이 임수壬水를 만나면 잘 닦여진 보석이나 예리한 칼날과 같이 되어 명석하고 똑부러진 면이 있으나, 성격이 차고 냉정한 면도 있다. 경금처럼 신금辛金도 칼이기 때문에 목木 손잡이가 필요하다. 작은 칼인 신금은 을목乙木 손잡이를 만날 때 마음껏 능력을 발휘할 수 있다.

   화火가 있어서 멀리서 신금辛金을 비춰주면 찬란하게 빛나는 보석이 되어 명예를 지닌다. 단, 열기가 강한 정화丁火를 만나면 보석이 녹는 형상이 되어 가치를 잃는다. 신금辛金은 날카로운 바늘 또는 가시의 특성이 있어서 까칠한 성격을 지니거나 타인의 아픈 곳을 잘 찌르는 독설가 기질이 있다.

❾ 임壬

임수壬水는 강, 호수, 바다와 같은 큰 물을 상징한다. 강물은 고여 있지 않고 끊임없이 흘러가며 도중에 장애물을 만나면 돌아서 가는 융통성이 있고, 상황 변화에 대처하는 능력이 좋다. 물이 깊으면 속을 들여다보기 어렵듯이 수水가 많은 사람은 자기 마음을 잘 감추기 때문에 속내를 알기 어렵다. 호수가 말없이 흐르듯 조용한 것을 좋아하고, 수평의 형상이라 법法이나 도導에 관심이 많다. 사주에 수水가 강하면 조용한 가운데 속은 거칠게 흘러 곡절과 사연이 많다.

큰 물은 제방 토土가 있어야 범람하지 않고 제대로 흘러갈 수 있고, 수원처에 해당하는 금金이 있어야 수량이 풍부해져 오랫동안 흐를 수 있다. 물은 고여 있으면 썩기 때문에 하수관처럼 잘 흐르게 하는 목木이 있어야 한다. 태양 화火가 있으면 호수에 반짝이는 금빛 여울처럼 아름다운 풍광이 된다.

물 자체의 흘러가는 속성은 역마의 기운과 같아서 무역업, 영업, 외국 생활에 잘 맞는다. 물은 잘 스며들고, 틈만 있으면 잘 빠져나가는 특성으로 인해 난처한 상황에 처하면 핑계를 대고 이리저리 잘 빠져나가는 기질이 있다. 즉, 자기 이익에 맞게 '잔머리'를 잘 굴리며 상황에 대처해 나가는 요령이 좋다. 많은 물을 다스리기 위해서는 토土 제방으로 막거나 목木 하수관으로 빼줘야 하는데, 만약 물을 막거나 빼지 못하면 범람하여 흙탕물이 되듯이 수水 기운이 너무 강하면 탈선을 하거나 방황하게 된다.

❿ 계癸

　계癸는 시냇물, 작은 개울, 우물, 이슬, 눈, 비와 같은 작은 물을 상징한다. 목마른 사람에게는 갈증을 해소해주는 사막의 오아시스와 같고, 식물에게는 가뭄의 단비 같은 역할을 한다. 봄 여름의 계수癸水는 무엇이든 기르는 역할을 잘하여 모성애가 강하고, 희생정신과 봉사정신이 있다. 따라서 교사, 공무원, 상담가 등의 직업이 어울린다. 다만 계수癸水가 가을 서리나 겨울 눈으로서 생기生氣를 죽이는 차가운 물이 되면 냉정하고 독한 면이 있다.

　계수癸水는 보이지 않게 지하로 흐르는 물과 같아서 음성적 사업, 즉 사채, 술집, 밤 장사 등을 잘하고 뒷거래를 잘한다. 계수癸水는 우물이나 시냇물같이 작은 물에서 증발하여 눈, 비, 이슬 등 다양한 형태로 변하니 변덕성이 많고, 내리는 비와 같아 감성적이고 눈물이 많다. 수水는 물끼리 잘 섞이는 속성이 있어서 사회성, 대인관계가 좋다.

　계수癸水는 임수壬水에 비해서 수량이 적어서 증발되기 쉽고, 흙에 더럽혀지기 쉬워 겁이 많고 매사에 신중한 편이다. 계수癸水가 맑은 샘물이 되면 많은 사람을 살리는 역할을 할 수 있기 때문에 생명을 다루는 분야에서 능력을 발휘한다. 이 경우 계수는 끊임없이 맑게 흐르게 해주는 수원처 금金과 더러운 물질을 걸러주는 목木이 필요하다. 또한 화火가 있어서 너무 습하지 않게 해주면 더욱 좋다.

지지地支

지지地支는 땅에서 작용하는 기운으로 하늘의 기운과 밀접한 관련을 가지면서 계절의 기운을 함축하고 있다. 천간에 비해서 음陰에 속하고, 질質로 작용하며 현실에 속한다. 지지地支는 "땅에서 하늘의 별자리로 12가지 방향을 가늠하여 부호화한 것"이라는 설도 있다. 지지地支에 대해서는 상수象數 개념과 12운성 중 가장 많이 활용되고 있는 장생長生, 건록建祿, 사死, 묘墓에 대한 이치를 포함하여 이야기하겠다.

❶ 인월寅月 : 1월

인월寅月은 3양3음三陰三陽의 기운을 갖고 있다. 겨울 매서운 추위에 움츠려 있던 양기가 음기를 뚫고 서서히 땅 위로 올라오는 시기이다. 상수 개념으로 보면 인寅은 삼三에 해당한다. 三은 一의 수水와 二의 화火가 조합한 것으로, 一의 수가 二의 양기를 얻어서 분열, 상승하는 모습을 나타낸다. 씨앗이 껍질을 뚫고 올라오는 갑목甲木의 형상이며, 병아리가 알을 깨고 막 나오려는 형상과 같다.

그러므로 뚫고 올라오는 기운인 갑목甲木은 건록建祿이 되고, 양陽을 가두고 있는 껍질 경금庚金은 사死가 된다. 아직은 기운이 크게 드러나지 않을 때지만 이때부터 양기가 음기를 누르고 상승하기 시작한다. 따라서 양기의 정화精華인 태양이 장생長生을 얻어서 빛나기 시작한다. 그리고 한

자연명리
초급편

해를 시작하는 입춘立春의 기운이 시작난다. 산속의 호랑이(寅)는 산신령에 비유되어 영감과 직감력이 높다. 은인자중하며 먹이를 노리는 호랑이처럼 야망을 가슴에 품고 기회를 잘 포착하는 성향이 있다.

❷ 묘월卯月 : 2월

묘월卯月은 2음4양이 되니 음陰이 물러가고 양陽이 확실히 드러나는 시기이다. 상수 개념으로 보면 묘卯는 팔八에 해당한다. 八은 포위망을 뚫고 나가는 상象이 되니 새출발을 의미한다. 우레와 함께 만물이 깨어나는 시기도 되니 씨앗으로 보면 싹이 올라와서 갈라지기 시작하는 시기이다. 그러므로 음을 뚫고 지상으로 나오는 기운인 을목乙木은 묘卯에서 건록建祿이 된다.

묘월卯月부터는 나무도 땅속의 물을 조금씩 흡수하면서 하늘로 증발시킨다. 땅 밑에 갇혀 있던 물이 목木 기운을 타고 오르면서 아지랑이 형태로 하늘로 올라가 습기나 이슬이 된다. 그래서 습기, 이슬, 비가 되는 계수癸水는 묘卯를 만나면 장생長生이 된다. 응결되어 큰 물을 형성하는 임수壬水는 묘卯를 보면 분열되어 하늘로 증발하기 시작하니 사死가 된다.

처음 하나의 싹으로 땅을 뚫고 올라와서 이 시기에는 여러 포기로 분리되어 자라기 시작하니 묘卯는 이별의 속성이 있고, 바람에 흔들리는 풍파의 속성이 있다. 묘卯는 해가 뜨는 시간이라 '일출지문日出之門'이라 하며 새로운 변화를 추구하는 속성도 있다. 또, 묘卯는 손발에 해당하여 손재주가 좋고, 꽃을 피우는 화초와 같이 아름다움을 추구하는 예술 분야의 업종에서 능력을 발휘한다. 묘목卯木은 바람과 같은 부드러운 특성이 있어서 유연한 처세술이 있고, 어디든지 잘 파고들어 남의 비밀을 잘 캐내기도 한다.

❸ 진월辰月 : 3월

진토辰土 땅은 봄의 끝자락에서 가장 왕성하고 활발하게 식물을 키워낸다. 진월辰月은 절기로 곡우에 해당하여 봄비가 한 차례씩 내릴 때마다 식물이 한 뼘씩 자랄 정도로 초목이 쑥쑥 자라는 시기다.

토土는 만물을 낳고 기르는 속성이 있는데 진술축미辰戌丑未 중에서도 길러내는 속성이 가장 강한 땅이 진토辰土이다. 다가올 여름철 뙤약볕에서도 식물을 무성하게 기르기 위해서는 많은 물이 필요하니 진토辰土는 습지와 논처럼 물을 잘 가두고 흡수하는 성질이 있다. 흐르는 물을 땅에 가두는 진토辰土의 속성으로 인해 수水는 진辰의 묘墓가 된다. 물상으로는 저수지나 포구, 매립지에 해당한다.

진토辰土의 상징 동물인 용龍은 상서로운 동물로 하늘의 제왕처럼 구름과 비를 만들고 하늘과 땅을 자유로이 넘나들며 활동한다. 이러한 용의 속성으로 인해 진토는 아이디어가 뛰어나고 다재다능한 능력이 있으며 몽상가적인 기질이 있다. 또한 작은 것에 사로잡히지 않는 대인의 품격을 지닌다. 인체 중에서는 위장을 상징하는데 영양 흡수를 잘해 대식가나 미식가가 많다. 진토辰土는 만물을 낳고 기르는 땅의 덕성에 잘 부합하기 때문에 여성의 자궁에도 비유한다.

오양五陽의 기운을 품고 있는 진토辰土는 이것저것 드러내고 펼치기를 좋아한다. 진토辰土에 병화丙火가 뜨면 잔디밭과 같아 운동과 인연이 있고, 꽃밭의 형상이라면 예술과 인연이 있다.

❹ 사월巳月 : 4월

사월巳月은 6양으로 양기가 가장 확장되어 있는 시기다. 봄을 지나 여름이 시작되면서 만물이 막 꽃을 피우며 화려함을 자랑하는 한편 결실을 위한 준비를 해야 한다. 상수 개념으로 사巳는 二에 해당한다. 二는 一의 수水가 분열, 팽창하여 二의 화火가 된 것이다.

땅에서는 사화巳火, 하늘에서는 병화丙火를 상징하는데 병화는 사월巳月에 가장 밝은 빛을 낸다. 따라서 병화丙火는 사巳에서 건록 지지地支가 된다. 봄 동안 성장하고 자랐던 식물은 화려한 꽃을 피워 결실을 맺는 단초가 시작된다.

자연으로 비유하면 꽃은 화火이고, 열매는 금金이다. 사월巳月에 활짝 피어 있는 꽃은 씨방을 품고 있는데 나중에 꽃이 지고 나면 씨방이 열매로 자란다. 즉, 꽃은 열매의 시작이다. 그래서 경금庚金은 사巳에서 장생長生이 된다. 이에 비해 씨앗에 해당하는 신금辛金은 사死가 된다.

사월巳月에는 초목이 아름다운 꽃망울을 터뜨리듯이 사주에 사화巳火

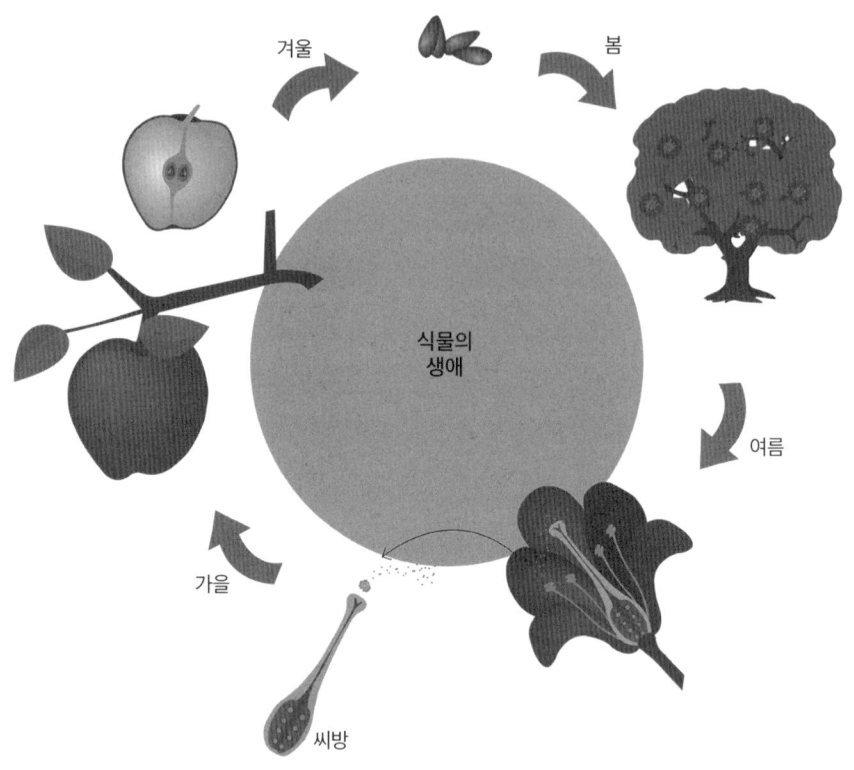

겨울 봄 여름 가을

식물의
생애

씨방

가 있으면 아름다움을 추구하고 미적 감각이 뛰어나다. 사巳는 천문성天
文星이라 문학적 재능이 뛰어난 편이다. 사巳를 '지호地戶'라고 하는데 이는
하늘에서 지상으로 들어오는 문이라는 뜻으로 정신 능력이 뛰어나 하
늘의 뜻을 지상 세계에 전달하는 능력이 있다. 뱀은 혀가 둘이기 때문에
사화巳火가 있으면 언변이 좋다. 사巳는 화火의 몸을 가졌으나 금金을 보
면 쉽게 금金으로 변하는 특성이 있어서 변화, 변신을 잘한다. 물상으로
는 사람들이 북적이는 사거리, 시장, 대로변을 상징하고, 역마의 속성이
강해서 해외 출입이 잦고 잘 돌아다닌다.

❺ 오월午月 : 5월

오월午月은 5양1음의 시기로 지상에서는 가장 더운 여름철이다. 화火의
기운이 치열한 시기이나 속에서는 1음이 시작되고 있다. 상수 개념으로
오午는 칠七에 해당한다. 七에는 二의 사화巳火가 다시 수축되어 꼬부라지
면서 一이 되려고 하는 상象이 숨겨져 있다. 따라서 이때부터 사巳의 6양
을 지나 1음의 기운이 만들어지기 시작한다.

대자연 속의 오월午月은 초목이 가장 무성한 시기이다. 이때가 되면 나
무는 위쪽으로 성장하는 데 쓰던 에너지를 차단하고 결실을 이루기 위
해 지엽枝葉의 성장에 주력한다. 을목乙木 가지가 크게 활동해야 잎을 통해
광합성 작용으로 영양분을 얻어서 열매를 맺고, 나중에 겨울을 날 수 있
기 때문이다. 따라서 성장하는 기운 갑甲은 오午에서 사死가 되고, 지엽 을

乙은 오午에 장생長生이 된다. 열기 덩어리인 정화丁火는 무더운 오午에서 건록이 된다.

사주에 오午가 두 개 있으면 말 두 마리가 끄는 쌍두마차의 형상으로 역마 기운이 강하다. 오午는 불을 피워 신호를 보내던 봉화대, 소식을 전하던 파발마의 속성이 있어서 새로운 것, 유행 등에 민감하고 빠르게 받아들인다. 오午는 달리는 말처럼 목표를 향해 돌진하는 기질이 있고, 말 탄 장수처럼 투쟁적인 성향이 있다. 화火가 강할 때 오화午火는 성급하고 감정 기복이 심하며 비밀을 잘 지키지 못한다. 약한 오화午火는 습한 묘목卯木을 만나면 꺼지기 쉽다.

❻ 미월未月 : 6월

미토未土 땅은 여름의 끝자락에 위치하며 더위 속에서도 부지런히 식물을 키우는 역할을 한다. 다가오는 가을에 식물이 탐스러운 결실을 맺기 위해서는 미월未月부터 성장에 쓰던 영양분을 차단해서 열매에 투자해야 한다. 그러므로 미未의 속성은 木과 차단의 의미인 一의 조합으로 이해할 수 있다. 미월未月이 되면 나무의 성장을 차단한다는 뜻이다. 그래서 미토未土의 목木은 묘墓가 된다.

未에는 '맛 미味'의 의미가 있듯이 미월未月부터 열매에 단맛이 들기 시작한다. 사주에 미未가 있으면 '맛'의 속성으로 인해 먹기를 좋아하는 미식가가 되기 쉽다. 조열한 땅 미토未土는 밀가루와 같아 중국 음식으로 보기도 한다.

삼복 늦더위에 해당하는 미토未土는 조열하고 뜨거운 흙이라 나무를 잘 못 키우고, 토생금土生金을 잘 못한다. 그러나 수水가 있으면 옥토沃土가 되어 나무를 잘 키우고 토생금土生金도 잘한다. 미未는 천역성으로 역마 기질이 있어 잘 돌아다닌다.

미未는 동물인 '양羊' 외에도 '아닐 미未'의 의미가 있어서 일이 지체되거나 마무리가 잘 안 되고 오리무중에 빠지는 속성이 있다. 양은 외유내강의 속성으로 인해 겉은 온순하게 생겼으나 고집이 세다. 따라서 사주에 미未가 있으면 투쟁보다는 화합을 좋아하고 대인관계 유지를 잘하는 순한 모습도 있으나, 한번 화가 나면 다혈질적인 면이 있고 강인한 인내심을 가지고 있다. 물상으로 볼 때 미토에 수水가 있으면 바닷가의 백사장이나 논밭으로 보고, 목木과 화火가 있으면 꽃밭이라 사람들에게 인기가 많다.

❼ 신월申月 : 7월

신월申月은 3양3음의 시기로 여름 내내 뜨거웠던 더위가 서서히 물러가며 서늘한 기운이 들어온다. 상수 개념으로 신申은 구九에 해당한다. 九의 형상은 丿과 乙의 조합으로, 丿는 양陽의 발전을 의미하고 乙은 굽힐 굴屈의 형상이라 양기가 음기에 굴복하고 포위당하기 시작하는 시기이다. 그래서 음陰의 정화精華인 임수壬水는 응결되기 시작하는 신申에서 장생長生이 되어 큰 물로 만들어지기 시작한다. 이에 비해 안개, 비처럼 분열된 형태로 존재하는 계수癸水는 신申을 만나면 응결되어 뭉쳐져서 임수壬水로 변해 자기 존재가 사라지니 사死에 해당한다.

금金은 양을 포장하는 포양包陽 역할을 하여 수렴 작용을 잘해야 무더운 여름이 지나고 결실을 맺는 가을을 맞을 수 있다. 신월申月이 되면 열매의 속성이 있는 경금庚金이 가장 활발하게 활동한다. 따라서 경庚은 신申이 건록의 지지地支가 된다.

신申은 만물의 영장인 인간을 닮은 원숭이 속성이 있어서 리더 기질이 강하고, 머리 회전이 빠르며 비상한 재주를 가지고 있다. 한자 申은 하늘과 땅 사이를 소통하는 형상을 하고 있어서 종교적 속성이 많고, 동양 사상이나 철학과 같은 정신 세계 분야에서 두각을 드러낼 수 있다. 또, 신월申月은 만물의 성장을 막고 영양분을 비축하여 결실을 거두는 작용을 하기 때문에 금전을 다루는 금융이나 세무 업무와 인연이 많다. 신금申金은 숙살지기肅殺之氣가 강한데 수水가 있으면 생명을 다루는 군인, 경찰, 의사와 같은 직업과 어울린다.

❽ 유월酉月 : 8월

유월酉月은 2양4음의 시기로 더위가 완전히 물러가고 서리가 내리는 가을 기운이 완연하다. 사월巳月에 꽃이 피면서 시작된 금金 기운이 유월酉月에 와서 완전히 결실을 맺는다. 상수 개념으로 보면 유酉는 사四에 해당한다. 四는 八+口가 되니 유酉는 팔목八木 생기를 가두고 있는 형상으로 그 속성을 이해할 수 있다.

신월申月에 서서히 양기를 포위하다가 유월酉月부터는 확실히 음기가 양기를 가두어 포장한다. 따라서 완숙하게 익은 열매가 되고 대자연의 '통조림'과 같이 된다. 오곡백과가 익어가고 온갖 결실로 풍요로움이 넘친다. 그러나 결실을 잘 이루기 위해서는 생명을 죽이는 숙살지기가 필요하다. 신辛은 씨앗이며 서리에 해당하는데 유월酉月부터 활동이 왕성해지니 건록에 해당한다. 양기가 포위되는 이때부터 어두워지기 시작하니 태양 병화丙火는 빛을 잃어서 사死가 되고, 별빛인 정화丁火는 밝게 빛나서 장생長生이 된다.

유酉는 태괘(☱)의 속성이 있어서 '입'에 해당한다. 따라서 사주에 유酉가 있으면 입과 관련된 업종인 요식업과 인연이 있고, 언변이 좋기 때문에 강사처럼 말로 먹고사는 직업에서도 능력을 발휘한다. 유월酉月은 결실을 거두고 저장을 하는 시기이기 때문에 이러한 속성으로 인해 정리정돈도 잘한다. 유酉는 금, 은, 보석과 같아서 깨끗이 닦아줄 수水가 있어야 가치가 있고, 꾸미기를 좋아하며 칭찬받기를 좋아한다. 새벽 시간을 알려주는 닭과 같아 시간 관념이 철저한 편이다. 물상으로는 물상으로는 '술 주酒'와 비슷한 어원으로 술에 해당하고, 산사의 종이나 목탁에 비유되어 종교와도 인연이 많다.

❾ 술월戌月 : 9월

술월戌月은 만물이 성장을 마치고 풍성한 결실과 소득을 거두고 쉬는 가을의 끝자락에 위치한다. 가을걷이가 끝나면 혹독하게 추운 겨울을 대비해 수확한 농산물을 잘 보관해야 하는데, 옛날에는 고구마 같은 농작물이 추위에 상하지 않도록 지열을 품고 있는 땅속에다 보관했다. 그러므로 술토戌土는 자연의 보온병과 같은 역할을 한다. 화로의 불씨를 꺼트리지 않기 위해서 재 속에 묻어 보관하는데 외형적으로는 재 속에 화火가 숨겨져 있어서 보이지 않으니 죽은 것처럼 보인다. 그래서 화火는 술토戌土의 묘墓가 된다.

어둠을 밝히는 화火는 정신, 문화에 해당하는데 술토戌土는 이 화火를 감추고 있어서 정신 세계가 발달한다. 술戌은 천문성에 해당하여 비밀스러운 하늘의 세계에 관심이 많아 종교와 인연이 많고, 영감과 직감력이 발달한다. 술월戌月은 계절의 특성상 만물을 거두고 휴식을 취하는 속성이 있어서 혼자 있기를 좋아하고, 전통적인 것을 좋아하는 보수적인 기질이 많다. 개의 속성이 있는 술戌은 충성심이 강한 군인, 경비처럼 자기 영역을 지키는 직업과 인연이 있다. 술戌은 기술성으로 보기도 하는데 술戌 속의 정화丁火는 전기라 전기, 전자, 컴퓨터와 인연이 있다. 화로 역할을 하는 술토戌土는 아무리 추운 겨울이 와도 따뜻한 보온 역할을 한다. 술월戌月에 묘목卯木이 있으면 늦가을 약초라 한의학과 인연이 있고, 가을 단풍과 같아 예술적인 기질이 있다.

❿ 해월亥月 : 10월

해월亥月은 6음의 시기로 음기가 가장 크게 응축되어 있다. 이제 가을이 끝나고 겨울이 시작되면서 겉은 황량하지만 또 다른 시작을 위해 준비하는 시기다. 상수 개념으로 해亥는 육六이다. 六은 ㅗ+八이 되듯이 땅을 뚫고(ㅗ) 상승하려는 목木(八) 기운을 품은 물의 형상으로 그 속성을 이해할 수 있다.

해월亥月 무렵에는 늦여름에서 가을 사이에 서서히 만들어진 겨울눈 즉 동아冬芽가 뚜렷이 나타나기 시작한다. 나무는 봄에 새로 돋아날 잎과 가지, 꽃에 대한 준비를 겨울 추위가 오기 전인 이때부터 겨울눈 속에 담아서 준비를 한다. 그러므로 갑목甲木은 해亥에서 장생長生이 된다. 지엽枝葉 을목乙木은 겨울을 나기 전에 떨궈야 하니 해亥가 사死에 해당한다. 겨울 기운인 임수壬水는 건록이 된다.

순환하는 해류 중 해수亥水는 표면으로 흐르는 난류에 해당하고, 자수子水는 심해로 차가운 한류에 해당한다. 그러므로 해수亥水는 고온다습한 해양성 기후 같은 기운이 있어 소춘小春이라 하는데 겨울에도 식물이 잘 자라게 한다. 해亥는 핵核과 같은 어원을 가져서 목木 기운을 많이 갖고 있다. 평소에는 얌전하나 일단 화가 나면 핵폭발하듯 사생결단을 낸다. 술해戌亥는 천문성이라 영감과 직감력이 발달하고 종교적 성향이 많다. 흐르는 물의 속성으로 인해 무역, 유통, 영업, 해외 비지니스와 인연이 많다. 돼지의 속성으로 인해 모아두기를 좋아하여 골동품과 귀중품을 좋아한다.

⓫ 자월子月 : 11월

　자월子月은 5음1양으로 지상에서는 가장 추워지는 시기이다. 꽁꽁 얼어붙은 추위 속에 1양이 서서히 생기기 시작한다. 상수 개념으로 자子는 일一이다. 一은 생명의 본질을 의미하고, 만물이 귀일하고 있는 도道를 상징한다. 자월子月의 추운 기운은 만물이 쉬는 휴면기를 갖게 한다. 봄, 여름, 가을 동안 쉬지 않고 달려온 만물이 이 시기에 와서 휴식을 취하게 된다. 식물은 휴면기에 휴식을 취하지 못하면 포기가 약화되어 발육이 멈추거나 세균에 감염되어 발병하기 쉽고 포기가 죽게 된다.

　씨앗은 자월子月 추위 속에서 휴면기를 잘 보내야만 봄에 발아가 잘 된다. 따라서 신辛 씨앗은 자子에서 장생長生이 된다. 우리 조상들은 이를 잘 알았기에 겨울 동안 씨앗을 처마 밑에 걸어두고 씨앗이 충분히 휴면기를 보낼 수 있게 하였다. 경금庚金 열매는 씨앗을 보호하고 영양을 공급하느라 기진맥진하게 된다. 따라서 자子를 만나면 사死가 된다.

　자子는 속에 양陽을 감추고 있는 감괘(☵)의 형상을 하고 있어서 비밀이 많고 잘 감추는 기질이 있다. 남이 모르는 애로사항과 고민거리를 갖고 있기도 하다. 12지지 중 첫 번째에 자리하니 시작하기를 좋아하고, 맏이 역할을 하고, 은근히 우두머리 역할 하기를 좋아한다. 쥐의 특성이 있어서 머리가 영리하고 야행성이 많다. 성생활을 좋아하며 임신을 잘한다. 자子에서 1양이 시작되니 창의적인 발상으로 새로운 분야에 진출하여 성공할 수 있다.

⑫ 축월丑月 : 12월

겨울 축토丑土 땅은 꽁꽁 얼어붙은 땅으로 아무 쓸모 없이 쉬고 있는 듯 보이지만 대자연은 한시도 쉬는 법이 없다. 丑은 土와 ㄱ의 조합으로, 땅을 강하게 압축하고 있는 형상이다. 12월 매서운 추위로 인해 대지는 얼어붙으며 압력을 받는다. 이때 물이 얼면서 팽창하기 때문에 목木을 감싸고 있던 단단한 금金 기운이 깨지면서 봄을 여는 촉매 작용을 하게 된다.

목木을 포위한 금金이 깨지고 나야 비로소 봄이 오고, 목木의 기운이 상승하면서 여린 싹들이 단단한 땅을 뚫고 올라온다. 농사로 치면 딱딱한 밭에 소가 쟁기질하면서 땅을 부드럽게 부수고 산소 공급을 하여 씨가 잘 자라도록 도와주는 농사법의 이치와 비슷하다. 이렇게 축丑은 금金을 죽이는 작용을 하여 금金의 묘墓가 된다.

봄을 기다리며 쉬고 있는 축토丑土는 축미충丑未沖이 되면 일찍 쟁기질을 하여 농사 준비를 하는 격이라 좋다. 축토丑土는 금金의 껍질을 깨고 벗겨서 속에 감춰둔 목木 기운이 올라오게 하므로 축丑은 낡은 껍질이 쌓여 있는 고철통과 같다. 사주에 축丑이 있는 사람은 서랍 속이 지저분한 편이며, 낡은 것을 버리지 않고 잘 모아두는 습성이 있다. 축丑은 봄을 기다리며 어둠을 견디고 있어서 조급함과 고독함이 있다. 축토丑土에 병화丙火가 있으면 얼어붙은 땅에 생기가 돌아서 목木을 잘 키워준다. 소처럼 묵묵히 견뎌내는 인내심으로 일을 하며 희생하는 속성이 있다.

9장

사주의 구성

사주四柱란 생년, 생월, 생일, 생시에 해당하는 간지干支이다. 생년의 간지를 태세太歲 또는 연주年柱라 하고, 생월의 간지를 월건月建 또는 월주月柱라 하고, 생일의 간지를 일진日辰 또는 일주日柱라 하고, 출생한 시간의 간지를 시진時辰 또는 시주時柱라 한다.

사주팔자四柱八字란 한자 그대로 연주, 월주, 일주, 시주의 네 개 기둥과, 한 기둥에 두 글자씩 해서 모두 여덟 개의 글자를 나타내는 말이다.

사주팔자의 구성

시주時柱	일주日柱	월주月柱	연주年柱
시간時干	일간日干	월간月干	연간年干
시지時支	일지日支	월지月支	연지年支

연월일시 간지 세우기

❶ 연주年柱 정하는 법

명리에서 한 해의 시작은 입춘立春부터 시작된다고 본다. 그러므로 태어난 해의 간지干支 기준은 음력 1월 1일이 아니라 입춘이 드는 날의 시간이 기준이 된다.

예를 들어 1977년에 입춘 절기가 드는 날은 양력 2월 4일(음력 1976년 12월 17일) 오전 7시 33분이다. 이 시각을 기준으로 이전 출생자는 1976년 병진丙辰생 용띠가 되고, 이후 출생자는 1977년 정사丁巳생 뱀띠가 된다.

만일 음력 1976년 12월 19일이 생일이라면 한 해가 지나지 않았지만 입춘 절기 이후에 태어났기 때문에 병진丙辰생 용띠가 아니라 정사丁巳생 뱀띠가 된다. 또, 음력 1979년 1월 7일생은 새해가 되어 태어났지만 아직 입춘이 지나지 않았으므로 1978년 무오戊午생 말띠가 된다.

왜 한 해의 시작을 입춘立春에서 시작해야 하는가, 라는 의문을 제기하는 사람들이 있다. 그들의 주장에 따르면, 자子에서 1양一陽이 시작하니 동지冬至가 한 해의 시작이 되어야 한다는 것이다.

천개어자天開於子, 지벽어축地闢於丑, 인생어인人生於寅이라는 말이 있다. 하늘의 기운은 자子에서 1양이 나오며 열리기 시작하고, 땅은 축丑에서 갈라지고, 만물은 인寅에서 시작된다는 뜻이다.

　이에 따라 하늘이 새로운 활동을 시작하는 시기는 자子이지만, 실제로 지상의 만물이 깨어나 활동하기까지는 시간이 걸리기 때문에 인寅으로 세수를 잡는 게 맞다. 다만 자子 동지부터 다음해 사안이 벌어지는 경우가 왕왕 있으니 연말에 신수를 볼 때는 다음해와 연관해서 통변하는 것이 좋다.

❷ 월주月柱 정하는 법

　사주팔자에서 생월의 시작은 절기가 드는 시간부터 시작한다. 그러므로 태어난 달의 간지干支는 그달 음력 1일이 아니라 절입일의 시간이 기준이 된다. 절입일 이후일 때 해당 월의 간지를 쓴다.

- 갑甲, 기己년은 병인丙寅월부터 간지가 시작된다.
- 을乙, 경庚년은 무인戊寅월부터 간지가 시작된다.
- 병丙, 신辛년은 경인庚寅월부터 간지가 시작된다.
- 정丁, 임壬년은 임인壬寅월부터 간지가 시작된다.
- 무戊, 계癸년은 갑인甲寅월부터 간지가 시작된다.

절입일 기준표

월	연간절입일	甲, 己년	乙, 庚년	丙, 辛년	丁, 壬년	戊, 癸년
1월	입춘	丙寅월	戊寅월	庚寅월	壬寅월	甲寅월
2월	경칩	丁卯월	己卯월	辛卯월	癸卯월	乙卯월
3월	청명	戊辰월	庚辰월	壬辰월	甲辰월	丙辰월
4월	입하	己巳월	辛巳월	癸巳월	乙巳월	丁巳월
5월	망종	庚午월	壬午월	甲午월	丙午월	戊午월
6월	소서	辛未월	癸未월	乙未월	丁未월	己未월
7월	입추	壬申월	甲申월	丙申월	戊申월	庚申월
8월	백로	癸酉월	乙酉월	丁酉월	己酉월	辛酉월
9월	한로	甲戌월	丙戌월	戊戌월	庚戌월	壬戌월
10월	입동	乙亥월	丁亥월	己亥월	辛亥월	癸亥월
11월	대설	丙子월	戊子월	庚子월	壬子월	甲子월
12월	소한	丁丑월	己丑월	辛丑월	癸丑월	乙丑월

❸ 일주日柱 정하는 법

일주는 태어난 날의 간지를 가리킨다. 일주는 만세력에 있는 생일의 간지를 그대로 기록하면 된다. 연주와 월주를 정하는 법과 다른 점은 하루 시작이 자시子時가 된다는 점이다.

자연명리
초급편

❹ 시주時柱 정하는 법

출생시는 출생지의 태양시로 정하는 것이 원칙이다. 우리나라는 경도 상 127도에 위치했으나 편의상 표준시를 동경 135도 기준 시간을 쓰기 때문에 태양시보다 32분 정도 빠르게 쓰는 셈이다. 그러므로 표준시에서 우리나라 태양시로 바꾸기 위해서는 32분 정도를 빼줘야 한다. 우리나라 동쪽 끝과 서쪽 끝을 비교하면 14분 정도 차이가 난다. 그러므로 출생시가 나뉘는 분기점 시각에 태어난 사람은 출생 지역까지 참고해야 한다. 만일 오전 5시 30분생이라면 묘시卯時생이 아니고 인시寅時생으로 본다.

- 자시子時는 전일 오후 11시 30분부터 오전 1시 30분까지
- 축시丑時는 오전 1시 30분부터 오전 3시 30분까지
- 인시寅時는 오전 3시 30분부터 오전 5시 30분까지
- 묘시卯時는 오전 5시 30분부터 오전 7시 30분까지
- 진시辰時는 오전 7시 30분부터 오전 9시 30분까지
- 사시巳時는 오전 9시 30분부터 오전 11시 30분까지
- 오시午時는 오전 11시 30분부터 오후 1시 30분까지
- 미시未時는 오후 1시 30분부터 오후 3시 30분까지
- 신시申時는 오후 3시 30분부터 오후 5시 30분까지
- 유시酉時는 오후 5시 30분부터 오후 7시 30분까지
- 술시戌時는 오후 7시 30분부터 오후 9시 30분까지
- 해시亥時는 오후 9시 30분부터 오후 11시 30분까지

시時의 간지干支를 기록하기 위해서는 시두법時頭法을 알아야 한다.

시두법

	甲, 己일	乙, 庚일	丙, 辛일	丁, 壬일	戊, 癸일
子	甲子시	丙子시	戊子시	庚子시	壬子시
丑	乙丑시	丁丑시	己丑시	辛丑시	癸丑시
寅	丙寅시	戊寅시	庚寅시	壬寅시	甲寅시
卯	丁卯시	己卯시	辛卯시	癸卯시	乙卯시
辰	戊辰시	庚辰시	壬辰시	甲辰시	丙辰시
巳	己巳시	辛巳시	癸巳시	乙巳시	丁巳시
午	庚午시	壬午시	甲午시	丙午시	戊午시
未	辛未시	癸未시	乙未시	丁未시	己未시
申	壬申시	甲申시	丙申시	戊申시	庚申시
酉	癸酉시	乙酉시	丁酉시	己酉시	辛酉시
戌	甲戌시	丙戌시	戊戌시	庚戌시	壬戌시
亥	乙亥시	丁亥시	己亥시	辛亥시	癸亥시

예를 들어 갑일甲日이나 기일己日생이면 시간 간지干支는 갑자甲子시, 을축乙丑시, 병인丙寅시와 같은 순으로 나간다. 다른 일日도 시두법에 따라 순서대로 시간 간지를 기록하면 된다.

자연명리
초급편

- 과거 우리나라는 정치적 상황에 따라 서머타임을 적용하여 한 시간 앞당겨 사용했던 시기가 있다. 만약 출생 시간을 서머타임이 적용된 시간으로 기록해뒀다면 그 시간이 아닌 실제 태어난 시간으로 환산해서 시의 간지를 정해야 한다. 대개 만세력에는 서머타임을 적용했던 시기가 나와 있으니 반드시 확인해봐야 한다.

- 밤 11시 32분에서 다음 날 0시 32분 사이에 태어난 경우, 하루가 가기 전이니 그날 일진으로 기록하는 야자시夜子時로 봐야 한다는 설과 자시子時는 무조건 그다음 날로 기록해야 한다는 조자시朝子時 설이 있다. 원칙은 다음 날 조자시 설이 맞지만 가끔은 야자시로 보는 것이 타당할 때도 있으니 야자시도 참고할 필요가 있다.

❺ 대운大運

대운은 사주가 흘러가는 행로와 같은데 10년을 주기로 바뀐다. 상담을 받으러 오는 사람 중에는 대운을 거론하면 아주 좋은 운이 들어오는 것으로 이해하는 사람도 있으나, 대운은 10년 동안 작용하는 운이라는 뜻이다. 이는 천간이 10년 주기로 순환하기 때문이다. 대운을 쓸 때는 월月의 간지干支를 기준으로 양년陽年에 태어난 남성과 음년陰年에 태어난 여성은 월주月柱를 순행으로 배열한다. 음년에 태어난 남성과 양년에 태어난 여성은 월주를 역행으로 배열한다.

❻ 대운수大運數

대운수는 대운이 순행하면 생일로부터 다음 절입일까지 계산하고, 대운이 역행하면 생일로부터 지난 절입일까지 계산하는데, 생일부터 절입일까지의 합수를 3으로 나누어 얻는 몫을 쓴다. 이때 나머지가 1이면 버리고 2이면 반올림하여 1을 몫에 더한다.

가령 생일부터 절입일까지 더한 수가 20일일 경우, 20을 3으로 나눈 몫은 6이고 나머지가 2이다. 2를 반올림하여 6의 몫에 1을 더하면 대운수는 7이 된다. 이때 대운수 7은 7, 17, 27, 37, 47과 같은 순서로 운이 바뀐다.

❼ 사주팔자 간지 배열 예제

음력 2009년 12월 21일 오전 8시, 남성

시	일	월	연		乾
					命
庚	乙	戊	庚		
辰	酉	寅	寅		

80	70	60	50	40	30	20	10
丙	乙	甲	癸	壬	辛	庚	己
戌	酉	申	未	午	巳	辰	卯

태어난 날인 음력 12월 21일은 아직 새해가 아니다. 그러나 21일 오전 7시 47분에 새해 시작을 알리는 입춘 절기가 들어왔으므로 이 시간 이후는 2010년 경인庚寅년생이 된다. 당연히 월月도 정축丁丑월이 아니라 새해 무인戊寅월이 된다. 대운은 양년陽年에 태어난 남성이니 월 무인戊寅에서부터 순행한다. 대운수는 대운이 순행하니 생일부터 다음 절입일인 경칩일까지의 날을 합산해서 3으로 나눈 값이다. 합산일이 30일이니 이를 3으로 나누면 몫이 10으로 떨어지니 대운수는 10이 된다.

음력 2012년 1월 13일 오후 7시, 여성

시	일	월	연		坤命
乙	乙	辛	辛		
酉	未	丑	卯		

71	61	51	41	31	21	11	01
己	戊	丁	丙	乙	甲	癸	壬
酉	申	未	午	巳	辰	卯	寅

태어난 해가 2012년 용띠 해지만 아직 입춘이 지나지 않았으므로 사주로는 한 해가 지나가지 않았다. 그러므로 전년인 토끼 해, 신묘년생이 되고, 태어난 월도 1월이지만 전년 12월로 표기한다. 대운은 음년陰年에 태어난 여성이므로 순행을 한다.

음력 2012년 1월 13일 오후 7시 25분, 여성

		시	일	월	연		坤命
		乙	乙	壬	壬		
		酉	未	寅	辰		

71	61	51	41	31	21	11	01
甲	乙	丙	丁	戊	己	庚	辛
午	未	申	酉	戌	亥	子	丑

　이 사주의 생년월일은 바로 앞의 예제와 같고 출생시만 25분 차이 나지만 사주는 크게 차이가 난다. 임진壬辰년 입춘 시각이 음력 1월 13일 오후 7시 22분이므로 이 사주는 입춘이 지나서 태어났다. 그러므로 임진壬辰년에 임인壬寅월생이 된다. 대운은 양년陽年에 태어난 여성이므로 역행을 한다.

음력 2012년 윤 3월 16일 새벽 01시 30분, 여성

		시	일	월	연		坤命
		庚	丁	乙	壬		
		子	卯	巳	辰		

71	61	51	41	31	21	11	01
甲	乙	丙	丁	戊	己	庚	辛
午	未	申	酉	戌	亥	子	丑

윤달도 절기를 기준으로 정한다. 생일 하루 전인 윤 3월 15일(음력)에 입하 절기가 들어왔으므로 윤 3월 16일은 사월_{巳月}이 된다. 대운은 양년^陽_年에 태어난 여성이므로 월주를 역행한다. 대운수는 역행하므로 생일에서 지난 절기까지의 날수를 합하여 3으로 나눈다. 지난 절기 입하_{立夏}는 하루가 지났다. 그러므로 1대운이다.

육친 이해하기

육친이란?

육친六親이란 부모, 형제, 자식, 남편, 아내를 지칭하는 말인데 일간을 기준으로 나머지 글자와 생生, 극剋, 설洩, 비比 관계로 정한다. 육친법을 이해해야 나를 중심으로 한 부모, 형제, 자식, 배우자와의 관계와 인연을 분명히 파악할 수 있고, 재물, 직업, 명예의 유무와 운에 따른 흥망성쇠를 알 수 있다.

사주에서는 육친의 관계를 10가지로 분류하는데 비견比肩, 겁재劫財, 식신食神, 상관傷官, 편재偏財, 정재正財, 편관偏官, 정관正官, 편인偏印, 정인正印이다. 이를 5가지로 줄이면 비겁比劫, 식상食傷, 재성財星, 관살官殺, 인수印綬가 된다.

육친 정하는 법

- 일간과 같은 오행은 형제 비겁比劫에 해당한다.
- 일간과 음양이 같으면 비견比肩, 음양이 다르면 겁재劫財라 한다.

- 일간이 생生하는 오행은 자손 식상食傷에 해당한다.
- 일간과 음양이 같으면 식신食神, 음양이 다르면 상관傷官이라 한다.

- 일간이 극剋하는 오행은 처 재성財星에 해당한다.
- 일간과 음양이 다르면 정재正財, 음양이 같으면 편재偏財라 한다.

- 일간을 극하는 오행은 남편 관성官星에 해당한다.
- 일간과 음양이 다르면 정관正官, 음양이 같으면 편관偏官이라 한다.

- 일간을 생하는 오행은 모친 인수印綬에 해당한다.
- 일간과 음양이 다르면 정인正印, 음양이 같으면 편인偏印이라 한다.

❶ 비견比肩

비견比肩은 일간日干(본인)과 음양이 같은 오행에 해당하는데 한자 그대로 '어깨를 견주다'라는 의미를 가지고 있다. 이는 나와 함께 행동하고,

힘이 되어준다는 긍정적인 의미와, 서로 지지 않으려고 경쟁한다는 부정적인 의미를 동시에 갖고 있다. 인간관계로는 형제나 친구, 동료 등에 해당한다.

장점 : 자신을 받쳐주는 든든한 형제나 친구가 있어서 모든 일에 자신감이 있고, 어려울 때는 큰 도움을 얻을 수 있다. 서로 믿고 의지하고 베풀며 상부상조하는 협동정신이 강하다. 사회성과 친화력이 좋아서 어느 자리에서든 호형호제하며 사람을 잘 사귄다.

비견은 '또 하나의 나'이므로 남의 입장에서 생각하는 역지사지易地思之의 자세에서 친구나 주변 사람의 고민에 좋은 조언자 역할을 잘한다. 부모에게 의지하지 않고 스스로 독립하려는 자립심이 강하고, 자수성가를 한다. 혼자서 일하기보다 여러 사람과 어울려 일하기를 좋아한다.

단점 : 독불장군의 기질이 강하여 누구의 말도 듣지 않고 자기 고집대로 밀어붙이는 무모함이 있다. 일을 처리함에 있어 충동적이고 귀가 얇아서 주변 사람의 말에 쉽게 넘어간다. 친구는 많아도 진정으로 도움이 되는 친구나 형제는 없고 술친구만 많다. 무슨 일을 해도 항상 경쟁에 시달리니 쉽게 될 일도 어렵게 이루는 경우가 많다. 단체 모임에 자주 나가다 보면 실속 없는 일에 가담하기 쉽고 금전 손실이 많다. 친구나 형제와 금전 거래를 하면 돈 잃고 친구까지 잃을 수 있으니 금전 거래를 하지 않는 것이 좋다.

❷ 겁재劫財

겁재劫財는 일간과 음양이 다른 오행이다. 명칭 그대로 재물을 빼앗아 간다는 의미가 있다. 특히 음陰 일간이 양간陽干 겁재를 볼 때 빼앗기는 속성이 더 크게 드러난다. 인간관계로는 경쟁관계에 있는 형제와 친구, 동료, 라이벌에 해당한다.

장점 : 대개 부모덕이 없으나 일찍 독립하여 자수성가를 이루며, 귀인의 덕으로 어려움을 극복한다. 어떠한 어려움을 당해도 특유의 근성과 강단으로 고난을 극복해나가고, 놀라운 추진력으로 어려운 임무도 척척 완수한다. 자존심이 세고 승부욕이 강해서 역경 속에서 오히려 능력을 발휘한다. 평소에 대인관계를 잘하며 어려움이 닥쳤을 때 주변 사람을 내세워 극복하는 경우가 많다. 즉, 사람을 이용하는 능력이 매우 뛰어난 편이다. 일간이 약할 때는 항상 도움을 주는 귀인이나 형제, 친구가 있어서 든든하다.

단점 : 믿었던 사람에게 배신을 당하기 쉬우니 친구가 도둑이고, 형제가 도둑이다. 그러므로 가까운 사람과 금전 거래를 하지 않는 것이 상책이다. 가까운 사람에게까지 인색하게 굴며 어렵게 모은 돈이 쉽게 날아간다. 공짜를 좋아하고 싼 것만 찾으나 결국 싼 것이 비지떡이라 손해만 본다.

평소 주변 사람에게 잘 뺏기며 살다 보니 의심이 많은 편이다. 타고난 경쟁의식으로 인해 비교당하면 시기와 질투심을 강하게 드러낸다. 항상 주변 사람과 경쟁관계가 잘 되고 중상모략과 구설에 시달리기 쉽다. 독선적인 기질이 강해서 남의 충고를 무시하고 일방적으로 밀어붙이다 손해를 보기도 한다. 겁재는 빼앗는 기운이 강해 일시日時에 겁재가 있으면 안정된 가정을 유지하는 데 어려움이 많다.

❸ 식신食神

식신食神은 일간日干이 생해주는 오행 중에 음양이 같은 것이다. 식신은 복신福神 또는 수복신壽福神이라 하여 먹을복과 장수복이 많다는 것을 의미한다. 인간관계로는 아랫사람에 해당하고, 여성에게 식신은 자식, 남성에게는 장모에 해당한다.

장점 : 마음이 너그러우며 어려운 사람에게 베풀기를 좋아하여 봉사를 해도 남들 모르게 조용히 한다. 한 가지 일을 맡으면 끝까지 밀고 나가는 진득함이 있다. 진리를 탐구하는 지적 호기심으로 일단 연구하면 끝까지 파고드는 성향이 강하다. 적당하게 양보하여 적을 만들지 않는다.

식신이 있으면 평생 의식주가 풍부하고 먹는 것을 즐기는 식도락가가 많다. 힘든 일이 있어도 항상 낙천적인 마음으로 세상을 바라보는 긍정적인 사고를 한다. 여성은 모성애가 강해서 자식 교육에 각별함이 있다. 인정이 많아서 남들에게는 잘 베푸나 정작 자신에게는 알뜰한 편이다.

　단점 : 낙관하는 성향이 강해서 현실에 안주하기 쉽다. 도전정신이 부족하여 패기가 없어 보이고 답답하다는 소리를 많이 듣는다. 상대방에게 배려심이 많고 마음이 약해서 싫은 소리를 하지 못해 인간관계에서 상처를 받기 쉽고, 조금 손해를 보더라도 자신이 불편을 감수하는 편이다.
　급할 것이 없는 만만디 정신으로 여유를 부리다 시기를 놓쳐서 손해를 보는 경우가 많다. 식신도 많으면 실속 없이 베풀며, 동분서주하나 유명무실하여 결과가 없다. 또한 절제력이 부족하고 향락적인 면이 두드러진다.

❹ 상관傷官

　상관傷官은 일간日干이 생해주는 오행 중에 음양이 다른 것이다. 육친 중 중요한 정관正官을 상하게 한다 하여 부정적인 의미가 담겨 있다. 인간관계로는 아랫사람이나 할머니에 해당하며, 여성에게 상관은 자식에 해당한다.

　장점 : 눈치가 빠르고 순발력이 좋으며, 모방하거나 창조하는 능력이 뛰어나 무슨 일이든 쉽게 배운다. 언변이 뛰어나고 붙임성이 좋으며, 서비스 정신이 강하며 애교가 많다. 상대방의 심리를 파악하는 능력이 뛰어

나 눈지 백난이라는 소리를 듣는다.

숨이 있는 '끼'가 많고 자기를 표현하려는 욕구가 강해 예체능에 재능을 보인다. 조사하고 분석하는 능력이 뛰어나 방송, 기자, 수사 분야에서 능력을 발휘한다. 호기심도 많고 현실에 안주하지 않는 성향으로 인해 항상 새로운 도전을 꿈꾸는 편이다. 말하는 모습은 약삭빨라 보이나 의외로 순진한 구석이 많다.

단점 : 통제를 받기 싫어하는 자유분방한 성격 때문에 직장생활을 하면 불평 불만이 많고, 상사에게 입바른 소리를 잘해서 미움을 받기 쉽다. 직장을 비롯한 조직생활에 적응하기를 어려워한다. 남을 얕보는 오만함과 허영심으로 인해 적을 만들기 쉽다. 충동적이고 즉흥적인 행동으로 후회할 일을 저지르기 쉽다.

하고 싶은 말을 감추지 못하는 성격 때문에 항상 구설이 따르기 쉬워 걸어다니는 시한폭탄이라는 소리를 듣기도 한다. 본인도 능력이 안 되면서 상대방이 마음에 들면 간이라도 빼줄 듯이 잘해주는데, 그러고도 나중에 좋은 소리는 듣지 못한다. 하루에도 열두 번 변덕을 부릴 정도로 감정 변화가 심하고, 신중함이 부족하여 성급하게 일을 벌이곤 한다.

시작은 잘하나 끈기가 부족하여 마무리가 약하니 작심삼일로 끝나기 쉽다. 오지랖이 넓어서 자기 코가 석자인데 남의 어려운 일을 보면 그냥 넘어가지 못하고 참견하고 다닌다.

❺ 정재正財

정재正財는 일간이 극하는 오행 중 음양이 다른 것이다. 정당하게 버는 재물이라는 뜻으로 고정 월급에 해당하며, 땀 흘려 버는 돈이라 하여 한재汗財라 부르기도 한다. 인간관계로는 남성에게는 처에 해당한다.

장점 : 성실한 노력과 근검절약 정신이 몸에 배어 있다. 맡은 임무를 성실하게 마무리하여 어디에서든 인정을 받는다. 신용을 잃지 않기 위해서 약속을 잘 지키고, 가까운 사람과도 금전 거래에는 철저한 편이다. 매우 알뜰해서 아무리 싼 물건도 꼼꼼하게 따져서 살 정도로 합리적인 소비를 한다.

유행이나 남들의 시선을 의식해 과소비하는 일이 없으며 언제나 실속 있게 소비한다. 위험성이 높은 투자를 싫어하고, 돌다리도 두들기며 건너듯이 오로지 안정성이 높은 저축을 선호한다. 현실을 있는 그대로 받아들이는 편이라 횡재를 꿈꾸거나 행운을 기대하지 않고 성실함을 바탕으로 최선을 다하며 살아간다.

단점 : 1 더하기 1은 2라는 인생관을 가지고 있어서 융통성이 부족하다는 평을 듣는다. 낭비하는 것을 본능적으로 싫어해서 깍쟁이 소리를 많이 듣는다. 필요한 것 외에는 절대로 구입하거나 쓰지 않아 구두쇠 기질이 많다. '기브앤테이크' 정신이 강해서 인간관계도 주고 받기 식이 되니 인간미가 떨어진다. 공짜 돈이나 남의 돈을 바라지도 않고, 일단 자

기가 번 돈에 대해서는 지나치게 철저하다 보니 인간관계까지 나빠질 수 있다. 정재가 뿌리가 없이 천간에 노출되어 있으면 뜬구름처럼 흩어지기 쉽다.

❻ 편재偏財

편재偏財는 일간日干이 극하는 오행 중 음양이 같은 것이다. 이름 그대로 한쪽으로 치우치는 재물을 의미하는데 이는 나의 재물이 아닌 남의 재물, 유동성이 많은 재물, 편법이나 투기적인 방법으로 얻은 재물을 뜻한다. 인간관계로는 부친에 해당하고, 남성에게는 아내 외의 여자친구, 여성에게는 시어머니에 해당한다.

장점 : 소위 기마이가 좋아 자기 취향에 맞으면 큰돈도 서슴없이 쓰는 기분파 기질이 있다. 돈을 벌기 위해서는 직업의 귀천을 따지지 않고, 개같이 벌어서 정승같이 쓰는 편이다. 융통성이 좋아서 물건을 구입해도 서로 기분 좋게 흥정을 잘한다. 영웅호걸의 기운이 강해 풍류를 좋아하고, 호탕한 성격으로 사람 사귀기를 좋아한다. 의협심과 동정심이 많아 어려운 사람을 잘 도와준다. 요령이 좋고 교묘한 수단을 발휘하여 어려운 문제도 쉽게 해결하는 능력이 있다. 금전 감각이 뛰어나서 경제 흐름도 잘 파악한다. 한곳에 오래 있지 못하고 돌아다니는 역마 기질이 강하다.

단점 : 요행을 바라는 기질이 강해 한탕주의로 사업을 하고, 위험을 감수하면서까지 한 방에 크게 버는 투기성 사업을 선호한다. 가진 것도 없으면서 기분 내키는 대로 손을 쓰며 실속 없이 행동하는 경우가 많다. 독재성이 있어서 자기 마음대로 하려는 특성이 있다. 일단 결정하고 나면 뒤도 안 돌아보고 밀어붙인다. 사업을 하면 천당과 지옥을 오가듯 크게도 벌기도 하고 크게 잃기도 잘하여 재물의 안정성이 떨어진다.

결론을 빨리 내리는 성급함 때문에 시작에 비해서 마무리가 약한 편이다. 사회성이 좋아 밖에서는 인기가 좋으나 가정에는 소홀한 편이다. 금전의 출입은 빈번하나 실속이 약하고 재물 낭비가 많은 편이다.

❼ 정관正官

정관正官은 일간을 극하는 오행 중 음양이 다른 것이다. 이름 그대로 일간을 바로 세우는 관官이다. 법률, 제도, 국가에 해당하고, 인간관계로는 조직의 상사에 해당하고 여성에게는 남편, 남성에게는 자식에 해당한다.

장점 : 준법정신이 강하고 예의범절을 잘 지켜 주변에서 모범생이라는 소리를 많이 듣는다. 개인보다는 전체를 위해서 자기를 희생하는 정신이 강하고, 가정보다는 사회생활에 더 노력하는 편이다. 꿈과 포부가 크고, 출세를 위해 곰처럼 열심히 일한다. 타고난 상명하복 정신으로 조직생활

에 잘 적응하고, 대인관계에서도 위계 질서를 중시한다. 공평무사한 성향으로 인해 일 처리에 있어 개인적인 친분에 의지하기보다 원리원칙을 따르려고 한다. 책임감이 강해 맡은 일에 최선을 다한다. 이성적이고 합리적인 판단을 앞세우고 정직한 일처리로 상사의 신임을 얻는다.

단점 : 체면치레하느라 주변의 시선을 많이 의식하여 남에게 아쉬운 소리를 못하고 손해를 보는 경우가 많다. 출세 욕심이 지나쳐 좌절되면 허무주의에 빠지거나 인생을 비관하기 쉽다.

착하고 정직하나 고지식한 면이 많아서 대인관계에 불리할 때가 많다. 실속보다는 명분에 집착하는 성향이 많아서 눈앞의 이익을 놓치는 경우가 많다. 본인의 일과 출세를 위해서 가정에 소홀하고 가족의 희생을 강요한다. 융통성이 부족하고 원리원칙을 강조하다 보니 일에 효율성이 떨어지고, 인간미가 부족해 보인다.

❽ 편관偏官

편관偏官은 일간을 극하는 오행 중 음양이 같은 것이다. 일간과 음양 관계를 이루지 못해 일간을 바르게 세워주지 못한다. 편관은 질병, 재난, 형액, 무관을 의미하고, 인간관계로는 자신을 힘들게 하는 사람, 여성에게는 남편 외의 남자친구, 남성에게는 자식에 해당한다.

장점 : 약간 거친 외모나 기질에서 카리스마가 느껴지고 남자다운 매력미가 있다. 영웅호걸의 기질이 강하여 타고난 담력과 대범함으로 남들이 두려워하는 일에 과감하게 몸을 던져서 큰일을 이루는 경우가 많다.

위엄과 권위가 넘쳐나고, 보스 기질이 강하며 자기를 희생하는 모습에 많은 사람이 따른다. 의협심이나 투쟁심이 강하여 강자에게는 매우 강하고, 의외로 약자에게는 약한 순정파 기질이 있다. 군인, 경찰, 법, 의사, 약사 등 생명을 다루는 직업과 인연이 많고, 운동이나 종교 분야에서도 두각을 드러내며 지도자가 되기 쉽다.

단점 : 외모가 차갑게 보이고 무뚝뚝한 언행으로 까칠한 인상을 많이 준다. 타고난 반골 기질로 운이 좋으면 크게 출세하나 운이 안 좋으면 반체제 인사가 되기 쉽다. 독재자 기질이 강해 남의 충고에 귀를 닫고, 독단적인 판단을 내려 낭패를 보기 쉽다. 편관이 나쁘게 작용하면 폭력적인 기질이 많고, 협박성 언어와 욕설을 자주 사용한다. 업무과로에 시달리거나 부실한 건강으로 제 능력을 발휘하지 못하고 허송세월하는 경우가 있다.

일간이 약하고 편관이 강하면 권모술수가 많고, 허풍과 얄팍한 술수로 남을 이용하려는 기질도 있다. 운이 없고 편관이 나쁘게 작용하면 질병에 시달리기 쉽고, 막일이나 허드렛일에 종사하고, 폭력배가 되어 남을 등치며 살기 쉽다. 남을 이기기 위해서는 수단과 방법을 가리지 않는다.

❾ 정인正印

정인正印은 일간을 생해주는 오행 중 음양이 다른 것이다. 일간을 보호하고 도와주는 역할을 한다. 학문, 교육, 문서, 도장, 책을 상징하고, 인간관계에서는 어머니, 스승, 귀인에 해당한다.

장점 : 인품이 뛰어나고 양심적인 행동으로 존경을 받고 적을 만들지 않는다. 인수는 어머니에 해당하니 어디를 가나 어머니처럼 보살펴 주는 사람이 있어 인복이 많고 사랑을 받는다. 대인관계에서 정직하고 원만한 인품까지 겸비하여 믿을 만한 사람으로 인정을 받는다. 학문에 심취하고 옛것을 좋아하여 고전과 전통 학문에 조예가 깊다. 두뇌가 명석하고 진리를 추구하는 탐구심이 많다.

심사숙고하는 사고력을 바탕으로 계획을 잘 세우며 기획 업무에서 능력을 발휘한다. 물질보다는 마음의 평화를 구하는 삶을 선택하기 때문에 이익에 연연하지 않는 선비같이 깨끗한 삶을 살아간다.

단점 : 변화를 싫어하고 게으르며 귀찮아하는 기질로 인해 조금의 불편함은 감수하고 살아가는 습성이 있다. 행동하는 돈키호테가 아닌 생각하는 햄릿과 같아 우유부단함이 많은 편이다. 몸을 쓰는 직업보다 머리 쓰는 직업에서 능력을 발휘하며, 육체 노동을 기피하는 성향이 많다.

너무 깨끗한 삶을 지향하다 보니 세속주의에 대한 거부감으로 사람을 가려서 만난다. 고지식하며 현실과 동떨어진 이론과 명분에 매이기 쉽다. 어려운 상황에 닥치면 염세적인 성향으로 현실 도피에 빠지기 쉽다. 인성이 많으면 마마보이 기질이 강해 자립심이 부족하다.

❿ 편인偏印

편인偏印은 일간을 생해주는 오행 중 음양이 같은 것이다. 일간과 음양을 이루지 못해 일간을 보호하고 도와주는 역할이 약하다. 다른 말로 효신梟神 또는 도식倒食이라 하는데, 효신은 올빼미 속성으로 낮에 자고 밤에 활동하며 부모에게 불효한다는 의미를 갖고 있다. 도식은 식복을 뜻하는 식신을 극하여 밥그릇을 엎는다는 의미가 있다. 편인은 학문, 교육, 문서, 도장, 책을 상징하고, 인간관계에서는 어머니 형제, 의붓어머니, 연장자에 해당한다.

장점 : 예체능에 특기가 있다. 일반적으로는 끈기가 부족하여 작심삼일로 끝나기 쉬우나 관심 있는 분야에서는 뛰어난 집중력으로 전문가가 될 수 있다. 임기응변과 민첩성으로 남이 보지 못하는 점을 잘 파악하기 때문에 비평, 평론 분야에서 능력을 발휘할 수 있다.

미래를 예측하는 예지력이 있어 가끔씩 사람을 놀라게 한다. 좁고 깊게 보는 관찰력으로 조사하고 탐구하는 능력이 뛰어난 편이다. 장인정신이 뛰어난 편이라 한 분야에서 초지일관하면 큰 성공을 거둘 수 있다. 신비한 학문에 이끌리기 쉬워 보통 사람이 공부하기 어려운 분야에서 능력을 발휘한다.

단점 : 무엇이든 시작은 잘하나 쉽게 흥미를 잃고, 끈기가 부족하여 용두사미로 끝나기 쉽다. 세속적인 것에는 관심이 없고, 정신세계나 종교에 잘 빠진다. 특히 신비로운 현상에 호기심이 생기면 깊게 빠져드는 성향 때문에 망상 속에서 살아갈 수 있다.

시야가 좁은 편으로 하나에 빠지면 그 길만 고집하는 외골수 기질이 있다. 사람을 볼 때 남들이 보지 못하는 단점을 빠르게 파악하며, 상대의 장점보다 단점에 집착하는 경향이 많다. 적극적으로 행동해야 하는 일을 앞두고도 공상만 하는 나태함을 보이기도 한다. 피해의식이 강해 인간관계에서 쉽게 상처받고 소외감도 잘 느낀다.

11강

근묘화실,
궁宮과 성星의 통변

근묘화실

근묘화실根苗花實은 나무의 뿌리, 싹, 꽃, 열매를 통해서 공간적·시간적 개념을 비유적으로 표현한 것이다. 예를 들어 근根은 나무의 뿌리를 의미하니 사람에게는 핏줄의 근원이 있는 곳을 상징한다. 공간적 개념으로는 조상 자리, 고향 자리이며 가장 큰 자리를 상징하니 국가적 의미가 있고, 연장자를 암시한다. 시간적 개념으로는 초년의 유년 시기를 나타낸다.

연주年柱

- 근根 : 뿌리, 근본

- 육친 : 조상궁, 집안어른, 부모

- 환경 : 선산, 고향 땅, 가문의 환경

- 직장 : 국가, 대기업, 사장, 임원
- 시기 : 초년 시기(1~15세)

월주月柱

- 묘苗 : 싹, 모종
- 육친 : 부모, 형제궁, 연상의 사람
- 환경 : 부모의 활동 상황과 재물 및 사회적 관계와 지위
- 직장 : 중소기업, 중간 간부
- 시기 : 청장년 시기(15~30세)

일주日柱

- 화花 : 꽃, 활동 시기
- 육친 : 배우자궁
- 환경 : 가정궁, 배우자와의 관계, 본인의 기본 성격, 부부 재물
- 직장 : 동료, 근무 환경
- 시기 : 중년 시기(30~45세)

시주時柱

- 근實 : 열매, 결실
- 육친 : 자식궁, 아랫사람, 연하의 사람
- 환경 : 사회(해외), 자식과의 관계, 자식의 재물, 말년의 사회적 활동, 처가(남성), 시집(여성)

- 직장 : 부하, 종업원
- 시기 : 노년 시기(60~85세)

궁宮과 성星의 통변

궁宮

- 연年 : 조상궁, 부모궁
- 월月 : 부모궁, 형제궁
- 일지日支 : 배우자궁
- 시時 : 자식궁

성星

- 부모, 윗사람, 형제, 친구, 남편, 처, 자식, 아랫사람 등을 일컫는다.

통변의 요체는 궁宮과 성星의 조합에 있다. 이러한 근묘화실 공간에 어떤 육친이 있느냐에 따라서 일간과 해당 육친 간의 덕의 유무를 논할 수 있고, 해당 육친의 활동성도 예측할 수 있다. 예를 들어 배우자덕을 논하면 남성은 비겁과 재財의 동정을 살펴서 처(재성)의 덕을 논하게 된다. 그러므로 비겁과 재성이 어디에 위치해 있는지가 중요하다. 재성이 일지에 있어 희신喜神으로 좋은 역할을 하고 있다면, 처가 현숙하며 내조를 잘하고, 부부 사이도 좋으며 재물의 인연도 많다.

그러나 일간日干이 강해서 재財가 용신이나 희신이 되어 필요한 상황인데 일지日支에 비겁이 있으면 재財가 배우자궁 일지에서 극剋을 받는다. 이것은 안방이 깨진 형국으로 부부 불화가 생기는 등 부부 인연이 약하고 처로 인해 재물이 나가기도 한다. 만약 부부 사이가 좋으면 처가 자주 아프거나 주말부부처럼 떨어져 지내는 시간이 많게 된다.

여성은 식상과 관官의 동정을 살펴서 남편의 덕을 논한다. 관성이 일지에 있어 희신喜神으로 좋은 역할을 하고 있다면 남편덕이 많고 부부 금슬도 좋다. 만일 강한 식상이 일지에 위치하여 관官을 직접 치고 있다면 남자와의 인연이 약하여 이혼하거나, 배우자가 무능하여 본인이 직접 가정을 책임져야 하는 일이 생길 수 있다.

비겁을 통해서 근묘화실의 통변 요령을 살펴보기로 하자. 먼저 사주에서 비겁이 희신喜神 역할을 하는지, 기신忌神 역할을 하는지가 중요하다. 일간이 강하면 비겁이 기신 역할을 해서 경쟁에 시달리게 된다. 기신 비겁이 연월年月에 있으면 부모덕을 누리기 어렵고, 가족으로 인한 어려움을 겪고, 초년부터 경쟁에 시달리며 일찍 고향을 떠나 독립하게 된다.

일지에 기신 비겁이 있으면 배우자와 불화하고 독수공방하기 쉽다. 또한 배우자로 인해 재물의 손실을 많이 겪게 된다. 시時에 기신 비겁이 있다면 자식과 동거하기 어렵고, 자식으로 인해 재물 손실이 많거나 말년에 본인이 재물을 날리게 됨을 암시한다.

그러나 일간이 약하면 비겁이 희신 역할을 해서 든든한 지원군이 된다. 희신 비겁이 연월年月에 있으면 일찍부터 서로 의지하고 믿을 수 있는 형제와 친구가 있으며, 형제애가 돈독하여 서로 상부상조하는 협동심을 익히게 된다.

희신 비겁이 일지에 있으면 배우자가 크게 의지가 되고, 결혼 후 능력을 발휘하며, 친구 같은 배우자를 만나 부부일심동체를 느끼며 살아가는 등 배우자덕을 많이 본다. 시時에 희신 비겁이 있으면 자식으로 인해 말년이 편안하고 자식이 든든한 지원군이 되어주며 항상 아랫사람이 귀인 역할을 하니 어려울 때 큰 도움을 받을 수 있다.

이러한 이치로 살펴볼 때 각각의 성星이 자기 자리(宮)에 위치해 있을 때 가장 큰 덕을 얻을 수 있음을 알 수 있다. 식상은 자식 자리 시時에서 역할을 할 때 좋고, 재성과 관성은 배우자 자리 일지日支에서 역할할 때 좋으며, 인성은 부모 자리 연월年月에서 역할할 때가 좋다. 통변할 때는 꼭 궁宮과 성星을 조합해봐야 한다는 점을 유의하자.

육친 및 세운 통변

통변에는 오행 통변과 육친 통변이 있는데 여기서는 육친 통변에 대해 알아보기로 하자.

육친과 육친이 만나면 다양한 통변이 나오는데 특히 육친이 삼합三合, 육합六合, 간합干合이 되면서 새로운 육친으로 변하거나, 생生을 받은 육친이 동動하게 될 때 특정한 사건으로 잘 나타난다. 이때 사용하는 통변은 원국을 읽을 때도 중요하지만 세운에서 천간과 지지로 들어오는 60갑자를 통변할 때도 유용하다. 사주에서 동動하는 경우는 사주에 따라 너무 다양하여 간단히 거론할 수 없다. 다만 천간天干은 활발하게 동動하고, 지지地支는 고요히 정靜하는 특성으로 인해 천간이 지지에 비해서 더욱 잘 동하여 사건으로 쉽게 드러나기 때문에 천간 위주로 통변하는 요령을 설명하고자 한다.

비겁 변變

❶ 비겁 → 비겁

목木 일주 : 갑인甲寅, 을묘乙卯, 인묘寅卯

화火 일주 : 병오丙午, 정사丁巳, 사오巳午

토土 일주 : 무술戊戌, 무진戊辰, 기미己未, 기축己丑

금金 일주 : 경신庚申, 신유辛酉, 신유申酉

수水 일주 : 임자壬子, 계해癸亥, 해자亥子

비겁이 용신이 될 때 : 형제나 친구 덕이 있어서 주변 사람이 어려운 문제를 해결하는 데 힘이 되어준다. 동업을 통해 이득을 본다. 친구로 인해 대인관계가 넓어진다.

비겁이 기신이 될 때 : 이복형제가 있고, 친구덕이 없고, 도움을 필요로 하는 친구가 많고, 형제 때문에 돈이 나가며, 친구로 인하여 실패하고, 배신당과 사기를 당하기 쉽다. 열심히 노력하나 그 공은 타인에게 돌아간다.

❷ 비겁 → 식상

목木 일주 : 병인丙寅, 정묘丁卯, 인오화국寅午火局

화火 일수 : 무오戊午, 기사己巳

토土 일주 : 경진庚辰, 경술庚戌, 신축辛丑, 신미辛未, 진유합금辰酉合金, 유축금국酉丑金局

금金 일주 : 임신壬申, 계유癸酉, 신자수국申子水局

수水 일주 : 갑자甲子, 을해乙亥, 인해합목寅亥合木

식상이 용신이 될 때 : 형제와 친구가 인정을 베풀고, 삶의 요령과 수완이 좋다. 동업으로 새로운 사업에 진출한다. 형제와 친구의 도움으로 숨통이 트이고 관재를 막는다. 어린 사람이 귀인 역할을 하니 후배가 도움이 된다. 대인관계가 넓어지고 취미활동하는 모임이 많아 바쁘게 살아간다. 여자 형제가 임신할 수 있다.

식상이 기신이 될 때 : 어린 형제 때문에 고통을 겪는다. 형제와 친구로 인해 불필요한 지출이 늘어나고, 형제가 관재구설을 일으켜서 명예가 손상되기 쉽다. 동료의 충동적인 객기와 만용 때문에 구설에 시달리고, 남의 일에 앞장서다가 망신을 당한다. 동업으로 새로운 일을 벌이면 후회하게 된다.

❸ 비겁 → 재성

목木 일주 : 무인戊寅, 기묘己卯

화火 일주 : 경오庚午, 신사辛巳, 사유금국巳酉金局

토土 일주 : 임술壬戌, 임진壬辰, 계미癸未, 계축癸丑, 자진수국子辰水局

금金 일주 : 갑신甲申, 을유乙酉

수水 일주 : 병자丙子, 정해丁亥

재성이 용신이 될 때 : 친구와 형제로 인해 재물이 모이고, 형제가 경제적 도움을 준다. 사업가는 앞으로 남고 뒤로 밑지는 운이라 사업이 잘되는 가운데 지출이 많다. 친구의 소개로 여자친구가 생기며, 친구로 지내던 여자와 연인관계가 된다. 남자 형제가 장가를 간다. 단체 모임에 참가했다가 여자친구를 사귀게 된다. 비겁이 많은 사주는 여자친구를 뺏길 수 있고 집안 문제로 돈이 많이 나간다. 동업으로 재물이 생기는 운이니 처음에는 투자금 문제로 어려우나 결과는 유리하다.

재성이 기신이 될 때 : 친구를 믿고 투자하면 낭패를 본다. 믿는 도끼에 발등이 찍히는 격이다. 특히 여자친구에게 배신당하기 쉽다. 여자와 동업하면 재물 손실로 고통을 받고, 형제나 친구 때문에 경제적으로 어렵고, 돈을 빌려주면 못 받는다. 처가 사업을 하거나 사회활동을 하면 경제적 손실이 생긴다. 금전적으로 어려울 때는 친구나 형제에게 의지해야 한다.

❹ 비겁 → 관살

목木 일주 : 경인庚寅, 신묘辛卯

화火 일주 : 임오壬午, 계사癸巳

토土 일주 : 갑진甲辰, 갑술甲戌, 을미乙未, 을축乙丑, 묘미목국卯未木局

금金 일주 : 병신丙申, 정유丁酉

수水 일주 : 무자戊子, 기해己亥

관살이 용신이 될 때 : 경쟁자를 누르는 운이라 승진수가 있고 인기가 상승한다. 형제 중에 힘 있는 공직자가 있다. 형제나 친구 소개로 취직하고 명예를 얻는다. 스카웃 제의를 받는다. 주변 사람과 분쟁이 생기더라도 송사에서 이긴다. 동료의 도움으로 승진하고 명예를 얻는다. 단체나 모임에서 감투를 쓴다. 여성이라면 남자친구와 연인관계가 되고, 친구에게 남자를 소개받으며, 비겁이 많으면 애인을 뺏기고 남편이 바람 난다.

관살이 기신이 될 때 : 형제 때문에 관재를 당한다. 친구를 귀인으로 생각해서 믿고 의지하다가 함정에 빠져 낭패를 당할 수 있다. 주변 사람들 때문에 구설에 시달리고 불명예를 얻는다. 학교에서 따돌림당하고, 친구로부터 전염병을 옮는다. 의리를 지키려다 낭패를 보고 관재를 겪는다. 타인의 벼락이 내 발등에 떨어진다. 동료의 일을 떠맡는다(대리 근무). 비겁이 용신이면 동료를 믿고 힘든 일을 같이 하는 것이 좋다.

❺ 비겁 → 인수

목木 일주 : 임인壬寅, 계묘癸卯

화火 일주 : 갑오甲午, 을사乙巳

토土 일주 : 병술丙戌, 병진丙辰, 정미丁未, 정축丁丑, 오술화국午戌火局, 오미합화午未合火

금金 일주 : 무신戊申, 기유己酉

수水 일주 : 경자庚子, 신해辛亥

인수가 용신이 될 때 : 형제가 부모 또는 보호자 역할을 한다. 형제가 집을 사주고 공부를 시켜준다. 동업으로 문서를 구입해서 이득을 본다. 친구 덕에 좋은 문서 거래를 한다. 힘들 때 형제나 친구가 보증을 서주고 힘이 되어준다. 오랫동안 연락이 없던 친구로부터 반가운 소식이 온다. 직장에서는 상사가 큰 힘이 되어준다.

인수가 기신이 될 때 : 친구나 형제한테 보증을 서고 낭패를 본다. 공동으로 문서를 잡으면 나중에 손해를 본다. 문서를 바꾸면 손해를 본다. 현상유지하는 것이 좋다. 학생은 친구들과 어울리느라 잡생각을 많이 하고 공부에 소홀하다. 집안사람 때문에 스트레스를 받고 낭패를 본다. 나이 든 사람과 거래하면 손해를 본다. 직장에서는 상사 때문에 스트레스받고 상사가 경쟁자를 밀어주어 내가 밀리는 일이 생긴다.

식상 변變

❶ 식상 → 비겁

목木 일주 : 갑오甲午, 을사乙巳

화火 일주 : 병술丙戌, 병진丙辰, 정미丁未, 정축丁丑, 오술회국午戌火局, 오미합화午未合火

토土 일주 : 무신戊申, 기유己酉

금金 일주 : 경자庚子, 신해辛亥

수水 일주 : 임인壬寅, 계묘癸卯

비겁이 용신이 될 때 : 좋은 사람들이 나타나 자신감이 생기고 대인관계가 좋아진다. 장모가 친구 같고 내 편을 들어준다. 나이 차가 나는 형제가 있고, 아랫사람이 힘이 되어준다. 아랫사람과 동업하거나 투자할 일이 생긴다. 취미생활 중에 마음에 맞는 친구가 생기고 의지가 된다. 여성은 자식이 친구 같다. 자식이 내 편을 들어주니 의지가 된다.

비겁이 기신이 될 때 : 아랫사람이 경쟁자가 되고, 수하로 인해 손재가 생긴다. 실속 없이 베풀고, 돈을 빌려주면 받을 길이 없다. 쓸데없이 인정을 베풀다 낭패를 본다. 자기 기술이나 재주를 도둑맞는다. 확장하려다 빚진다. 남성은 처가로 인해 손해를 본다. 여성은 자식 때문에 손재가 생기고 부부불화가 생긴다.

❷ 식상 → 식상

목木 일주 : 병오丙午, 정사丁巳, 사오己午

화火 일주 : 무술戊戌 무진戊辰, 기미己未, 기축己丑

토土 일주 : 경신庚申, 신유辛酉, 신유申酉

금金 일주 : 임자王子, 계해癸亥, 해자亥子

수水 일주 : 갑인甲寅, 을묘乙卯, 인묘寅卯

식상이 용신이 될 때 : 가는 곳마다 환대를 받고 인기가 만발한다. 지혜와 재치로 위기 상황을 돌파한다. 능력 있고 마음에 맞는 아랫사람들이 모여들고, 집안에서는 자손이 늘어난다. 경사스러운 일이 연달아 생기고, 모든 관재가 사라진다. 새로운 진로가 여러 곳에서 나타난다. 여성은 자식을 낳은 뒤 좋은 일이 연달아 생기며, 자식으로 기쁨을 얻는다.

식상이 기신이 될 때 : 수입은 없고 지출만 늘어난다. 자기 코가 석자인데 남 일을 처리하느라 바쁘고 실속이 없다. 자기 꾀에 자기가 넘어간다. 새롭게 일을 벌이면 실속이 없다. 현재를 고수하는 것이 좋다. 아랫사람으로 인해 구설이 생기기 쉽고, 관재와 송사가 겹쳐서 일어나고, 불상사가 연속으로 벌어진다. 이중으로 사기를 당하고 구설이 생긴다. 여성은 부부 갈등으로 불화하고, 자식 때문에 상심이 커지며, 자식을 낳은 뒤 건강이 부실해진다.

❸ 식상 → 재성

목木 일주 : 무오戊午, 기사己巳

화火 일주 : 경진庚辰, 경술庚戌, 신축辛丑, 신미辛未, 유축금국酉丑金局, 진유합금辰酉合金

토土 일주 : 임신壬申, 계유癸酉, 신자수국申子水局

금金 일주 : 갑자甲子, 을해乙亥, 해묘목국亥卯木局, 인해합목寅亥合木

수水 일주 : 병인丙寅, 정묘丁卯, 인오화국寅午火局

재성이 용신이 될 때 : 처가에서 유산을 받고 돈이 생긴다. 말만 잘해도 돈이 생긴다. 사업가는 투자하고 확장하는 운으로 크게 돈을 번다. 인정을 베풀어 쓰면 쓸수록 돈이 들어온다. 아랫사람이 돈을 벌어다 준다. 맘에 드는 여성이 나타난다. 남성은 나이 차가 많은 연하와 연애하고, 후배나 부하직원과 사귈 수 있다. 여성은 자식을 낳고 집안이 일어난다.

재성이 기신이 될 때 : 아랫사람 때문에 돈이 나가고 금전 손실이 커지니 금전 거래를 하지 말아야 한다. 일확천금을 노리고 투기하면 쪽박을 차는 운이다. 새로운 곳에 투자하면 손해를 본다. 과소비로 인해 신용에 금이 간다. 인정으로 베풀어도 돌아오는 덕은 없다. 남성은 장모와 처가 합세하여 스트레스를 주며, 여자친구를 만난 뒤 지출이 더 늘어난다. 나이 차 많은 연하 여성을 사귀면 힘들어진다. 여성은 자식 때문에 금전 문제가 생긴다.

❹ 식상 → 관성

목木 일주 : 경오庚午, 신사辛巳, 사유금국巳酉金局

화火 일주 : 임진壬辰, 임술壬戌, 계미癸未, 계축癸丑, 자진수국子辰水局

토土 일주 : 갑신甲申, 을유乙酉

금金 일주 : 병자丙子, 정해丁亥

수水 일주 : 경인庚寅, 신묘辛卯

관성이 용신이 될 때 : 장모 덕에 취직하고, 아랫사람이 귀인 역할을 하니 부하 덕에 승진한다. 말로 천 냥 빚을 갚고, 봉사하여 명예를 얻는다. 어린 상사가 내 편을 들어준다. 하극상이 생길 수 있으니 조심해야 한다. 여성은 자식을 낳은 뒤 부부 사이가 돈독해진다. 자식 덕분에 명예를 얻고, 부자父子가 화합하며, 후배 덕분에 애인이 생기고 연하 애인이 나타난다.

관성이 기신이 될 때 : 내 것을 주고 망신당하고, 말로 인해 구설이 생긴다. 확장하면 부도가 난다. 재앙은 아랫사람으로부터 시작된다. 아랫사람이 협박한다. 어린 상사에게 스트레스를 받는다. 처가 때문에 힘들고 관재를 겪는다. 여성은 자식 때문에 관재를 겪고 병을 얻는다. 연하남 때문에 스트레스 받고, 특히 후배에게 소개받은 남자를 조심해야 한다.

❺ 식상 → 인수

목木 일주 : 임오壬午, 계사癸巳

화火 일주 : 갑진甲辰, 갑술甲戌, 을미乙未, 을축乙丑, 묘미목국卯未木局

토土 일주 : 병신丙申, 정유丁酉

금金 일주 : 무자戊子, 기해己亥

수水 일주 : 경인庚寅, 신묘辛卯

인수가 용신이 될 때 : 할머니가 어머니 역할을 하고, 장모가 부모같이 잘 해주며 장모 덕에 집을 사고 공부한다. 가르치면서 배우고, 지출되었다 다시 채워지고, 희생이 갱생이 되니 덕을 베풀면 은혜로 돌아온다. 아랫사람이 귀인이 된다. 여성은 자식이 철들어서 집과 옷을 사준다.

인수가 기신이 될 때 : 처가 때문에 고민하고 스트레스 받는다. 아랫사람이 상전 노릇을 한다. 부모나 윗사람의 조언에 따르면 후회한다. 문서를 바꾸면 손해를 본다. 생각은 많고, 손발은 게을러진다. 용두사미와 같이 시작은 좋으나 마무리가 없다. 새것이 헌 것이 되는 형상이니 기술이 유행에 뒤떨어진다. 베풀어도 돌아오는 덕은 없다. 무심코 던진 말이 부메랑이 되어 발목 잡힌다. 장고 끝에 악수를 둔다. 기술을 배워도 써먹지 못한다. 여성은 자식으로 인한 고통이 생기며, 아이를 가지면 유산이 될 수 있으니 조심해야 한다.

재성 변變

❶ 재성 → 비겁

목木 일주 : 갑진甲辰, 갑술甲戌, 을미乙未, 을축乙丑, 묘미목국卯未木局

화火 일주 : 병신丙申, 정유丁酉

토土 일주 : 무자戊子, 기해己亥

금金 일주 : 경인庚寅, 신묘辛卯

수水 일주 : 임오壬午, 계사癸巳

비겁이 용신이 될 때 : 부친과 친구처럼 대화가 잘 통한다. 혼자 하기 힘든 일도 동업으로 해결된다. 돈 벌면서 좋은 친구까지 얻으니 일거양득이다. 여성이 귀인 역할을 하니 여성의 도움으로 어려운 일을 해결한다. 동서가 힘이 되어준다. 처나 여성과 동업하여 이득을 본다.

비겁이 기신이 될 때 : 목돈이 푼돈이 되어 바람처럼 사라진다. 부친과 불화한다. 기혼 남성은 이혼수가 있고, 미혼 남성은 여자친구와 이별수가 있다. 돈이 나가면 들어올 줄 모른다. 금전에 실물수가 있고, 여자에게 돈이 많이 들어가니 처나 여자친구가 낭비를 잘한다. 여성은 시댁 때문에 금전의 어려움을 겪는다.

❷ 재성 → 식상

목木 일주 : 병술丙戌, 병진丙辰, 정미丁未, 정축丁丑, 오술화국午戌火局

화火 일주 : 무신戊申, 기유己酉

토土 일주 : 경자庚子, 신해辛亥

금金 일주 : 임인壬寅, 계묘癸卯

수水 일주 : 갑오甲午, 을사乙巳, 정임합목丁壬合木

식상이 용신이 될 때 : 부친이 인정이 많고 노익장을 과시한다. 남성은 연하 여성을 만나 사귀고, 처가 늘 젊고 어려 보인다. 교육에 종사하거나 다재다능한 처를 만난다. 여성에게 립서비스를 잘한다. 처와 장모가 한 몸이니 장모를 모시게 된다. 여성에게는 시어머니가 젊어 보이고 인정이 많으며 손주를 잘 돌봐준다.

식상이 기신이 될 때 : 힘들게 번 돈이 쉽게 나간다. 부친이 낭비가 심하다. 내 돈 쓰고 욕을 먹고, 돈 때문에 관재구설이 생긴다. 철없는 여자친구로 인해 스트레스 받는다. 처가 철이 없어 구설을 잘 일으키고 사고를 치고 다닌다. 처가 실속도 없이 인정이 지나치다. 처와 장모가 합세하여 사고를 쳐서 뒷수습하느라 힘들다. 여성은 시어머니가 구설을 일으키며, 자식 때문에 돈이 많이 나가고 스트레스 받는다.

❸ 재성 → 재성

목木 일주 : 무술戊戌, 무진戊辰, 기미己未, 기축己丑

화火 일주 : 경신庚申, 신유辛酉, 신유申酉

토土 일주 : 임자壬子, 계해癸亥, 해자亥子

금金 일주 : 갑인甲寅, 을묘乙卯, 인묘寅卯

수水 일주 : 병오丙午, 정사丁巳, 사오巳午

재성이 용신이 될 때 : 부친이 금전 문제를 해결해준다. 돈이 돈을 벌어주니 투자해서 재산이 늘어난다. 남자는 여자 덕으로 금전 융통을 하는 등 여자가 귀인이 되어준다. 여자친구가 연달아 들어오고, 돈 벌러 갔다가 여자를 사귀고, 여자가 여자를 소개해준다. 처가 왕성하게 활동한다. 여성은 시집에서 재물이 들어온다.

재성이 기신이 될 때 : 투기 욕구가 발동하여 돈을 움직이면 재앙이 발생하고, 재물로 인해 연달아 고통받는다. 남성은 여성으로 인해 낭패를 보고 주변에 여자는 많아도 결혼 상대가 없다. 처가 주장이 강해지니 감당하기 어렵다. 여성은 시어머니나 시집 식구들 때문에 스트레스를 받고 재물이 나간다.

❹ 재성 → 관살

목木 일주 : 경진庚辰, 경술庚戌, 신미辛未, 신축辛丑, 진유합금辰酉合金, 유축금국酉丑金局

화火 일주 : 임신壬申, 계유癸酉, 신자수국申子水局

토土 일주 : 갑자甲子, 을해乙亥, 인해합목寅亥合木, 해묘목국亥卯木局

금金 일주 : 병인丙寅, 정묘丁卯, 인오화국寅午火局

수水 일주 : 무오戊午, 기사己巳

관살이 용신이 될 때 : 부친 덕분에 취직하고 돈도 벌고 명예도 얻는다. 돈을 쓰면 명예를 얻으니 돈이 나가야 감투를 쓰고 승진한다. 남성은 결혼하고 출세하며 처 덕분에 승진하고 명예를 얻는다. 여자친구를 사귀면 속도위반이 될 수 있다. 여자 상사가 귀인 역할을 한다. 여성은 직장에서 애인을 만나고 명예가 있는 집안으로 시집을 간다.

관살이 기신이 될 때 : 사업가는 빚지고 부도나고 관재가 생긴다. 부친 때문에 힘든 일이 많이 생긴다. 돈으로 인해 관재가 생기고, 여자로 인해 망신당한다. 직장인은 상사 때문에 스트레스 받고 업무과로에 시달리니 건강관리에 신경 써야 한다. 신용카드를 남용하면 신용불량자가 되기 쉽다. 남성은 결혼하고 나서 병이 생기고 처와 자식에게 멸시당한다. 여성은 시집살이로 고생한다.

❺ 재성 → 인수

목木 일주 : 임진王辰, 임술王戌, 계미癸未, 계축癸丑, 자진수국子辰水局

화火 일주 : 갑신甲申, 을유乙酉

토土 일주 : 병자丙子, 정유丁酉

금金 일주 : 무인戊寅, 기묘己卯

수水 일주 : 경오庚午, 신사辛巳, 사축금국巳丑金局

인수가 용신이 될 때 : 문서에 투자해서 이득을 본다. 좋은 집으로 이사한다. 여자가 귀인 역할을 하니 여상사에게 인정받고 도움을 받는다. 여자에게 배신당할 수 있으니 조심해야 한다. 남성은 연상의 여자를 만나 결혼하고 나서 철이 든다. 처가 어머니처럼 편안하고 공부도 시켜준다. 처와 어머니 사이가 좋다. 여성은 시집에서 문서를 받는다.

인수가 기신이 될 때 : 잘못된 문서를 쥐게 되니 부동산에 투자하면 손해 보고 돈이 묶여 고생한다. 이사를 가면 후회한다. 직장에 다니다 그만두고 공부하느라 허송세월한다. 학생은 공부가 안 된다. 남성은 처가에 가면 불편하다. 고향땅에 투자하면 손해를 본다. 고부 갈등으로 스트레스를 받는다. 연상의 여자 때문에 판단착오가 생긴다. 여성은 시어머니와 대화가 안 돼 스트레스 받는다.

관살 변變

❶ 관살 → 비겁

목木 일주 : 갑신甲申, 을유乙酉

화火 일주 : 병자丙子, 정해丁亥

토土 일주 : 무인戊寅, 기묘己卯

금金 일주 : 경오庚午, 신사辛巳, 사유금국巳酉金局

수水 일주 : 임술壬戌, 임진壬辰, 계미癸未, 계축癸丑, 자진수국子辰水局

비겁이 용신이 될 때 : 직장에서 이로운 친구를 만난다. 어려울 때는 동료가 힘이 되어주고 불편했던 적이 친구가 된다. 송사 건에서는 중재자를 통해 화해하는 것이 좋다. 동업 제안이 들어온다. 여성은 친구 같은 남자를 만나며 남자친구에게 의지할 수 있고, 남자 동료에게 도움을 받고 의지할 수 있다.

비겁이 기신이 될 때: 취직 시험이 불리하다. 벼슬과 직장이 경쟁자로 인해 없어지고, 직장에서 동료에게 밀리고 공을 빼앗긴다. 직장에서 월급 못 받고, 송사를 벌이면 돈이 나간다. 연봉 협상이 불리하다. 취직 부탁을 하면 사기당하기 쉽고 동업하면 파산한다. 남성은 자식이 돈을 날린다. 여성은 남자친구 때문에 돈이 들어가고, 남편이 돈 쓰는 데 명수다. 남편에게 애인이 생기는 운이고, 가정에는 불화가 생긴다.

❷ 관살 → 식상

목木 일주 : 병신丙申, 정유丁酉

화火 일주 : 무자戊子, 기해己亥

토土 일주 : 경인庚寅, 신묘辛卯

금金 일주 : 임오壬午, 계사癸巳

수水 일주 : 갑진甲辰, 을미乙未, 묘미목국卯未木局

식상이 용신이 될 때: 좋은 직장으로 이직할 기회가 생긴다. 직장에서 아랫사람이 귀인 역할을 한다. 답답하던 상황에서 벗어나 자기 진로를 찾아간다. 직장생활에서 개인 사업으로 전환한다. 질병에서 회복된다. 관재,

송사 문제가 해결된다. 연하 남성과 인연이 생긴다. 여성은 결혼하고 바로 임신되며, 자식을 낳아 건강을 되찾고, 남자가 문제를 해결해준다.

식상이 기신이 될 때 : 구설이 따라다니는 한 해가 된다. 말을 조심해야 한다. 직장에서 관재구설이 생기기 쉽고, 아랫사람이 사고 쳐서 힘든 일이 생긴다. 직장 변동을 하면 좌천된다. 직장이 없어져 실업자가 된다. 여성은 남자로 인해 관재를 겪고, 남편 때문에 지출이 많으며, 자식 문제로 스트레스 받고 힘들어진다. 또한 부부 불화로 이별수가 걸리며, 특히 자식 문제로 부부불화가 커질 수 있다.

❸ 관살 → 재성

목木 일주 : 무신戊申, 기유己酉

화火 일주 : 경자庚子, 신해辛亥

토土 일주 : 임인壬寅, 계묘癸卯

금金 일주 : 갑오甲午, 을사乙巳

수水 일주 : 병술丙戌, 병진丙辰, 정미丁未, 정축丁丑

재성이 용신이 될 때 : 직장에서 생각지 않았던 보너스를 받고 연봉이 오른다. 직장에서 금전 대출이 이루어진다. 퇴직하고 사업해서 돈을 번다. 남성은 직장에서 애인이 생기고, 애인을 사귀면 임신으로 속도위반이 될 수 있고, 여자 상사가 귀인이 되어주며, 아들이 돈을 벌어다 준다. 여성은 남자가 돈으로 보이니 남자가 금전 문제를 해결해준다.

재성이 기신이 될 때 : 관재가 생기면 금전 손실이 많아진다. 직장에서 연봉 협상이 불리하다. 돈을 벌러 나가서 병을 얻는다. 남성은 아들이 돈을 날리고, 직장에서 여자 상사에게 시달리며, 여자를 사귀면 돈이 많이 나간다. 여성은 결혼하고 시집살이를 하며, 시집과 갈등이 생기면 남편이 시어머니 편을 든다. 남편이 일을 벌여 경제적 어려움을 가중시킨다.

❹ 관살 → 관살

목木 일주 : 경신庚申, 신유辛酉, 신유申酉

화火 일주 : 임자壬子, 계해癸亥, 해자亥子

토土 일주 : 갑인甲寅, 을묘乙卯, 인묘寅卯

금金 일주 : 병오丙午, 정사丁巳, 사오巳午

수水 일주 : 무진戊辰, 무술戊戌, 기미己未, 기축己丑

관살이 용신이 될 때 : 여러 마리 닭들 중에서 한 마리 학과 같은 형국이니 명예와 권력이 따른다. 직장 변동이 있고 상사에게 인정받으며 승진한다. 남성은 자식을 얻고, 자식으로 명예를 누린다. 여성은 직장에서 남자를 만나고, 남자 동료들에게 인기를 얻으며, 남자가 겹쳐서 들어오고, 남편으로 인해 명예가 생긴다.

관살이 기신이 될 때 : 여우를 피하려다 호랑이를 만나는 형국이니 산 넘어 산이다. 직장을 바꿔봐야 같은 직종이고, 직장에서는 대가 없이 일복만 많다. 그로 인해 스트레스 받고 건강까지 해치기 쉽다. 관재구설이 연속이며 사고를 조심해야 한다. 여성은 남자가 많아도 풍요 속의 빈곤이라 막상 결혼할 남자는 없다. 고집이 센 남자를 만나서 마음고생하고, 남자 때문에 근심이 끊이지 않고, 남편과 갈등이 커진다.

❺ 관살 → 인수

목木 일주 : **임신**壬申, **계유**癸酉, **신자수국**申子水局

화火 일주 : **갑자**甲子, **을해**乙亥, **인해합목**寅亥合木

토土 일주 : **병인**丙寅, **정묘**丁卯, **인술화국**寅戌火局

금金 일주 : **무오**戊午, **기사**己巳

수水 일주 : **경진**庚辰, **경술**庚戌, **신축**辛丑, **신미**辛未, **진유합금**辰酉合金

인수가 용신이 될 때 : 직장이나 국가의 지원으로 공부하고, 직장 상사에게 인정받고 승진한다. 대학은 국립대학과 인연이 있다. 학교 입시에 합격하고 학생은 장학금을 받는다. 정부 지원금을 빌고 인허가 사업이 해결된다. 경매 문서 운이 좋다. 공공주택과 인연이 있다. 남성은 자식이 효도하고 기쁨을 준다. 여성은 남자에게 구애를 받고, 결혼하면 공주 대접을 받으며 집이 생기고, 남편의 지원으로 공부할 수 있다.

인수가 기신이 될 때 : 정부 시책으로 인해서 손해 본다. 송사를 벌이면 진다. 직장에서 문서 처리 잘못으로 징계빈고, 상사에게 질책받는다. 국립대학과 인연이 없다. 공부로 허송세월을 보낸다. 남성은 자식 때문에 스트레스 받고 자식이 문서를 날린다. 여성은 남편 때문에 스트레스 받고 남편이 일을 벌이면 문서를 날린다.

인수 변變

❶ 인수 → 비겁

목木 일주 : 갑자甲子, 을해乙亥, 인해합목寅亥合木, 해묘목국亥卯木局

화火 일주 : 병인丙寅, 정묘丁卯, 인오화국寅午火局

토土 일주 : 무오戊午, 기사己巳

금金 일주 : 경진庚辰, 신축辛丑, 유축금국酉丑金局

수水 일주 : 임신壬申, 계유癸酉, 신자수국申子水局

비겁이 용신이 될 때 : 어머니가 친구 같아 대화가 잘 통하고 힘이 되어준다. 친구에게 문서를 소개받거나 동업으로 문서를 잡는다. 학교 선배, 고향 친구가 크게 의지된다. 남의 명의로 부동산을 매매한다. 희소식이 날아오는 운이다. 보증 서줄 친구가 나타난다. 친구와 같이 공부하면 공부가 더 잘된다.

비겁이 기신이 될 때 : 문서를 매매하면 손해 보고, 어머니 때문에 금전 손실이 생긴다. 경쟁에서 뒤지는 운이니 성적이 안 나오고, 시험에 합격하기 어렵다. 친구와 어울리면 공부가 안 된다. 도장을 잘못 찍어 큰 손재를 볼 수 있다. 어머니와 형제가 합세하여 처를 힘들게 한다. 믿는 도끼에 발등 찍히는 운이라 평소 잘 아는 사람, 특히 학교 친구나 고향 친구를 조심해야 한다.

❷ 인수 → 식상

목木 일주 : 병자丙子, 정해丁亥

화火 일주 : 무인戊寅, 기묘己卯

토土 일주 : 경오庚午, 신사辛巳, 사유금국巳酉金局

금金 일주 : 임진壬辰, 임술壬戌, 계미癸未, 계축癸丑, 자진수국子辰水局

수水 일주 : 갑신甲申, 을유乙酉

식상이 용신이 될 때 : 어머니가 인정이 많고 마당발이다. 묵은 일을 정리하고 새로운 사업을 시작한다. 환자는 건강이 회복된다. 배운 즉시 응용이 되니 학생은 성적이 오른다. 교수 추천으로 졸업과 동시에 취업한다. 집안에 새로운 식구가 생긴다. 새로운 문서를 쥐는 운이며, 이사를 하면 편안한 곳으로 가게 된다.

식상이 기신이 될 때 : 어머니가 철없이 행동하고, 집안일 때문에 지출이 많다. 문서로 인하여 명예 손상, 관재 등이 발생한다. 되로 받고 말로 주는 형국이라 조금 신세를 지고 많이 도와줘야 한다. 수입은 적고 지출은 많아 외화내빈이다. 새롭게 문서를 바꾸면 손해 볼 수 있으니 가능한 현재 상태를 유지하는 것이 좋다. 여성은 자식 때문에 소비 지출이 많고, 육아 때문에 학업을 중단하거나 직장을 그만둘 수 있다.

❸ 인수 → 재성

목木 일주 : 무자戊子, 기해己亥

화火 일주 : 경인庚寅, 신묘辛卯

토土 일주 : 임오壬午, 계사癸巳

금金 일주 : 갑진甲辰, 갑술甲戌, 을해乙亥, 을축乙丑, 묘미목국卯未木局

수水 일주 : 병신丙申, 정유丁酉

재성이 용신이 될 때 : 부동산 신용대출이 순조롭다. 부동산을 사고 나면 부동산 값이 오른다. 남성은 어머니가 여자를 소개해준다. 학교나 학원에서 공부하다 여자친구를 만나 연애하고, 연상의 여자나 모성애가 많은 여자친구를 만날 수 있다. 여선생이 귀인이 된다. 여성은 친정과 시댁의 사이가 좋고, 시집은 살림이 피고, 친정은 기운다. 친정에서 돈을 받고 유산 받는 운이다.

재성이 기신이 될 때 : 돈 때문에 공부를 중단한다. 담보로 대출받기 어렵고, 부동산 매매를 하면 손해 본다. 집안일 때문에 금전 손실이 발생한다. 남학생은 여자친구를 사귀느라 공부가 안 된다. 남성은 연상녀를 만나면 힘들어지고 망신을 당하며, 고부 갈등으로 처와의 사이가 나빠질 수 있다. 여성은 시어머니 등살에 시집살이가 심하고, 친정 일로 돈이 나간다.

❹ 인수 → 관살

목木 일주 : 경자庚子, 신해辛亥

화火 일주 : 임인壬寅, 계묘癸卯

토土 일주 : 갑오甲午, 을사乙巳

금金 일주 : 병술丙戌, 병진丙辰, 정미丁未, 정축丁丑, 오술화국午戌火局

수水 일주 : 무신戊申, 기유己酉

관살이 용신이 될 때 : 엄한 어머니의 격려로 성공한다. 공부로 명예를 얻는 형상이니 공부로 승진하고 취업 시험에 합격한다. 경매로 부동산 매매를 한다. 직장에서 상사의 신임을 받아 승진한다. 모친이니 집안사람 덕에 취직한다. 관공서 근처로 이사한다. 여성은 공부하다가 남자를 만나고, 학교 선배나 고향 남자를 만나고, 연상의 남자와 인연이 있으며, 어머니나 이모 소개로 남자를 만난다.

관살이 기신이 될 때 : 어머니가 매우 엄격하고, 매사에 어머니가 화근이 되며, 집안일로 신경을 쓰게 되고 몸이 아프다. 문서에 함정이 있으니 문서 잡고 관재가 벌어진다. 이사하고 득병하며, 학교에서 따돌림당한다. 무리하게 집을 사고 빚 독촉을 받는다. 공부하다 건강을 잃고, 실력 발휘가 어렵다. 직장에서 상사 때문에 스트레스 받고 승진에서도 밀린다. 여성은 남편과 대화가 안 되고, 학교 선배나 고향 남자를 만나면 코드가 안 맞고, 연상의 남자와도 인연이 없다.

❺ 인수 → 인수

목木 일주 : 임자壬子, 계해癸亥, 해자亥子

화火 일주 : 갑인甲寅, 을묘乙卯, 인묘寅卯

토土 일주 : 병오丙午, 정사丁巳, 사오巳午

금金 일주 : 무무戊戊, 무진戊辰, 기축己丑, 기미己未

수水 일주 : 경신庚申, 신유申酉

인수가 용신이 될 때 : 문서가 동動하고 매매수가 있으니 작은 집에서 큰 집으로 이사하고, 집을 두고 또 집을 산다. 계획과 희망대로 일이 이루어진다. 동서에 귀인이 있으며 매사에 자신감이 생긴다. 전과하고 공부를 잘한다. 집안에 경사가 겹친다. 시험 운이 좋아 학생은 입시에 합격한다.

인수가 기신이 될 때 : 계획한 일이 무산된다. 잡생각으로 생각에 생각이 꼬리를 문다. 실천은 없이 계속 생각하고 계획하고 고민만 하다 세월을 보낸다. 장고 끝에 악수를 둔다. 집안 문제가 연이어서 발생한다. 문서 사고가 연발한다. 공부해도 성과가 미미하고, 전과하면 후회한다. 집안 일이나 윗사람 때문에 스트레스 받는다. 여성은 친정 일로 근심 고민이 많아진다.

용신의 이해

용신의 종류

용신用神이란 사주에서 가장 큰 쓰임새를 갖는 오행을 말한다. 용신은 일간日干과 나머지 글자 간의 조화와 균형을 이루게 하여 일간을 보호하고 일간이 쓰임새 있도록 만들어주는 중요한 역할을 하기 때문에 길흉을 판단하는 근거가 된다.

용신에 대한 정의는 책마다 조금씩 다르고, 억부抑扶의 용신과 격格의 용신(상신)은 전혀 다르다. 용신의 종류에는 억부 용신, 병약 용신, 통관 용신, 조후 용신 등이 있다.

억부抑扶 용신 : 일간을 기준으로 강한 오행의 기운은 눌러주고 약한 오행은 도와주는 역할을 한다. 신강 신약의 균형을 조절해주는 저울추와 같고, 배의 방향을 잡아주는 키와 같은 역할을 한다. 일간 오행의 힘이 약하면 그 오행을 도와주는 비견比肩, 겁재劫財, 인수印綬를 용신으로 쓰고, 일간 오행의 힘이 강하면 그 기운을 극剋하는 관官, 빼주는 식상食傷과 재성財星을 용신으로 써서 사주의 균형을 잡는다.

병약病藥 **용신** : 사주의 어느 한 오행이 지나치게 강해서 용신을 극해剋害할 때 그 오행을 병病으로 보고 그 병을 제거하는 희신喜神을 약신藥神으로 삼아 용用하는 방법이다. 임상을 하다 보면 용신 운보다 약신 운에 더 발복하는 경우가 많으므로 실제 임상에서 활용 가치가 매우 높은 용신법이다.

통관通關 **용신** : 대립관계에 있는 두 오행이 서로 팽팽하게 맞서고 있을 때 이를 중간에서 통관시키는 역할을 하는 오행을 말한다. 실제 임상에서는 자주 쓰지 않는 용신법이나 두 오행이 대립하는 사주가 가끔씩 나오니 잘 알아두어야 한다.

조후調候 **용신** : 사주의 기운이 너무 뜨거우면 차가운 물이 필요하니 수水를 용신으로 쓰고, 너무 차가우면 따뜻한 불이 필요하니 화火를 용신으로 쓰는 방법인데, 추운 겨울에 태어난 사주와 더운 여름에 태어난 사주에 적용이 잘 된다. 이에 대한 논리를 가장 많이 강조한 책이 《궁통보감窮通寶鑑》이라고도 부르는 《난강망欄江網》이다.

억부 용신

사주 감명에서 많이 쓰이는 용신법은 억부抑扶 용신법이다.

사주에서 억부 용신이 무엇인지 가려내기 위해서는 우선 일간이 신강身強한지 신약身弱한지 구분해야 한다. 신강 신약의 구분은 천간의 오행이 지지에 뿌리를 내려 힘을 얻고 있는지, 즉 통근通根을 하고 있는지 여부에 달려 있다.

천간에 있는 오행은 지지에 뿌리가 있어 통근通根이 되면 힘이 강하고, 뿌리내릴 오행이 없다면 매우 약하다고 본다. 반대로 말해, 지지에 있는 오행은 천간으로 드러나야 능력을 발휘하고, 지지에만 머물러 있으면 힘이 약하여 그 특성과 능력을 드러내기가 어렵다. 일간이 월지月支에 뿌리를 내리고 있다면 월령月令을 얻었다고 하여 득령得令이라고 한다. 뿌리를 내렸다는 것은 일간과 같은 오행, 또는 일간을 도와주는 인성의 오행이 지지에 자리 잡고 있다는 것이다. 이와 반대의 경우는 실령失令이라고 한다.

일간이 일지日支에 뿌리를 내렸다면 땅을 얻었다고 하여 득지得地라고 하며, 이와 반대의 경우는 실지失地라고 한다. 월과 일을 제외한 곳에 일간과 동일한 기운을 생해주는 기운이 많을 때는 세력을 얻었다고 하여 득세得勢라 한다. 이와 반대의 경우는 실세失勢라고 한다.

갑목甲木을 기준으로 하여 통근通根의 개념을 좀 더 알아보자.

천간에 갑목甲木이 있을 때 지지에 인묘寅卯가 있으면 직접적인 뿌리가 되고, 해수亥水는 갑목의 장생長生으로 수생목水生木이 되면서 해수亥水 지장간에 갑甲이 있어서 뿌리 역할을 하여 통근한다. 자수子水는 수생목水生木은 하지만 자수子水 속에 목木 기운이 없어 통근하지는 않는다. 미토未土는 뿌리도 되고 입묘入墓도 시킨다. 만약 조열한 땅이면 미未 지장간 속에 을乙이 살 수 없으니 갑목甲木이 뿌리를 내릴 수 없어서 통근이 안 되고, 반대로 촉촉한 땅이면 미未 지장간 속에 을乙이 살아 있어서 갑목이 뿌리 내려 통근할 수 있다. 만약 미未 옆에 해亥나 묘卯가 있으면 이때는 해묘목국亥卯木局, 묘미목국卯未木局을 이루어서 튼튼한 뿌리 역할을 한다. 진토辰土는 봄의 기운을 가진 땅이고, 진토 지장간 속에 여기 을목乙木이 뿌리가 있어서 그 힘은 약하지 않다.

득령, 득지, 득세 중에서 두 가지 이상에 해당하면 신강한 사주이고, 하나만 해당하면 신약한 사주라고 본다. 일간이 신강하면 일간의 기운을 눌러주는 식상, 재성, 관성 중에서 강한 것을 용신으로 써서 사주의 기운을 중화시킨다. 만일 일간이 비겁으로 태왕太旺하다면 왕한 비겁을 누르기 위해 관官을 먼저 쓰고, 관官이 없으면 차선으로 비겁의 기운을 빼는 식상을 쓰고, 이도 없으면 재성을 용신으로 쓴다. 일간이 인성으로 왕旺하다면 먼저 인성을 극하는 재성을 용신으로 쓰고, 재성이 없으면 차선으로 관성을 쓰고, 재성과 관성 모두 쓰기 어려우면 식상을 용신으로 쓴다.

일간이 신약하다면 일간의 기운을 도와주는 인성과 비겁 중에서 튼튼한 오행을 용신으로 쓴다. 일간의 기운을 설洩하는 식상이 많아서 신약하다면 먼저 일간의 설기洩氣를 막아주는 인성을 용신으로 쓰고, 인성이 없으면 차선으로 비겁을 용신으로 쓴다. 재성이 많아서 일간이 신약한 사주라면 먼저 비겁을 쓰고, 없으면 차선으로 인성을 용신으로 쓴다.

실제 사주에서 어떻게 용신을 판단하고 활용하는지 몇몇 사주를 예로 들어 살펴보자.

❶ 많은 비겁으로 신왕할 때 관官을 용신으로 쓴다.

시	일	월	연		坤命
己	壬	壬	戊		
酉	子	戌	申		

71	61	51	41	31	21	11	01
甲	乙	丙	丁	戊	己	庚	辛
寅	卯	辰	巳	午	未	申	酉

이 사주는 가을 물이 일지에 뿌리를 내려 득지得地하고 신자수국申子水局을 이루어 득세得勢하니 신왕하다. 많은 물은 댐으로 막아둬야 쓰임새가 있으므로 무토戊土 관官을 용신으로 쓰고, 재성 화火는 희신에 해당한다. 사주에 없는 화火가 필요하므로 이 사주의 주인은 화火를 추구하여 미술을 전공했다. 무오戊午 대운에 오술화국午戌火局으로 화생토火生土를 받은 제방이 튼튼해져 물을 충분히 막아내니 회사에서 최연소 과장으로 진급할 만큼 능력을 인정받으며 직장생활을 했다.

정사丁巳 대운에 사유금국巳酉金局을 이루어 금수金水 기운이 커지니 능력 발휘의 기회가 줄어들고 봉급이 깎여 자존심에 상처를 받고 이직과 유학을 고민하다가 그대로 직장에 다니고 있다. 연에 관官이 있고 월에 비겁이 있어서 사장에게는 신임을 많이 받았으나 직속 상사와는 갈등이 많았다. 관官을 밀어주는 재성이 없으니 본인을 받쳐주는 부하가 없이 주로 혼자 일하며 능력을 발휘했다.

무재無財 사주에 해당하나 월 술토戌土의 재고財庫 땅속에 재물이 잘 보관되어 있으니 부모가 부동산으로 부유한 편이다. 나이 차 나는 연하는 탁수濁水가 되니 피해야 하고 연상의 남성을 만나야 안정된 가정을 유지할 수 있다. 그런데 이 사주처럼 재생관財生官이 안 되면 남편에게 희생하려는 마음이 없어 독신을 고집하는 경우가 많다.

❷ 많은 인성으로 신왕할 때 재財를 용신으로 쓴다.

시	일	월	연	乾命
庚	丁	乙	癸	
戌	卯	卯	卯	

76	66	56	46	36	26	16	06
丁	戊	己	庚	辛	壬	癸	甲
未	申	酉	戌	亥	子	丑	寅

위 사주는 일간 정화丁火가 뿌리가 없어서 약하나, 인성 을목乙木은 연지, 월지, 일지에 뿌리를 내리고 있고 봄비 계수癸水로 수생목水生木을 받아서 매우 왕旺하다. 봄의 을목乙木이 이렇게 왕하면 봄바람이 심하게 불고, 젖은 을목乙木이 목생화木生火하면 정화丁火 불이 꺼지기 쉽다. 이런 형국의 사주를 목다화식木多火熄이라고 한다. 이 경우에는 많은 목木을 조금 잘라주어야 불이 살아나니 금金을 용신으로 하고 술토戌土를 희신으로 쓴다. 다만 경금庚金이 을경합乙庚合으로 묶여 나무를 잘 자르지 못하니 처덕에 대한 아쉬움이 많다.

실제로 이 사주의 주인은 처가 사회활동을 하며 가장 역할을 할 정도로 생활력이 강하나 부부 사이가 좋은 편은 아니다. 그래도 어쨌든 가정을 지키기 위해서 노력하고 있다.

한편, 인성이 많아서인지 부친이 바람기가 많아서 여러 가정을 두었다고 한다. 그러다 보니 생모가 정확히 누구인지도 모른 채 어린 시절을 할머니 밑에서 자라다가 수水 기운이 오는 계축癸丑 대운에 집을 나와 건달 생활을 하면서 고생을 했다.

정화丁火는 촛불이라 젊어서 종교에 관심이 많아서 역학 공부도 해봤고, 용신 금金 운이 오자 종교에 귀의하여 종교인으로 활동하며 안정적인 생활을 하고 있다.

❸ 많은 식상으로 신약할 때 인성을 용신으로 쓴다.

	시	일	월	연	乾
	時	日	月	年	命
	甲	丁	戊	辛	
	辰	丑	戌	丑	

71	61	51	41	31	21	11	01
庚	辛	壬	癸	甲	乙	丙	丁
寅	卯	辰	巳	午	未	申	酉

이 사주는 술월戌月 무토戊土가 투출한 상관이 일간 정화丁火 기운을 설기하니 실령失令했고, 일지 축토丑土도 일간의 기운을 설기하고 있어서 실지失支했다. 주변에서 일간을 도와주는 기운은 갑목甲木 하나만 있어서 득세得勢도 하지 못하여 매우 신약한 사주이다. 그러므로 이 사주는 인성 갑목甲木을 용신으로 삼고, 수생목水生木 해주는 관성을 희신으로 삼는다.

이 사주의 주인은 대학을 졸업한 후 공사에 입사하여 지금까지 성실하게 근무하고 있다. 평소 집안사람들에게 많이 베풀며 살지만 연年과 월月에 있는 식상이 기신 역할을 하고 있어서 돌아오는 덕은 없다.

시時에 인성 갑목甲木이 있어서 작은 건물을 유산받을 수 있고, 차남이지만 고향에서 모친을 모시고 있다. 기축己丑년에 용신 갑목甲木과 갑기합甲己合하니 흉함이 따르는데, 실제로 건축 사업 하던 지인에게 보증을 섰다가 부도가 나서 금전 손실을 입었다.

물상으로 표현하면 일간 정화丁火는 해질녘 가로수에 매달려 있는 가로 능인데 환한 낮의 운으로 흘러서 빛이 약하나. 기축己丑년에 갑기합甲己合으로 가로수가 쓰러지니 가로등 빛이 더 약해져 어려움에 처하는 형국이다.

❹ 많은 재성으로 신약할 때 비겁을 용신으로 쓴다.

시	일	월	연	坤命
壬	戊	癸	戊	
戌	申	亥	申	

79	69	59	49	39	29	19	09
乙	丙	丁	戊	己	庚	辛	壬
卯	辰	巳	午	未	申	酉	戌

이 사주는 무토戊土가 겨울에 태어나서 실령失令했고, 일지에 있는 식신이 일간의 기운을 설기하니 실지失支했다. 연年의 무토戊土, 시時의 술토戊土가 있어서 약간의 득세得勢를 하고 있다. 재성이 많아서 신약하니 물을 막는 비견 술토戊土를 용신으로 정하고, 인성을 희신으로 쓴다. 연의 무토戊土도 힘이 없으니 형제도 재다신약財多身弱으로 무능하여 형제 둘 다 사업하다 망하고 형제덕도 없었다. 일지 부부궁에서 신약한 무토戊土 기운을 빼는 식신은 기신忌神이라 남편덕이 없으니 실업자를 만나서 살고 있다.

경신庚申 대운까지는 힘들어도 욕심 내지 않고 성실하게 살았는데, 기미己未 대운에 들어 신왕해지니 큰 재물에 욕심을 내기 시작해 무리하게 빚을 내서 사업을 벌이고 있다. 그러나 해미목국亥未木局이 되면 다시 신약으로 변해 뜻을 이루기 어렵다. 기토己土가 재성 임수壬水를 탁濁하게 만들어 더러워진 재물을 버는 형국이 되니 술집을 동업으로 개업하였다. 재다신약이 되면 외화내빈으로 살기 쉬워 가진 재산이 없으면서도 외제차를 굴리며 명품만 걸치고 다녔다.

❺ 많은 관성으로 신약할 때 인성을 용신으로 쓴다.

시	일	월	연	乾
丙	癸	庚	己	命
辰	丑	午	酉	

71	61	51	41	31	21	11	01
壬	癸	甲	乙	丙	丁	戊	己
戌	亥	子	丑	寅	卯	辰	巳

월月은 더운 오월午月이라 실령失令했고, 일지는 약간 득지得地했다. 천간에서 생해주는 경금庚金과 연年의 유금酉金이 유축酉丑으로 끌고 오니 득세得勢는 하였다. 전체적으로는 신약하니 인성 경금庚金을 용신으로 정한다. 정묘丁卯 대운에 용신 유금酉金이 묘유충卯酉沖으로 깨지고 병정丙丁 혼란과 함께 경금庚金을 녹인다. 실제로 이때 부친의 사업이 망했다.

병인丙寅 대운 병술丙戌년에 인오술화국寅午戌火局을 이루어 경금庚金을 녹

자연명리
초급편

이니 잘못된 문서를 집을 수 있다. 실제로 이 사주의 주인은 사촌을 믿고 땅을 샀다가 사기를 당해서 크게 손해를 보았다. 이 해에 사내 연애 중이던 여자와 결혼했다. 그러나 사주에서 암시하는 여자 또한 기신 역할을 하니 결혼 전에는 얌전하고 착했던 여자가 결혼 후에는 본색을 드러내 외고집에 심한 의부증을 보였다. 결국 부부 갈등을 겪다가 무자戊子년에 이혼했다.

월지에 있는 오화午火 여자는 처녀이지만 축오丑午 탕화살, 원진살, 귀문살이 겹쳐서 나쁜 인연이 된다. 시時에 있는 병화丙火 여자는 진토辰土에 남편 무덤을 갖고 있으니 결혼 경험이 있는 여자이지만 본인과는 좋은 인연이 된다.

병약 용신

시	일	월	연	坤命
丁	壬	戊	丁	
未	戌	申	未	

74	64	54	44	34	24	14	04
丙	乙	甲	癸	壬	辛	庚	己
辰	卯	寅	丑	子	亥	戌	酉

앞의 사주는 가을 임수壬水가 월의 장생 신申에 뿌리를 내려 득령得令하였다. 일지에는 편관 술토戌土가 있으니 실지失支하였고, 다른 곳에 화토火土가 많아서 실세失勢하였다. 득령만 했으니 신약한 사주이다. 그러므로 월 인성 신금申金을 용신으로 삼는다. 사주에 많은 토土는 병病이 되고, 희신은 수水가 되고, 약신은 목木이 된다.

이 사주의 주인은 초년에 집안 사정이 여의치 않아 상업계 자격증을 취득하고 은행에 입사했다. 사주에서 수水가 필요하고 신申이 인성 역마에 해당하니 외환은행에 들어갔다. 기묘己卯년 IMF 때 금융권 구조조정으로 많은 사람이 퇴사했지만, 이 여성은 묘미목국卯未木局이 기신 토土를 제압하는 약신藥神 역할을 하여 다행히 은행에 남았다. 신해辛亥 대운, 임자壬子 대운까지 성실히 직장생활을 했으며, 병술丙戌년에 퇴사한 후 빌딩 관리사무실에 다니고 있다. 관살이 혼잡되니 인물은 좋은 편이나 관官이 기신 역할을 하니 남자와의 인연이 약하다. 현재까지도 미혼으로 살고 있다.

이 사주는 수량이 약한데 토土가 많고 술미형戌未刑이 되니 쉽게 흙탕물이 될 수 있다. 축丑 대운은 삼형三刑으로 탁수가 되어 남자를 만나면 몸이 아프거나 불명예를 당할 수 있으니 혼자 깨끗하게 사는 것이 편안하다.

통관 용신

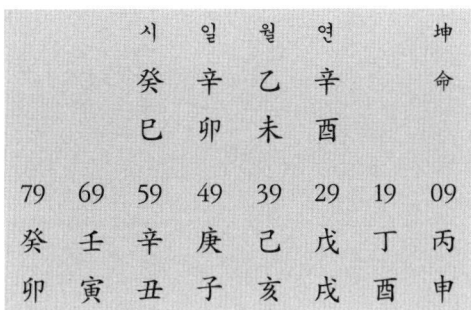

	시	일	월	연		坤命
	癸	辛	乙	辛		
	巳	卯	未	酉		

79	69	59	49	39	29	19	09
癸	壬	辛	庚	己	戊	丁	丙
卯	寅	丑	子	亥	戌	酉	申

미월未月 신금辛金이 실령失令, 실지失支하여 신약해 보이지만 토생금土生金하고 사유금국巳酉金局과 연의 신유辛酉로 인해서 결국 신약을 면했다. 여름이지만 화火가 천간에 뜨지 않아서 조후가 급하지는 않다. 금金과 목木의 세력이 비등하여 서로 대치하고 있다. 이때 금과 목의 상전相戰을 소통시켜주는 수水가 필요한데 이러한 역할을 하고 있는 계수癸水를 '통관 용신'이라고 한다.

사주에 수水가 필요하니 이 사주의 주인은 실제로 외국으로 유학을 떠났다. '신辛과 을乙'은 물상으로 보면 '바늘과 실'이라 의상디자인을 전공했다. 사화巳火는 역마 관官에 해당하여 외국에 가면 남자를 잘 만나게 되어 있으니 실제 외국에서 남편감을 만났다. 그런데 계수癸水 식상으로 사화巳火 관을 누르고 있으니 직언을 잘하고 남자 가슴에 못 박는 소리를 잘한다.

무술戊戌, 기己 대운까지는 용신 수水가 극魁을 받아서 금金과 목木의 통관이 안 되어 고생을 많이 한다. 이때는 국내보다 외국에서 활동하는 것이 좋다. 해亥 대운부터는 해묘미亥卯未 목국木局을 이루어 사업과 교육 분야에서 능력을 발휘한다.

조후 용신

시	일	월	연	坤命
辛	乙	丙	壬	
巳	未	午	子	

76	66	56	46	36	26	16	06
戊	己	庚	辛	壬	癸	甲	乙
戌	亥	子	丑	寅	卯	辰	巳

을목乙木이 한여름에 태어나고 화火가 사오미巳午未 방국方局을 이루고 병화丙火가 천간에 떠서 조열하다. 갈증을 풀어줄 물이 필요하니 수水를 조후 용신으로 쓰고, 금金은 희신이 된다. 인성 수水를 용신으로 쓰지만 충沖을 맞아서 학운이 약하니 2년제 대학을 나왔다.

원국에 화火가 강해 예술성이 있어 디자인을 전공했으니 기신에 해당하니 잘 써먹지는 못한다. 관 신금辛金이 화火에 녹아서 금생수金生水를 못하니 남편덕이 없다. 실제로 연애 기간은 길었으나 정작 결혼하고는 1년이 안 돼서 별거하다가 이혼했다. 식상이 많으면 남의 자식을 키울 수 있는데, 이 사주에서는 식상이 기신이라 싫어하지만 일지와 합으로 끌어안고 있어서 조카를 키웠다.

경진庚辰년에 관官이 와서 금생수金生水를 해주고 자진수국子辰水局을 이뤄서 용신을 도와주니 송사에 이겨서 금전에 이득이 있었다. 부친의 사업 부도로 부모의 생활이 어려워지자 신사辛巳년부터 학습지 교사로 일하며 가족을 부양했다. 갑신甲申년에는 을목乙木이 등라계갑하여 활동 무대가 커지고 신자수국申子水局으로 용신 운이 되니 회사에서 팀장을 맡았다. 병술丙戌년에 가르치던 학생들이 줄어들며 힘들어지자 투잡을 하다가 하나를 접었다.

용신 위주의 관법으로 통변하더라도 용신이 만병통치약은 아니라는 것을 주의해야 한다. 용신은 사주의 균형을 잡아주는 역할을 하기 때문에 전체 기운이 안정되어 일간이 재관財官을 취하기에 유리한 환경이 되는 것은 사실이나 반드시 성공을 보장하지는 않는다. 또 용신은 한번 정해지면 평생 바뀌지 않는다고 주장하는 사람도 있으나 대운에 따라서는 언제든지 용신이 바뀔 수 있다는 유연한 사고가 필요하다.

가령 재성이 강해서 신약한 사주가 될 때 재財를 감당하기 위해서 인성과 비겁이 필요하니 이를 용신으로 쓴다. 그러나 대운에서 강한 비겁 운이 들어온다면 이때는 신약에서 신강으로 변해 오히려 재財와 관官을 용신으로 써서 사주의 균형을 잡아야 하니 용신이 변하게 되는 것이다.

운에 따라 달라지는 용신

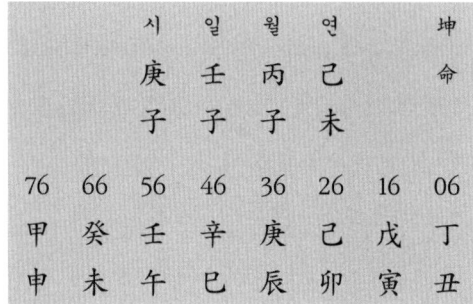

	시	일	월	연			坤命
	庚	壬	丙	己			
	子	子	子	未			

76	66	56	46	36	26	16	06
甲	癸	壬	辛	庚	己	戊	丁
申	未	午	巳	辰	卯	寅	丑

이 사주는 자월子月 임수壬水가 너무 왕旺하니 먼저 토土로 막아야 한다. 그러나 거대한 물을 기미己未 토土로 막기는 힘들다. 이 경우는 화생토火生土를 해야 토土가 떠내려가지 않으니 결혼하면 본인이 벌어서 남편을 먹여 살리게 된다. 이 사주에서 병病은 수水에 해당한다.

왕旺한 물을 조절하기 위해서는 토土로 막든가 목木으로 빼줘야 한다. 따라서 토土 운이 오면 가정에 안주할 수 있고, 목木 운이 오면 흘러가는 물이 되니 본인이 가정을 책임지고 사회활동을 하게 된다. 원국에 수국水局을 이루고 수량이 많아서 자주 외국에 나가거나 외국생활을 경험하게 된다.

실제로 이 사주의 주인은 세 살 때, 박사학위를 받기 위해 유학 가는 부친을 따라 미국으로 건너가 살기 시작했다. 필리핀에서 유명한 가문 출신이기는 하나 집안이 부유하지는 않다. 무인戊寅 대운 병술丙戌년에 영국에서 영어 강사로 활동하다가 한국인 어학연수생 남자를 만났다. 사주 원국에서 관官이 연에 있어 나이 차 많은 남자를 만날 수 있는데 병술丙戌년에 만나는 남자는 술戌이 늙은 땅이라 나이가 많은 편이며, 천간에 병화丙火가 떠서 돈이 많아 보이거나 인물이 좋다. 실제로 가짜 명품 브랜드를 걸치고 다니며 부자인 듯 행세하는 여덟 살 연상의 남자를 만났다. 공교롭게도 이때 쌍병雙丙이 뜨니 착각하여 남자 보는 눈이 어두워진다.

무인戊寅 대운은 무토戊土가 들어와 물을 막아주니 가정에 안주하고 싶어서 결혼을 한다. 정해丁亥년에 결혼해서 필리핀에서 부모님과 함께 살다가 무자戊子년에 호반의 도시 춘천에 있는 시집으로 와서 살고 있다. 남편의 외모는 귀공자 타입인데 20대 후반부터 계속 실업자로 지내고 있고, 시집도 망해서 경제적으로 어렵다.

기묘己卯 대운에는 본인이 영어 강사로 일하며 먹고살고 있다. 묘미목국卯未木局을 이루어 목극토木剋土가 되니 토土가 물을 막을 수 없고 대신 식상으로 물을 빼줘야 한다. 그래서 토土에 대한 기대를 접고, 즉 남편에 대한 신뢰감이 없어지고 가정을 벗어나 본인이 사회생활을 하게 된다. 남편은 지방에서 일하느라 몇 달에 한 번씩 집에 오고, 본인은 대학에서 강의를 하고 학원에서 영어를 가르치며 가장 역할을 하고 있다.

요약하자면, 이 사주는 원국에서 물을 막는 토土가 용신이지만 목木 운이 오자 토土가 물을 막아주지 못하니 물을 빼주는 식상 목木이 용신 역할을 한다. 이처럼 용신은 고정불변이 아니라 운에 따라서 얼마든지 달라질 수 있다는 사실을 유념해야 한다.

격국의 이해

격국의 종류

격국格局은 일간이 활동하는 무대에 해당하고 부귀빈천을 판단하는 그릇의 근거가 된다. 사주 명조의 뼈대로서 기본 특성과 품격을 나타낸다. 따라서 격格을 통해서 직업 및 성격의 유형까지 알 수 있다. 격국은 일반적으로 정격正格 또는 내격內格으로 불리는 일반적인 격국과, 내격의 범주에서 벗어난 외격外格 두 종류로 구분한다.

내격에는 식신격食神格, 상관격傷官格, 정재격正財格, 편재격偏財格, 정관격正官格, 편관격偏官格, 정인격正印格, 편인격偏印格의 '팔정격八正格'과 월지가 비견일 때의 '건록격建祿格', 양인일 때의 '양인격羊刃格'을 포함해 모두 십정격十正格이 있다. 여기에 정격을 벗어난 특수격을 '외격外格'이라 한다. 사주 감명인으로서 프로의 관문에 들어서기 위해서는 반드시 외격에 대해 정통해야 하나, 초급 과정에서 거론하기에는 그 범위와 깊이가 부담이 되므로 여기에서는 내격內格 위주로 간단히 살펴보겠다.

격格은 월과 월에서 투출한 오행을 기준으로 정한다. 예를 들어 갑甲일주가 무戊월생이면 편재격이고, 천간에 신금辛金이 투출해 있으면 정관격, 정화丁火가 있으면 상관격이 된다. 천간에 신금辛金과 정화丁火가 모두 있으면 강한 오행을 격格으로 정한다. 단 비견이나 겁재는 투출하더라도 격국格局으로 삼지 않는다.

격이 정해지고 나면 성격成格이 되었는지, 파격破格이 되었는지 살피는 것이 중요하다. 4길격吉格에는 식신격食神格, 재격財格, 정관격正官格, 정인격正印格이 있다. 길격은 귀하기 때문에 도와주고 지켜주는 상신相神이 필요하다. 이 상신을 사용하는 것을 '순용順用'이라 한다. 예를 들면 정관격이 될 때 정관의 오행을 도와주는 재성과, 흉신 상관으로부터 관을 보호해주는 인성을 쓸 때 이를 순용順用이라 하고, 이런 사주를 '성격成格'이 되었다고 한다.

4흉격凶格에는 상관격傷官格, 칠살격七殺格, 편인격偏印格, 양인격羊刃格이 있다. 이것은 흉신이라 먼저 극제화剋制化가 필요하다. 이를 '역용逆用'이라 한다. 예를 들어 칠살격七殺格이 되면 칠살의 오행은 흉신이니 먼저 식신으로 극하고, 정인으로 설기泄氣하어 순회시켜 줘야 한다. 이것을 역용逆用이라 하고, 이런 사주를 '성격成格'이 되었다고 한다. 성격이 되면 도적과 같은 칠살이 교화되어 용감하고 충성하는 장군과 같이 된다.

다음의 예시 사주들은 《자평진전子平眞証》에 있는 명조로, 사주를 해석하는 관법은 필자의 생각이 아닌 고전의 해석임을 밝혀둔다.

정관격(순용)

선참국(宣參國) 사주

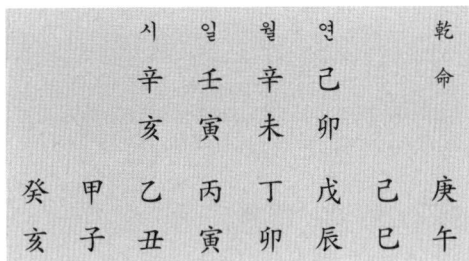

미未월의 지장간에서 정관 기己가 투간하였다. 지지에서 상관이 해묘
미亥卯未 목국木局을 이룬 듯하나 두 개의 신辛 인성이 목국木局을 해소시
켰다. 그래서 상관이 있지만 인성도 있는 사주가 되어 정관격 성격成格이
되었다. 미토未土가 상관 목木으로 변하고 일지가 상관이니 일원의 설기
가 심하다.

신금辛金이 식상을 제압하고 일주를 돕는 용신이다. 상관이 중重하고
인수가 가볍다. 기사己巳, 무진戊辰 대운의 20년간 관살이 응해져서 인수
를 생하니 좋았다. 정丁 대운 이후로 재가 인수를 파하니 나쁘다.

_《자평진전》

정재격(순용)

왕학사(汪學士) 사주

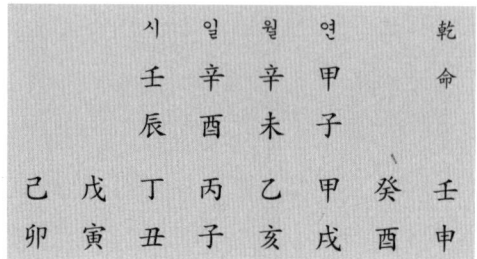

갑목甲木이 투출하고 미未에 통근하여 정재격이다. 신금辛金 비겁이 강하고 재財는 왕하지 않다. 상관 임수壬水가 겁재의 기운을 설하고 재財를 생하여 성격成格이 되었다. 비겁을 설하는 상관이 용신이다. 재財 운이 가장 길吉하고 식상 운도 좋고 비겁 운도 괜찮은데, 정화丁火 칠살은 용신인 임수壬水 상관을 합거하니 가장 나쁘다. 정관 병화丙火는 신금辛金과 합하고 인수는 상관을 제거하여 용신을 파괴하므로 나쁘다.

_《자평진전》

일반적으로 식신생재로 가면 현실적인 면이 강해 명예보다 돈을 추구하게 된다. 그러나 이 사주가 학사學士로 명예를 추구한 이유를 자연 물상으로 설명하면, 날카로운 신금辛金 칼이 갑목甲木 인재를 잘 다듬을 수있기 때문에 교육에 종사해도 크게 능력을 발휘한다고 볼 수 있다.

자연명리
초급편

칠살격(역용)

육상염(陸商閻) 사주

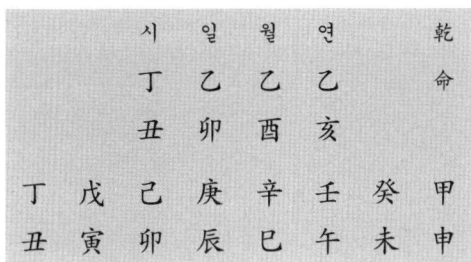

신강하고 칠살도 왕하니 정화丁火 식신을 써서 제살하는 격국이다. 대운이 남방으로 향하여 식신이 득지하고 금수金水가 통근하지 못하니 좋다. 그러나 임壬 대운에는 식신 정화丁火를 합거하고 사巳 대운에는 유축酉丑과 회국하니 칠살이 강해져서 부족함이 있다. 경진庚辰 대운에는 을유합乙酉合하여 칠살을 도우니 좋지 않다.

_《자평진전》

약하지 않은 칠살격을 제살하기 위해 정화丁火 식신을 쓴다는 격格 논리의 풀이는 견강부회한 해석이라는 느낌을 지울 수 없다. 자연 물상으로 볼 때 이 사주는 천간에 을목乙木이 많고 해묘목국亥卯木局까지 이루고 있으니 유酉 편관이 뿌리를 잘라줌으로써 을목乙木들이 얽히지 않도록 해주는 것이 급선무라는 것이 필자의 주장이다.

상관격(역용)

나평장(羅平章) 사주

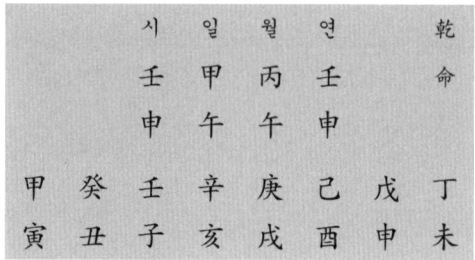

시	일	월	연	乾命
壬	甲	丙	壬	
申	午	午	申	

甲寅	癸丑	壬子	辛亥	庚戌	己酉	戊申	丁未

상관이 왕하고 인수가 뿌리가 있고 신약하다. 더욱이 여름에 나무가 물을 만났으니 그 빼어남이 백배에 이른다. 그래서 일품의 귀貴를 누렸다. 인수 임수壬水는 상관을 제거하고 일주를 돕는 동시에 조후에 합당하니 두 가지 작용을 겸하고 있다.

신유경신申酉庚辛 대운에 길했던 것은 인수를 생해준 까닭이다. 무기戊己의 재운은 나쁘지만 신유申酉를 깔고 앉았고 원국에 편인이 왕하니 큰 장애는 없었다. 그러나 술戌 운은 반드시 나쁘다. 화火의 식상운은 임수壬水가 회극回剋하니 큰 징애는 없었다.

_《자평진전》

이 사주에서 오월午月은 상관이지만 병화丙火가 떠서 식신격으로 보는 것이 더 타당하다. 그럼 역용이 아니고 순용을 해야 하는 모순이 생긴다.

자연명리
초급편

자연의 이지로 보면 오월午月 뜨거운 태양이 비추고 있으니, 갑목甲木이 마르지 않고 광합성 작용을 하며 아름답게 꽃을 피우기 위해서는 물이 필요한데 금생수金生水로 끊임없이 물 공급이 되어 좋은 사주가 된다.

격과 용신이 반대인 사주

격格은 월지나 월에서 천간으로 드러난 오행으로 정하기 때문에 사주 내에서 가장 강한 기운을 가지고 있다. 그래서 격格은 일간이 태어난 환경이나 활동하는 사회 환경, 직장 등과 같다. 이에 비해 용신은 일을 감당하는 능력과 정신력, 추구하는 마음이라 할 수 있다. 따라서 일간의 균형을 중시하는 억부抑扶 용신의 관점이 개인과 가정 중심에 있다면, 격格의 관점은 사회적이고 대외적인 활동력에 있다고 본다.

격格을 '몸'에 비유하면 용신은 '정신(마음)'에 해당한다. 그래서 격국과 용신이 같게 되면 몸과 정신이 같이 가니 능력을 발휘하게 된다. 그러나 격국과 용신이 다르면 몸과 정신이 따로 노는 것과 같고, 현실과 이상이 달라 혼란스러우니 타고난 격格의 능력을 발휘하기가 어렵다. 예를 들어 재격財格이 되면 기본적으로 명예보다 현실적 실리를 중시하고 경제의 흐름을 잘 이해하는 능력을 타고난다. 일간이 신왕하고 식상이 재財를 잘 받쳐주면 돈을 벌기 위한 실천력이 있고 정신도 재물에 가 있어서 사업을 하든 경제 경영 분야에 종사하든 능력을 발휘한다.

그러나 재격財格이 신약하여 인성을 용신으로 쓰게 되면 시장 논리와
경제적 흐름을 이해하는 능력은 있지만, 정신은 돈이 아닌 명예를 추구
하는 성향을 보인다. 따라서 직업으로 치면 경제학을 가르치며 돈보다
명예를 추구하는 경제학 교수와 같고, 평생 자기 돈이 아닌 남의 돈을
만지며 사는 금융권의 직장인과 같다. 만약 명예를 추구하지 않고 사업
을 하거나 돈을 추구하면 사업 실패와 함께 불명예를 초래할 수 있다.

	시	일	월	연			乾
	己	丙	庚	戊			命
	亥	寅	申	戌			
77	67	57	47	37	27	17	07
戊	丁	丙	乙	甲	癸	壬	辛
辰	卯	寅	丑	子	亥	戌	酉

위 사주에서 월은 가을이니 실령失令, 실세失勢하고, 득지得地는 일지 인
목寅木에만 있으니 신약하다. 가을 태양 병화丙火가 빛을 잃었는데 다시 밝
게 빛나기 위해서는 일지 인목寅木을 용신으로 쓴다. 격格은 편재격이고
상신 무술戊戌이 잘 받쳐줘 성격成格을 갖췄다. 그러나 사업보다는 병화丙
火를 밝혀주는 인성 목木을 써서 교육에 종사하며 명예를 지키며 살아야
한다. 계해癸亥 대운에 유학을 떠났고 갑甲 대운에 귀국하여 교수로 재직

하며 연구에 몰두해 개인 특허를 20여 개 낼 정도로 능력이 있었다. 편재격 특성이 나타나 항상 사업과 교육, 명예 사이에서 갈등하다가 갑신甲申년에 사업을 벌였으나 실패하여 월급을 차압당했다.

사업을 하면 경신庚申이 발동하여 인신충寅申沖을 치고 병화丙火가 더욱 어두워져 명예를 잃을 수 있다. 그래서 필자가 교수로서 명예만 지키며 살라고 신신당부했으나 말을 듣지 않고 결국 기축己丑년에 투자금을 끌어다 광산 개발에 투자했다가 실패했다. 그 여파로 신묘辛卯년에 관재까지 겪는 망신을 당했다. 이렇게 격과 용신이 반대인 사주는 마치 몸에 맞지 않은 옷을 입은 것처럼 정신적 갈등을 겪을 수 있다.

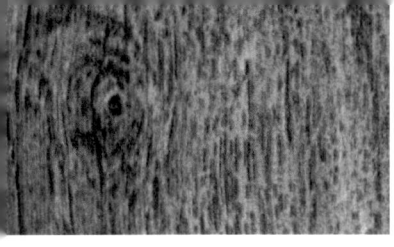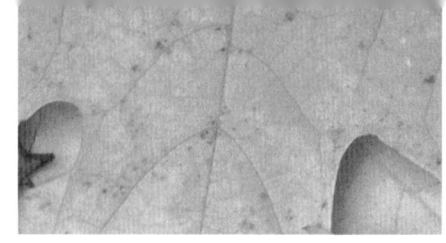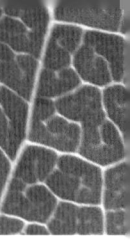

천지 자연은 신강약에 따라

능력이 결정되는 것이 아니라,

제 능력을 발휘할 수 있는 최적화된 환경을

얼마나 잘 만나는가에 달려 있다.

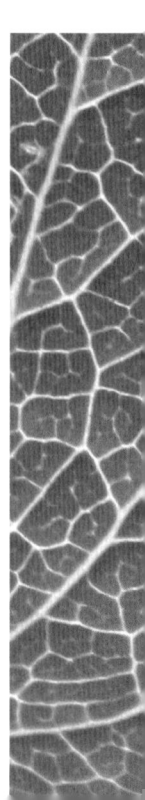

제3부
매달릴 때와
버릴 때

신강 신약으로 보는 억부법의 한계

사주를 감명할 때 중급 정도 공부한 사람들이 저지르기 쉬운 오류 중 하나가 신강 신약을 따지는 억부抑扶 용신에 매달리는 것이다. 신강하면 능력이 좋아서 도움이 필요 없으며 식食, 재財, 관官 중 하나를 용신으로 삼고, 신약하면 무능하여 무조건 도와줘야 하니 인印, 비比를 용신으로 쓴다는 것이 고전의 억부 논리다. 그러나 억부 논리는 사주의 그릇이나 특성, 발복 시기를 예측하는 데 부족함이 많다.

물론 신강약을 따지는 억부법도 사주를 읽는 중요한 관법이고, 격格으로 사주를 읽는 것도 중요한 관법 중 하나이다. 그러나 천지 자연은 신강약에 따라 능력이 결정되는 것이 아니라, 신강하든 신약하든 자기 고유의 능력을 발휘할 수 있는 최적화된 환경을 얼마나 잘 만나는가의 여부에 달려 있다.

가령 갑목甲木 큰 나무가 잘 자라기 위해서는 넓은 땅도 필요하고, 많은 양의 물과 충분한 태양 빛도 필요하고, 큰 나무를 재목으로 다듬어 줄 도끼나 톱 같은 큰 칼도 필요하다. 갑목이 좁은 땅에서 자라며 물이나 태양도 별로 없으면 거목으로 성장하기 어렵고, 작은 칼로는 큰 나무를 재목으로 만들 수도 없다.

반대로 을목乙木 화초가 잘 자라기 위해서는 정원과 같은 작은 땅과 너무 많지 않은 적당한 물이 필요하다. 그리고 화초를 아름답게 다듬어 주기 위해서는 전정가위 같은 작은 가위가 있어야 한다. 여기에 태양이 있으면 아름다운 꽃을 피울 수 있다. 화초는 '아름다움'에 그 용도가 있는 것이지 재목으로 쓰이기 위해 존재하는 것이 아니기 때문이다. 만일 을목乙木이 지나치게 많은 물을 만나면 땅이 너무 습해져서 화초가 죽을 수 있고, 큰 칼이나 넓은 땅도 화초가 화초로서 자라기에는 위협적인 환경이 된다.

갑甲이 기둥이라면 을乙은 서까래라고 할 수 있다. 기둥이 큰 나무이고 서까래가 작은 나무라고 해서 큰 나무의 능력이 크다고 할 수는 없다. 큰 나무는 큰 나무대로, 작은 나무는 작은 나무대로 각각의 용도가 다를 뿐이다. 따라서 기둥과 서까래를 용도에 맞게 함께 사용할 때 든든한 집이 되는 것이지, 둘 중 하나만 사용하거나 기둥과 서까래의 용도를 바꿔서 사용한다면 집을 지을 수 없다. 이처럼 천지 만물은 강약이니 대소에 따라 능력이 결정되는 것이 아니라 각자가 타고난 용도에 맞게 쓰일 때 최고의 능력을 발휘하는 것이고, 최고의 능력을 발휘하기 위해서는 각자에게 맞는 최적의 환경을 만나는 것이 중요하다.

그런데 억부법을 고집하는 사람들은 신강 신약에 얽매이다 보니 자연의 이치에 배치되는 논리를 펴곤 한다. 예를 들어 억부법의 논리에 따르면, 봄철 나무는 목木의 계절에 태어나 신강하니 설泄하는 화火가 필요하고, 여름철 나무는 화火에 의해서 설기泄氣되어 신약하니 도와주는 수水가 필요하다고 한다.

그러나 대자연의 보이지 않는 기氣와 겉으로 드러나는 질質(形)을 따져서 나무가 살아가는 이치를 생각해보자. 봄에는 목木의 기氣가 왕성하여 나무가 쑥쑥 크고는 있지만 아직 외형(質)으로는 어린 나무이다. 사람으로 치면 청소년기에 해당한다. 즉, 봄의 나무는 연약하고 추위에도 약하니 이 나무가 잘 자라게 하기 위해서는 따스한 태양 병화丙火가 더 필요하다. "봄에는 금金을 쓰지 않는다"는 '춘불용금春不用金'도 이러한 이치에서 나온 말이다. 이에 비해 여름의 나무는 성장을 마치면서 위로 자라는 목기木氣는 약하지만 외형(質)은 봄보다 크고 무성하다. 그런데 허약하지도 않고 오히려 강한 나무에게 수水가 필요한 이유는 무엇일까? 무더운 여름철 물은 증발되면서 잠열 변화로 주변 온도를 낮추기 때문에 아무리 더워도 나무가 잘 살 수 있으며 영양분을 얻어 결실을 맺어야 하기 때문에 물이 필요하다.

이와 같이 봄의 나무는 화火가 필요하고 여름 나무는 수水가 필요하다는 결론만 놓고 보면 억부抑扶법과 자연법이 같지만, 그 결론을 이끌어내는 이치는 전혀 다르다. 신강약을 따져서 사주를 풀이할 때 자주 벽에 부딪히는 이유는 바로 억부법의 논리가 자연의 이치와 배치되는 경우가 많기 때문이다. 중급에서 벗어나 고급으로 올라가기 위해서는 억부抑扶, 격格, 조후調候로 보는 관법에서 벗어나 자유롭게 자연의 이치로 해석하는 자연 물상법을 깨우쳐야 한다. 물상법을 잘 이해하기 위해서는 십간十干 십이지十二支가 갖는 각각의 특성을 이해하고, 자연과 어떤 연관성을 갖고 있는지, 사주로는 어떻게 해석해야 하는지 깊은 이해가 필요하다.

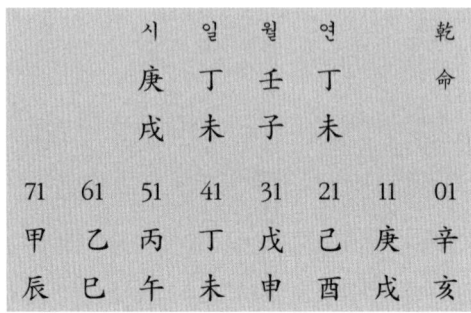

위 사주 주인의 삶을 간략하게 소개해보겠다. 기유己酉 대운에 군 제대 후 일본으로 건너가 불법체류하며 일어를 배웠다. 일본에서 중국계 연상 녀와 사귀며 영어와 중국어를 배워서 3개 국어를 구사하게 되었고, 나중에 그 여자와 결혼했다. 무신戊申 대운에는 귀국해서 병자丙子, 정축丁丑년에 네트워크(다단계) 사업을 하다 실패했다. 그 후 처의 소개로 직장을 다녔으나 적응하지 못해 방황하다가 외국계 회사에 들어가서 능력을 인정받고 한국 지사장까지 맡았다. 병술丙戌년에 회사 돈을 빼돌려 착복하다가 아랫사람에게 들켜서 협박을 받고 돈을 물어줬다. 정미丁未 대운에 들어 회사에서 계약도 잘 안 되고 기축己丑년에는 이혼까지 고려할 정도로 부부 갈등도 심하다. 현재는 되사하고 개인 사업을 고려히고 있다.

억부법에 따르면, 이 사주의 일간 정화丁火가 신약하다고 볼 수 있으니 일간을 도와주는 화火 운이 올 때 좋고, 화火가 강해지는 정미丁未 대운부터 운이 풀린다고 보기 쉽다. 또한 정화丁火가 술미戌未에 뿌리를 내리고 있고 연에 정미丁未가 또 있어서 목화木火로 도와주면 경금庚金을 녹일 수 있다고 생각할 것이다. 물론 정미丁未는 열기가 있어 금金을 녹이려는 성향은 있으나 정화丁火 뿌리가 술미형戌未刑을 맞아서 제대로 경금庚金을 녹이기가 어렵다. 따라서 이 사주는 사업보다 조직생활을 하는 것이 좋다. 하지만 조직생활을 하면 임자壬子 관官을 비견 정미丁未가 먼저 차지한 형상이라 명예와 인연이 약하다.

정미丁未 대운은 비견 정미丁未가 오니 불이 나타나 더 환해져 좋기는 하지만, 화火가 약해서 제대로 경금庚金을 녹이지 못하기 때문에 기대만큼 결실이 없고 사업도 어렵다. 병오丙午 대운에는 강한 화火가 와서 정화丁火가 경금庚金을 녹인다고 보겠지만, 막상 병화丙火 태양이 뜨면 정화丁火는 빛을 잃어 물러나게 되고, 오술화국午戌火局으로 병화가 강해져 약한 경금을 쉽게 뺏어가 버린다. 이렇게 일간이 신약하다고 해서 무조건 비겁이 좋다고 보면 안 된다. 특히 이런 운에 신왕해져 자신감이 넘쳐서 사업을 했다가는 백 프로 재물이 흩어진다.

이 사주는 정화丁火가 한겨울 밤 시간에 태어났으니 달빛으로 작용해야 경쟁력을 발휘할 수 있다. 본인이 빛이면 경금庚金 거울이 반사를 해줘서 더 밝게 빛날 수 있는데 정미丁未는 열기를 내포하고 있어 순수하게 빛으로 작용하여 명예를 추구하기도 어렵고, 경금庚金을 녹이는 불로 작용하여 사업가로 살기도 어려운 면이 있다. 그러나 본인은 경금庚金을 제대로 녹이기 힘들기 때문에 사업에 대한 미련은 접고 조직생활에 충실하는 것이 좋다.

임자壬子 어둠 속에서 쌍雙 정화丁火 빛을 켜고 있는 형국이라 눈이 크고 재물을 포착하는 능력이 있다. 하지만 겁재 병화丙火가 나타나면 이러한 능력이 떨어진다. 그래서 병자丙子, 정축丁丑년에 네트워크 사업을 했다가 부도가 난 것이다. 이 사주는 연에 정미丁未가 있으면 경금庚金을 녹이는 데 도움이 될 것 같지만 정미丁未는 정임합丁壬合으로 잡혀서 도움이 안 되고, 빛을 낼 때는 도움이 된다. 병술丙戌년에는 태양이 들어와 환해져서 감추고 있던 비리가 드러나서 부하직원에게 협박을 받으며 힘들게 넘겼다.

이처럼 신약한 사주는 비겁이 용신이 될 것 같지만 실상은 정반대 결과가 나타나는 경우가 종종 있다. 따라서 신강약을 따지는 억부법에 매달리지 말고 일간의 특성을 정확히 파악하는 것이 중요한다.

이 사주에 개운법을 적용해보겠다.

경금庚金을 녹이기 어려울 때는 사업하러 나와도 크게 재물을 취하기 어려우니 직장생활을 하는 것이 좋고, 달빛처럼 어둠 속에서 밝은 빛을 내는 정화丁火는 아무리 밝아도 태양보다는 어두우니 회사에서 2인자 역할로 살아갈 때 편안하다. 그러나 본 명조는 항상 독립을 생각하면서 일본 사장이 하는 행동을 그대로 따라 하고 사장을 넘어서려고 하는데 이는 잘못된 처세술로 오히려 본인의 경쟁력을 떨어뜨린다.

국가 자리가 두 개이고(국가 자리인 연의 丁이 두 개이다) 쌍정雙丁이 임자

자연명리
초급편

壬子 바다를 비추고 있으니 해외와 인연이 많다. 해외와 인연을 맺어야 정화丁火가 더욱 능력을 발휘하기 때문에 외국계 회사, 무역회사, 유통회사를 다니는 것은 잘한 선택이다. 다행히 외국에서 처를 만나 3개 국어 구사 능력을 갖추었으니 처덕은 있으나, 일지에 술미형戌未刑이 있어서 부부갈등은 피하기 어렵다. 그러나 빛의 속성이 있는 정화丁火는 금金이 있어야 비추는 역할을 제대로 할 수 있기 때문에 가정을 잘 지키고 있어야 한다.

위 사주의 주인은 중산층 정도의 집안에서 자랐는데 예체능을 전공하는 본인을 지원하느라 부모님이 힘들어했다. 다행히 명문여대 음악과를 장학생으로 다녀서 어렵지 않게 졸업할 수 있었다. 대학교수를 하고 싶어서 정해丁亥년 독일로 유학을 떠났다. 어머니가 철학관을 찾아가 사주를 볼 때마다 "당신 딸은 남편을 꺾는 식상이 너무 많아서 행복한 결혼생활은 힘들고 술잔 잡을 팔자다"라는 말을 하도 많이 들어서 속을 새까맣게 태웠다고 한다.

신강약 억부법으로 위 사주를 보면, 무토戊土가 득령만 해서 신약하니 비겁을 용用하며, 식상이 발달해서 관官을 치니 안정된 가정을 꾸릴 수 없다고 본다.

그러나 자연법으로 보면, 무토戊土가 신약하다고 하나 여름의 무토는 연의 갑목甲木 하나를 키우기에는 충분히 넓은 땅이다. 또 신자수국申子水局으로 물이 넉넉하며, 수생목水生木 받은 갑목甲木이 튼튼히 뿌리내리고 있고, 경금庚金 칼로 나무를 잘 다듬어 재목으로 키울 수 있어서 좋은 사주라 볼 수 있다. 다만 화火가 없어 나무를 충분히 성장시킬 수 없는 아쉬움은 있다. 따라서 화火를 추구하여 예술, 교육 분야로 진로를 선택했다. 갑목甲木은 큰 나무이니 큰 사람을 가르치는 대학교육에서 활동할 수 있다. 아직 늦여름이라 나무를 더 키워야 하는데 금金 기운이 강하여 일찍 수확하려는 성급함으로 농사를 망칠 수 있으니 오랫동안 교육을 하거나 유학을 가면 갑목甲木을 충분히 성장시킬 수 있다.

넓은 땅에 심어진 갑목甲木은 남편이자 명예에 해당하니 명예욕이 매우 강하여 본인 이미지를 실추시키는 행동을 함부로 하지 않는다. 상관이 강해서 남편을 무시하고 함부로 대하는 것이 아니라, 무토戊土 넓은 땅에서 키우는 갑목甲木(남편)이 다치거나 아플까 봐 신자수국申子水局 검은 탕약 사발을 갖다 바치는 형국이다. 따라서 이 여성과 만나는 남성은 결혼 후에 크게 발전할 수 있다. 사주 원국 자체에 생명을 좌지우지하는 숙살지기가 매우 강한데 본인이 이러한 직업(법, 의료, 금융)으로 가지 않으면 그러한 직업을 가진 남편과 인연이 깊다.

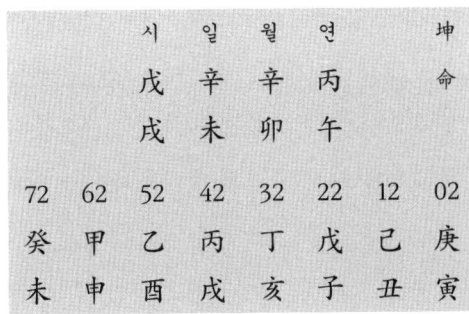

	시	일	월	연			坤
	戊	辛	辛	丙			命
	戌	未	卯	午			

72	62	52	42	32	22	12	02
癸	甲	乙	丙	丁	戊	己	庚
未	申	酉	戌	亥	子	丑	寅

위 사주의 주인은 기축乙丑 대운에 집안이 어려워 부모의 지원을 받지 못하고 본인이 직접 아르바이트하며 학교를 다녔다. 무자戊子 대운 초반에 건축회사에 다녔으나 회사의 전망이 보이지 않아 그만뒀다. 이 대운 중반부터 요식업을 시작해 돈을 많이 벌었으나 집안을 돌보느라 돈을 모으지 못했다.

정해丁亥 대운 초반에는 결혼 후 맞벌이를 하느라 힘들었으나 집안을 책임지지 않아서 돈을 모았다. 중반에 공인중개사 자격증을 취득해 갑신甲申년까지 중개업으로 돈을 벌었다. 을유乙酉년 의류업을 시작했으나 잘되지 않아 접어야 했고, 이때 야산에 투자했으나 낭패를 보았다. 병술丙戌년에도 금전 손실이 소소하게 있었다. 병술丙戌 대운 초에 금전적 어려움을 겪었고, 기축乙丑년에는 동업으로 사놓은 땅 문제로 송사가 생길 뻔했다. 경인庚寅년에 요식업을 시작해서 현재까지 가게는 잘되고 있다.

신강약 억부법으로 이 사주를 보면 신금辛金이 뿌리가 없어 약하니 비겁 금金과 인성 무토戊土를 써야 한다. 따라서 어머니 덕이 있고 사이가 좋다고 본다. 그러나 자연법 관점으로 보면, 먼저 신금辛金이 용도가 있는 지 여부를 확인하는 것이 중요하다. 신금辛金은 작은 칼이니 작은 손잡이가 필요하다. 그래야 칼을 안전하고 효율적으로 사용할 수 있다. 다행히 이 사주는 지지에 묘목卯木이라는 작은 칼자루가 있어 능력이 있는데, 칼자루 묘목卯木이 부러지는 을유乙酉년에 가장 크게 낭패를 보았다.

산과 같은 무술戊戌은 신약하기 때문에 도움이 될 것 같지만 신금辛金이라는 작은 칼 또는 보석을 땅에 묻어서 능력을 발휘할 수 없게 하니 이 사주에서는 병病이 된다. 이처럼 지나친 생生을 받으면 오히려 극剋이 된다. 그래서 모녀지간이 좋지 않았고 집안에서 도움을 받기는커녕 희생을 하면서 살았던 것이다. 또한 큰 땅과 야산에 투자해서 낭패를 보고 금전 손실까지 입었다.

이 사주는 필요한 수水가 없는데 요식업을 하면 수水 기운을 불러와서 능력을 발휘할 수 있고 수생목水生木으로 재물복이 커진다. 실제로 요식업을 세 번 해서 전부 돈을 많이 벌었고 현재도 요식업을 하고 있다.

관官의 동태를 보면 병오丙午가 남자가 되나 남편은 병丙이 아닌 오화午火가 된다. 먼저 병화丙火 남성은 첫사랑인데 집안이 좋았던 남자를 월의 卯 도화를 달고 있는 예쁜 후배 신묘辛卯에게 병신합丙辛合으로 뺏긴다. 오화午火 관官을 오미합午未合하여 일지로 끌어와서 남편이 된다. 오午는 양인, 현침살은 '드라이버'를 상징하여 기술자로 볼 수 있고 오午는 말이니 역마라, 종합하면 자동차 정비를 하는 기술자 남편이 된다.

조후로 보는
관법의 한계

조후調候란 계절에 따라 발생하는 한란조습寒暖燥濕의 기후 변화에 조화로운 대처를 하는 것을 의미한다. 조후를 중시하는 이유는 만물은 환경 변화에 잘 적응해야 살아남기 때문이다. 이러한 중요성을 알기에 명리에서도 조후를 중시하는데 특히《난강망》《궁통보감》 같은 고전에서 조후를 많이 강조하였다. 자연에서 조후가 매우 중요한 관점이긴 하나 조후가 생존에 절대적인 기준이 될 수는 없다.

전통 명리의 맹점

전통 명리 이론에서는 자연을 자연 자체로 보지 않고 '사람의 관점에서 보는 자연'으로 이해하여 해석해놓았다. 가령 겨울에 자연은 병화丙火

가 꼭 필요하니 없으면 매우 열악한 환경에서 생명의 위협을 느낀다고 거론한다.

그러나 자연은 겨울에 따뜻한 태양을 기대하며 겨울나기를 하지 않는다. 산에 올라가서 남사면과 북사면에 있는 나무의 분포나 생장 모습을 살펴보면 큰 차이가 없이 비슷하다. 북사면 나무는 태양빛이 없어도 겨울을 잘 이겨냈다는 뜻이다. 또 인간을 제외한 동물은 불을 피워서 겨울나기를 하지 않는다. 게다가 겨울의 태양은 매우 약하기 때문에 생존에 절대적인 영향을 미치기 어렵다.

결국 겨울을 나는 동식물은 태양에 의지하지 않고 매서운 추위를 이겨내는 각자의 생존방식을 갖고 있다. 각 동식물이 겨울을 나는 모습을 관찰하고 이해하고 나면 겨울의 사주에 꼭 필요한 기운이 무엇인지 알 수 있다. 동물들은 추운 겨울 한기寒氣를 이겨내기 위해서 여름 가을 동안 부지런히 먹이를 섭취하여 몸에 지방을 비축해둔다. 지방은 추위를 막아주고 먹이가 부족한 겨울나기를 할 때 중요한 에너지원으로 쓰인다. 이때 지방은 오행 중 무토戊土로 볼 수 있다.

식물 중에서 작은 나무는 지상에 나와 있는 잎과 가지는 포기하고 생기生氣를 땅속 뿌리에 저장해둔다. 겨울 땅이 아무리 차갑다 해도 수십 센티미터만 파고 내려가면 따스하기 때문이다. 이때 깊은 땅속은 무토戊土 기운에 해당한다. 큰 나무는 불필요한 잎을 떨어뜨림으로써 에너지 소비를 최소화하고, 수액의 당분을 높여서 얼지 않도록 부동액을 만들어 겨울을 대비한다. 이때 당분도 무토戊土의 기운으로 볼 수 있다.

겨울에 햇빛이 비치는 남사면 땅과 낙엽이 수북이 쌓인 북사면 땅을

자연명리
초급편

비교하면 북사면 땅이 더 따뜻하다. 수북이 쌓인 낙엽이 한기를 막아주는 단열재 역할을 하기 때문이다. 따라서 겨울을 맞이하는 갑목甲木에게는 어설픈 화火보다 불필요한 잎을 확실하게 떨어뜨려 주는 금金 기운이 필요하다.

겨울 물은 무조건 차갑다는 선입견 때문에 눈雪도 동식물에게 해로울 거라고 생각하기 쉬운데 이는 조후를 주장하는 전통 명리에서 가장 착각하기 쉬운 논리 중 하나다. 눈이 오는 날은 대기중의 수증기가 얼음 결정으로 변하면서 열을 방출하는 잠열 변화로 공기가 오히려 푸근해지고, 소복하게 쌓인 눈 속은 차가운 바깥 공기가 차단되어 더 따뜻하다. 그래서 작은 동물은 눈을 파고 들어가 포식자로부터 위험을 피하면서 따뜻하게 겨울을 난다.

겨울 나무는 잎을 떨군 대신 동아冬芽 즉 겨울눈을 만들어 다가올 봄에 피어날 꽃이나 잎을 보호한다. 겨울눈은 보통 여러 겹의 껍질이나 보드라운 털로 싸여 있고, 껍질이 기름기를 머금고 있기도 하다. 이러한 겨울눈은 겨울의 추위와 건조함을 막고 촉촉한 생기를 유지하는 데 도움이 되어 봄이 오면 잎과 꽃을 안전하게 피워낸다.

이를 통해서 볼 때 겨울에 한기를 막는 데는 병화丙火보다 무토戊土라는 기운이 필요하다. 이 무토戊土의 기운은 지금까지 살펴보았듯이 매우 다양한 형태로 존재한다. 겨울의 무토戊土는 땅도 되지만, 지방이나 당분도 된다. 땅은 낙엽이 수북이 쌓여 단열 효과가 있는 땅이거나 눈이 소복하게 쌓여 있는 땅도 될 수 있다. 사주 풀이를 할 때는 이렇게 유연한 사고와 객관적인 시각으로 자연을 관찰하고 이해하는 자세가 필요하다.

자연생태학의 논리와 조후의 맹점

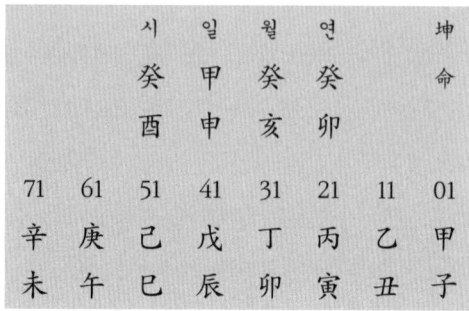

위 사주의 주인은 초년에 큰 의류 사업을 하는 부모 덕에 전교생 중 유일하게 구두를 신고 비싼 가죽옷을 입고 다닐 정도로 유복하게 살았다. 병인丙寅 대운에 결혼했는데 남편이 경제적으로 무능하여 힘들게 살며 이혼도 고려했었다.

정묘丁卯 대운에 본인이 미용을 하면서 가정을 책임졌다. 경제적으로 조금 나아졌지만, 갈수록 남편의 간섭이 심해져서 결국 미용실을 접고 직장생활을 시작했다.

사주를 볼 때마다 무진戊辰 대운이 오면 좋아질 거라는 말을 들었다고 한다. 그러나 진辰 대운 신진수국申辰水局을 이룰 때 남편이 경제적으로 손실을 끼쳤고, 본인이 투자한 것도 실패해 경제적으로 최악의 삶을 살았다. 무자戊子년에 부계합화戊癸合火 되면서 정신 세계를 추구하여 역학 공부와 인연을 맺었다. 기사己巳 대운에는 눈이 완전히 녹아 흘러 수다부목水多浮木의 형국으로 떠돌게 되는데, 이때 건강까지 나빠져 암 수술을 받고 힘들게 살고 있다.

본인이 직접 명리 공부를 하며 많은 명리술사에게 감명을 받아보았는데 예외 없이 모두가 부모덕이 없으며 초년 고생이 많고 병인丙寅 대운부터 좋아지며 무진戊辰, 기사己巳 대운이 특히 좋다고 풀이했다고 한다. 어려서 여유 있게 살았던 삶을 맞힌 사람은 아무도 없었다. 여름과 겨울 사주는 조후만을 우선적으로 생각하는 함정에 빠져서 그런 풀이를 내린 것이다.

이 사주의 물상을 그려보면 겨울 소나무가 가지에 눈이 소복하게 쌓여 있어서 아름다운 풍경을 연출하고 있다. 가지에 쌓인 눈이 차가운 한기를 막는 보온 역할을 해주어서 겨울나기를 잘하고 있다. 그런데 여기에 어설픈 화火 기운이 들어와서 가지의 눈을 녹여버리면 아름다운 모습을 잃어서 초라해지고, 한기를 막아주던 눈이 없으니 추위에 시달릴 수 있다.

무진戊辰 대운에 무토戊土가 들어와도 무계합戊癸合을 하는데, 이 무토가 연에서 무계합, 월에서 무계합, 시에서 무계합을 할 때마다 갑목甲木이 땅을 좇아 뿌리내리려고 돌아다니는 형상이라 한곳에 오래 머물지 못한다. 한곳에서 오랫동안 뿌리내리지 못한 이 갑목甲木의 주인은 안정된 생활을 못하고 경제적 어려움에 시달리고 있다.

시	일	월	연	乾命
乙	甲	乙	己	
亥	寅	亥	酉	

79	69	59	49	39	29	19	09
丁	戊	己	庚	辛	壬	癸	甲
卯	辰	巳	午	未	申	酉	戌

칡넝쿨 같은 을乙이 양쪽에서 일간 갑목甲木을 얽어매고 있어 주변 사람들에게 시달린다. 주변 사람과 경쟁하면 본인도 항상 지는 느낌을 받는다. 그래서 사람들과 잘 어울리지 못해 사회성이 부족한 편이다. 숙살지기가 있는 유금酉金 관官으로 을목乙木 넝쿨을 자르고 거목으로 성장하려는 형국이라 명예욕, 출세욕이 매우 강하다.

고등학교 시절 을축乙丑년에 세 개의 을목乙木 넝쿨에 더욱 묶이니 선배와 친구들에게 시달리다가 휴학을 했다. 신미辛未년, 신금辛金으로 을목을 자를 때는 재검을 통해서 군 면제를 받는 좋은 일도 있었다.

임신壬申 대운 상반기 정축丁丑년에 유축금국酉丑金局을 이룰 때 대학에서 강의할 기회를 얻었으나 기묘己卯년에 묘유충卯酉沖으로 관官이 깨져 나가니 경쟁력이 상실된다. 하반기에 강사 자리를 구하지 못해 고생했다. 경진庚辰년에 다시 큰 칼이 들어와 명예가 높아지는 시기라 지방대학에 전임 자리를 얻어서 신사辛巳년까지 좋았다. 임오壬午년에는 인오화국寅午火局을 이루어 유금酉金 관官을 치니 불명예가 생기기 쉬운데 학교에서 시끄러운 일이 생겨 강의를 접고 미국으로 연수를 떠났다. 몇 년 후 귀국하여 제대로 강의를 시작했다.

신미辛未 대운 신금辛金이 작용하는 상반기까지는 학과 운영을 잘했으나 하반기 미未 대운부터 해미목국亥未木局으로 을목乙木 겁재가 다시 커져 경쟁력이 사라지게 되었다. 이때 학생 모집이 어려워지기 시작하더니 학교에서 학과 폐지를 결정하게 되어 묘유충卯酉沖으로 관官이 약해지는 신묘辛卯년에 학교를 떠났다. 그 후 개인 사업을 시작했다. 평소에는 금전 거래 및 투자를 싫어했으나 갑오甲午, 을미乙未년에는 비겁의 유혹에 넘어가 큰돈을 투자했다가 사기를 당해 크게 잃었다.

일반적으로 조후를 중시하는 명리학자들이 인寅 중 병화丙火를 써야 한다고 주장한다. 그러나 화火가 들어오면 을목乙木 넝쿨이 더 번창하여 갑목甲木을 뒤덮어 조르기 때문에 나쁘다. 그러므로 화火 운에는 경쟁력을 잃게 되고, 금金이 들어와 넝쿨 을목乙木을 칠 때 명예를 얻고 좋아진다. 유금酉金의 속성상 말하는 직업이 좋으니 교수의 길을 선택한 것은 좋았으나 시간의 흐름상 유금酉金과의 인연이 멀어져간다. 결혼하려고 했던 기토己土 여성들도 유금酉金과 인연이 많았는데 각각 치과의사, 약사, 한의사로 전부 유금 입에 관련된 여성이었다.

오행의 상생·상극은 없다

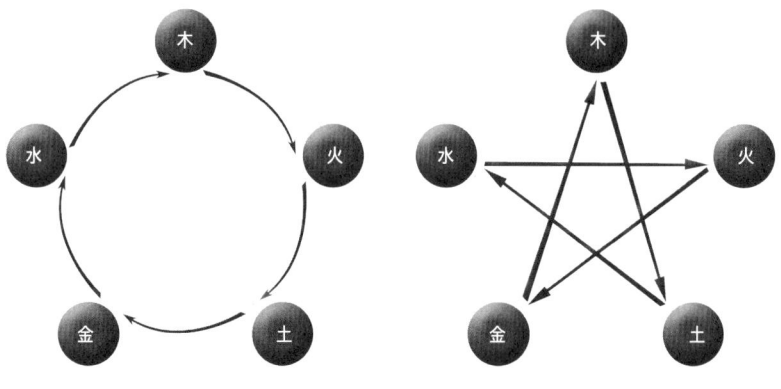

오행의 상생   오행의 상극

일반적으로 오행의 상생 상극이라 하면 앞의 그림과 같이 획일적인 생각을 하기 쉽다. 물론 오행은 그림과 같은 상생 상극의 형태로 존재하지만 자연 현상에서는 상생 상극이 없다고 할 수 있다.

생生이든 극剋이든 과한 것은 극이 되고, 반대로 사주에서 필요한 정도로 있으면 생이든 극이든 살리는 역할을 한다. 따라서 생과 극에 얽매이지 말고 자유로운 발상을 해야 자연의 흐름에 눈을 뜰 수 있다. 상생 상극 논리에 빠져 유연한 사고력을 잃는 것도 명리 중급자들이 흔히 저지르는 오류 중 하나이다.

가령 뿌리가 약해 시들시들해진 나무를 살리고자 할 때 일반 명리 논리로는 신약하니 수水와 목木이 필요하다고 한다. 그러나 자연생태학 관점으로 설명하면, 나무에게는 물의 역할과 뿌리의 역할이 전혀 다르니 그에 따라 다른 처방을 해주어야 한다. 뿌리가 약해서 활착을 못하고 있는 나무에게 시들하다고 해서 무조건 물을 퍼부어 줬다가는 뿌리가 물을 흡수하지 못해 들떠버린다. 그래서 결국 나무가 죽을 수 있고, 땅이 너무 습해져서 나무가 병들거나 잘 자라지 못할 수도 있다. 이런 나무는 물의 기운이 올 때가 아니라 뿌리가 튼튼하게 되는 시기에 문제가 해결될 수 있다.

나무가 자랄 때 옆에 큰 바위나 돌이 많으면 억부 논리로는 흔히 관살이 강해서 신약하다고 말한다. 그러나 사실 나무 옆에 바위가 있으면 곁뿌리들이 바위 틈을 파고 들어가 튼튼하게 뿌리를 내려서 강한 바람이 불어도 나무가 뽑히지 않고 잘 자란다. 바위가 오히려 나무의 성장에 큰 도움이 되는 것이다. 이것이 자연생태학 관점으로 보는 사주 풀이법이

자연명리
초급편

다. 이렇게 기존의 도식적인 상생 상극 논리에서 벗어나 생이 생이 아니라 생이 극이 되고, 극이 극이 아니라 극이 생이 될 수 있는, 새로운 상생 상극의 논리를 설명하고자 한다.

설泄이 생生이다

전통 명리에서는 목생화木生火, 화생토火生土, 토생금土生金, 금생수金生水, 수생목水生木이라는 이론에 따라서 목木이 화火를 생하고, 화火가 목木의 기운을 빼고, 토土가 화火의 기운을 빼고, 금金이 토土의 기운을 빼고, 수水가 금金의 기운을 빼고, 목木이 수水의 기운을 뺀다는 식으로만 사주를 풀이한다. 그러나 설泄하는 기운이 오히려 생하는 이치도 있으니 상황에 따라 유연한 사고가 필요하다.

❶ 화는 목을 살린다

대자연에서 나무는 태양 병화丙火가 있어야 광합성 작용을 하며 성장할 수 있다. 특히 아직 추위가 남아 있는 초봄에 어린 새싹이 나왔다가 추위에 얼어 죽을 수가 있는데 이때 태양이 뜨는 화창한 날씨가 되면 한기에 움츠렸던 어린 싹이 생기를 찾아 잘 자랄 수 있다.

물론 너무 조열한 땅에서 뜨거운 태양은 나무를 죽이는 역할도 하지만, 나무가 태양을 살리는 것이 아니라 태양이 나무를 살리는 것이 맞다.

그럼 목木은 병화丙火를 살리지 못할까? 살릴 수 있다. 다만 '나무' 형태의 목木이 아니라 '봄 기운' 형태의 목木이 병화를 살려서 태양의 일조량을 늘린다. 즉, 봄이 오면 태양이 일찍 떠서 늦게 지니 일조량이 늘어서 목생화木生火의 구조가 이루어진다.

❷ 토는 화를 살린다

옛날에 가마솥에 밥을 지을 때 아궁이에다 불을 지폈는데, 이때 토土에 해당하는 아궁이가 바람을 막아 불이 꺼지지 않도록 보호해준다. 또 재로 불씨를 덮어서 보관하곤 했는데, 그러면 산소가 재를 통과할 때 불씨가 꺼지지 않을 만큼만 전달되어 불씨가 완전히 타버리지도 않고 완전히 꺼지지도 않은 채 남게 된다. 여기서 재도 토土로서 화火를 살리는 역할을 한다.

또한 대지(土)는 태양빛을 복사열로 바꿔서 지구의 열량을 증가시켜 준다. 흙(土)으로 지은 토담집은 추위를 막아 따뜻한 열기를 오래 유지시켜 준다. 불을 피울 때는 굴뚝(土)으로 연기가 잘 빠져나가야 불길이 아궁이 안으로 잘 들어가 방을 덥힐 수 있는 것처럼 굴뚝은 화기火氣를 조절하고 불이 잘 탈 수 있도록 도와준다.

❸ 금은 토를 살린다

땅에 잡초가 무성할 때 낫(金)과 가위(金)로 잡초를 제거해줘야 지력을 살리고 황무지가 되는 것을 막을 수 있다. 농사를 지을 때 쟁기질(金)로 땅을 갈아엎어 놓으면 땅속에 산소와 거름이 잘 공급되어 비옥한 땅이 된다. 밭에는 금金에 해당하는 자갈이 적당히 있어야 배수가 잘 되어 작물을 잘 키워낼 수 있다.

산에 절개지(공사를 하기 위해 절벽처럼 만든 곳)를 만들 때, 또는 지반이 약한 곳에 축대를 쌓을 때는 돌(金)로 단단하게 쌓아야 토사 유출을 막고 축대의 붕괴를 막을 수 있다. 우물가에도 돌(金)로 경계를 둘러놓아야 흙이 흘러내리지 않고 맑은 물을 유지할 수 있다.

❹ 수는 금을 살린다

물론 금金도 수水를 생한다. 바위 틈에서 물이 나온다고 해서 금생수金生水는 아니다. 금金은 수렴하는 기운이니 무형의 습기를 수렴하고, 압축하면 응결이 되어 유형의 물방울로 변하게 된다. 그러한 작용으로 금金은 수水를 생한다.

그러나 수水가 있어야 금金이 제대로 능력을 발휘할 수 있다. 단순하게 물로 금을 세척하면 금이 빛나기 때문에 금이 살아나는 현상도 있지만, 달궈진 쇠를 물(水)로 담금질하면 철이 단단하게 되어 물이 금金을 생한다고 할 수 있다.

금金은 수水를 만나면 특유의 독한 숙살肅殺 기운이 발동하여 금 본연의 역할에 충실하게 된다. 가을에 추워지기(水) 시작하면 가을 금金 기운은 대大를 살리기 위해서 소小를 희생시켜 생명을 죽이는 역할을 시작한다. 즉 수水(겨울)가 금金 본연의 임무인 숙살 작용을 할 수 있게 만들어준다.

예를 들면 나무는 가을에 태양빛이 적어지고 추워지기 시작하면 광합성 작용을 잘 못하기 때문에 영양분을 아껴야 한다. 이때 잎들은 군식구와 같으니 추운 겨울을 나기 위해서는 여름 내내 이용했던 잎들을 떨어뜨려야 한다. 이때 잎을 떨구는 냉정한 기운이 바로 금金의 숙살肅殺 기운에 해당한다. 이러한 숙살 기운이 있기에 불필요한 것들을 제거하여 열량 소비를 최소화할 수 있다. 그래서 광합성을 못해 영양분을 얻기 어려운 겨울에도 얼어 죽지 않고 생존할 수 있다.

❺ 목은 수를 살린다

금수金水가 많은 사주는 목木이 있어야 좋다. 금수가 많으면 물은 얼어 있는 형국과 같아서 흐르지 못하여 물 본연의 역할을 하지 못한다. 한겨울에 눈 덮인 강원도 산골에서는 물이 얼어서 마실 물도 부족하고 빨래도 할 수 없어 곤란을 겪는다. 이때 목木이 있으면 눈 덮인 산골에 봄 기운이 들어온 형국과 같아서 겨우내 얼었던 물이 녹아 흐르며 대지를 적시고 생명을 키우는 역할을 하게 된다. 따라서 목木이 수水를 살리는 역할을 하게 된다.

수량이 넘쳐 홍수가 났을 때 해결하는 방법이 첫째는 댐으로 물을 막는 것이고, 둘째는 많은 물이 빠져나갈 수 있도록 물길을 터주는 것이다. 두 번째 방법으로 물을 제어해주면 침수를 예방할 뿐만 아니라 농업용수, 공업용수, 상수원 등 다양 용도로 쓸 수 있다. 물이 수로를 통해 빠져나가는 것은 호스를 통해 필요한 곳에 물을 내보내는 목木의 기운으로 볼 수 있다.

청계천에 가면 주변에 갈대 같은 식물(木)이 많다. 홍수가 났을 때 이 수초들은 도로에서 흘러 넘어오는 더러운 물을 걸러내는 필터 역할을 해서 청계천 물을 깨끗하게 유지해준다.

극剋이 생生이다

극에는 '내가 극하는 극'과 상대가 '나를 극하는 극'으로 2가지가 있다. 극은 상대 오행을 누르고 군림하는 관계가 아니라 나와 상대가 같이 살아가기 위해서 '극'이라는 방식을 취하는 것일 뿐이다. 즉, 극剋은 상생을 하기 위한 또 다른 방식의 생生이라 할 수 있다. 마치 아이가 올바르게 자라도록 훈육하는 '사랑의 매'와 같다.

❶ 목과 토

토가 목을 살린다

공(木)이 튕겨 오르기 위해서는 땅(土)에 세게 부딪쳐야 한다. 이처럼 어떤 물체가 나아가는 작용을 하기 위해서는 반드시 반작용이 뒷받침되어야 한다. 나무(木)도 위로 자라기 위해서는 밑에서 받쳐주는 토의 기운 땅(土)이 있어야 한다. 식물(木)은 흙(土)을 통해서 씨앗을 싹틔워 성장할 수 있고, 흙이 있어야 뿌리를 내려서 영양과 수분을 공급받을 수 있다. 또한 튼튼한 나무 기둥(木)을 세우기 위해서는 땅이 단단하게 받쳐주어야 한다. 그래야 안전한 건물(木)을 세울 수 있다.

목이 토를 살린다

산에는 풀과 나무 즉 목(木)이 많아야 한다. 목(木)이 없는 산은 물을 흡수하는 스펀지 작용이 되지 않아 홍수가 나기 쉽다. 또 산의 나무들은 토사 붕괴와 유출을 막아서 산사태를 예방해준다. 토담집을 지을 때 진흙 속에 볏짚(木)을 썰어 넣는데, 그러면 진흙이 단단히 뭉쳐져서 튼튼한 집을 세울 수 있다.

땅에 목(木)이 없다는 것은 사막과 같은 황무지인 셈이니 식물을 길러내는 땅 본연의 덕성을 유지할 수 없다. 나무에서 떨어지는 낙엽(木)은 땅을 비옥하게 만드는 거름 역할을 한다. 또 휴양지(土)에는 시원한 그늘을 만들어 주는 나무(木)가 있어야 사람들이 찾아와 휴식을 취한다.

자연명리
초급편

❷ 목과 금

금이 목을 살린다

전정가위(金)가 있어야 나무의 가지치기를 할 수 있다. 가지치기를 해주어야 나무가 쓸데없는 가지를 뻗지 않고 줄기가 굵고 곧게 자라며, 나이테도 일정하게 형성돼 아름다운 무늬를 갖는다. 즉 금金은 나무(木)를 재목감으로 성장시켜 큰 쓰임새를 갖게 만들어준다.

나무(木)는 바위(金)가 있어야 곁뿌리가 바위 틈에 튼튼히 뿌리내려 태풍에도 뽑히지 않는 거목으로 자랄 수 있다. 나무가 추운 겨울을 나기 위해서는 불필요한 잎을 떨어뜨려야 하는데, 이때 차가운 서리(金)와 가을바람(金)이 잎을 떨어뜨리는 데 도움을 준다. 또 실(木)은 바늘(金)과 가위(金)가 있어야 사용할 수 있으며, 아름다운 옷(木)을 만들기 위해서도 바늘과 실이 필요하다.

목이 금을 살린다

금金은 칼과 같아서 안전하고 효율적으로 사용하기 위해서는 나무 손잡이(木)를 달아주어야 한다. 부엌칼(金)도 날을 보호하며 오래 사용하기 위해서는 나무 도마(木)가 필요하다.

구슬이 서 말이라도 꿰어야 보배이듯 신금辛金 구슬은 을목乙木 실이 있어야 목걸이를 만들어 사용할 수 있다. 도끼(金)는 베어낼 나무(木)가 있어야 쓸모가 생기고, 농기구(金)는 수확할 농작물(木)이 있어야 쓸모가 있다. 무쇠(金)를 녹일 때는 목木에 속하는 땔감과 풀무질이 지속적으로 공급되어야 불이 살아나 쇠를 녹이고 제련할 수 있다. 꽹과리(金)와 징(金)도 두들기는 나무 채(木)가 있어야 아름다운 소리를 낼 수 있다.

❸ 화와 금

금이 화를 살린다

금金이 있어야 화火를 반사시켜서 화의 존재감을 더욱 빛나게 한다. 전구 속의 금속 필라멘트(金)는 전기(火)가 환한 빛에너지로 변할 수 있게 하고, 불꽃이 나오는 난로 뒤에는 금속(金) 반사판이 있어서 복사열을 앞으로 잘 전달해준다.

자동차 헤드라이트는 거울(金) 반사판이 있어서 빛을 먼 곳까지 환하게 비출 수 있다. 금속 우라늄을 분열시키면 엄청난 열에너지를 방출한다. 또한 전선(金)이 있기 때문에 전기(火)를 먼 곳까지 전달할 수 있고, 금속과 금속이 부딪치면 불꽃이 튄다.

화가 금을 살린다

강한 화火가 있어아 철광석에서 금속을 추출하고 금金을 제련하여 강철이나 보석 등 원하는 도구를 만들 수 있다. 아무리 비싼 보석(金)도 아름답게 비춰주는 조명이 있어야 보석의 가치를 드러낼 수 있다. 기계(金)는 전기(火)와 같은 동력이 없으면 움직일 수 없다.

이와 같이 금金은 화火를 통해서 세상에 나와서 화火를 통해서 존재 가치를 인정받는다. 열매(金)도 따가운 태양빛이 있어야 아름다운 빛깔로 익어가고, 열매를 말려 곶감 등을 만들 때도 태양이 필요하다.

❹ 화와 수

수가 화를 살린다

화火 기운은 위로 타오르며 밖으로 끝없이 팽창하려고 한다. 이때 수水로 제어해주어야 화火가 폭발하지 않고 지속적으로 쓰임새를 가질 수 있다. 만약 전기가 온on 기능만 있고 오프off 기능이 없다면 장시간 사용으로 과열이 되어 기계가 고장날 수 있다. 큰 바다(壬水) 위에 뜬 태양은 강물의 물결로 인해 더욱 밝고 아름답게 빛난다. 만약 넓은 바다가 없었다면 태양빛이 그렇게 아름다운지 알 수 없었을 것이다.

원자력발전소도 폭발을 막는 감속재와 냉각재(水)가 있어서 안전하게 전기를 생산할 수 있다. 어두운 영화관에 약한 조명이 필요한 것처럼 촛불, 등불, 전등과 같은 작은 빛(火)은 어둠(水)이 있어야 제 존재를 빛낼 수 있다.

화가 수를 살린다

얼어붙은 물은 흐르지도 못하고 생명을 키우는 역할도 할 수 없다. 흐르는 물이 되기 위해서는 최소한의 열에너지가 필요하다. 화火가 없으면 동토의 땅이 되어 생명체가 존재할 수 없다. 냉장고를 사용해서 얼음을 얼리기 위해서는 오히려 전기(火)가 필요하고, 그 얼음의 가치도 무더운 여름(火)에 더욱 커지게 된다. 바다(水)는 태양이 있어야 살아 있는 바다가 된다. 태양빛을 받은 플랑크톤이 산소를 생산해줌으로써 바다에 사는 수많은 생물이 살아갈 수 있는 것이다.

지구의 물이 순환하는 데 가장 큰 역할을 담당하는 것이 태양이다. 무더운 적도 지방에서 물은 태양에너지를 흡수해 수증기가 되어 바람과 함께 극지방으로 옮겨간다. 이때 수증기를 옮겨주는 바람 또한 태양에너지가 공기 분자들을 움직여 일으키는 것이다. 수증기는 하늘로 올라가 구름이 되었다가 비가 되어 떨어져서 대지를 적시고, 그 빗물은 다시 모여서 바다로 흘러가는 순환을 한다.

❺ 토와 수

수가 토를 살린다

수분(水)이 없는 토(土)는 응집력이 없어서 조금만 바람이 불어도 흩어져 사막이 된다. 건기의 사막은 어떤 생명체도 찾아보기 힘들 정도로 죽은 땅의 모습을 하고 있다. 그러나 우기가 되어 비(水)가 내리면 그 죽음의 땅에도 순식간에 풀이 생겨나고 온갖 동식물이 하나둘 모여들어 생명이 가득 찬 땅이 된다. 건축물을 지을 때도 물이 없다면 시멘트와 모래(土)를 반죽할 수 없으니 건물을 세울 수 없다. 넓은 스케이트장(土)에는 얼음(水)이 있어야 하고, 스키장(土)에도 눈(水)이 있어야 그 쓰임새가 있다.

토가 수를 살린다

여기저기 마구 흘러가는 물은 아무리 많아도 이용할 수 없고 오히려 다른 생물에게 피해만 준다. 이런 물은 강력한 토土로 막아 다목적 댐에 저장해두면 이용 가치가 생겨난다.

습지(土)는 오염된 물을 깨끗하게 정화시키는 자연의 콩팥 기능을 한다. 또한 물의 유량을 조절할 수 있는 힘을 통해 홍수와 가뭄을 예방하는 효과가 있다. 가는 모래(土) 입자는 물을 깨끗이 정화시키는 여과 작용을 하여 물을 살린다. 낙동강 하구에 있는 모래의 정화 능력은 부산에 있는 모든 정수장보다 더 높다고 한다. 황사 바람 속에 있는 미네랄(土)은 서해 바다에 영양을 공급한다.

생生은 극尅이다

❶ 목은 화를 극한다

나무(木)는 불(火)의 연료가 되는 탄소와 산소를 공급한다. 봄(木)이 오면 병화丙火 태양의 일조량이 늘어, 즉 목생화木生火가 되어 해가 점점 더 길어진다. 화려한 폭죽(火)은 위로 쏘아 올려주는 추진력(木)이 있어야 하늘에서 아름답게 터진다. 화초(木)는 아름다운 꽃(火)을 피운다. 이러한 작용은 모두 목생화木生火에 해당한다.

그런데 불꽃이 작을 때 적당한 바람(木)은 불꽃을 살리지만, 강한 바람은 불을 압도하여 꺼버린다. 숲 속에 빽빽하게 자라는 큰 나무(木)들은 태양을 가려서 숲을 어둡게 만든다. 모닥불을 피울 때 작은 불꽃을 빨리 키울 욕심으로 장작(木)을 너무 많이 쌓으면 산소 공급이 안 되어 오히려 불이 꺼진다. 이것은 모두 목극화木剋火로 목다화식木多火熄이 된 형국이다.

❷ 화는 토를 극한다

햇살(火)이 잘 드는 양지의 땅(土)은 주거하기에 좋은 환경이 되고, 지열(火)이 높고 광합성(火)하기에 유리한 땅은 식물이 잘 자라니 가치 있는 땅이 된다. 어두운 밤에 도로는 가로등(火)이 있어야 도로의 역할을 제대로 할 수 있다. 이러한 작용은 화생토火生土에 해당한다.

그런데 화산(火) 폭발로 화산재가 뒤덮인 땅은 죽음의 땅이 된다. 지나치게 강한 태양은 땅속의 수水를 증발시켜 버리니 땅이 갈라지고 아무것도 키울 수 없는 황무지로 변한다. 이것은 모두 화극토火剋土로 화토중탁火土重濁이 된 형국이다.

자연명리
초급편

❸ 토는 금을 극한나

적당한 토±는 화火 기운을 설泄하여 금金으로 잘 갈 수 있게 중계 역할을 한다. 거푸집(土)에 쇳물을 부어서 원하는 모양의 금金을 만들 수 있다. 이러한 작용은 토생금土生金에 해당한다.

반짝이는 보석(金)은 먼지나 흙이 묻으면 광채가 사라져서 존재감을 잃어버린다. 많은 토±는 금金을 땅에 묻어서 오히려 금의 존재를 숨겨버린다. 이것은 토극금土剋金으로 토다매금土多埋金이 된 형국이다.

❹ 금은 수를 극한다

적당한 금金은 수水의 양을 풍부하게 하고 맑은 물을 유지하게 하며 물맛을 좋게 한다. 차가운 금金은 대기중의 습기를 응결시켜 물방울이 맺히게 한다. 이러한 작용은 금생수金生水에 해당한다.

그런데 순조롭게 흐르던 물이 큰 바위(金)를 만나면 돌아가야 하고 물살도 거칠어진다. 물에 금金이 너무 많으면 석회가 녹아서 흐려진 석회수처럼 식용할 수도 없고, 나무를 키울 수도 없는 오염수가 된다. 이것은 금극수金剋水로 금다수탁金多水濁이 된 형국이다.

❺ 수는 목을 극한다

적당한 수水는 무더운 가뭄에도 나무를 잘 자라게 하여 우람한 거목으로 성장시킨다. 겨울 추위(水)를 견뎌낸 씨앗(木)은 발아력이 좋다. 강하게 응축된 수水 기운 속에서 반발하는 목木 기운이 나온다. 이러한 작용은 수생목水生木에 해당한다.

심한 추위는 식물의 성장을 방해한다. 수水가 너무 많은 땅에는 식물의 뿌리가 튼튼하게 내리지 못하여 들뜨게 되고, 결국 식물이 썩어버릴 수 있다. 이것은 수극목水剋木으로 수다부목水多浮木이 된 형국이다.

18강
/
뜨거운 감자, 신살

신살神煞은 좋은 의미로 쓰이는 길신吉神과 나쁜 의미로 쓰이는 흉살凶煞 두 의미를 포함하고 있다. 사주에서 신살은 뜨거운 감자와 같다. 사용하자니 논리가 부족하고 버리자니 가끔은 유용한 경우도 있으니 쉽게 버릴 수가 없음을 느낀다.

그러나 신살은 부정적인 의미로 더 많이 사용되어서 꺼려지게 된다. 신살론을 적극적으로 주장하는 사람들 중에는 혹세무민하듯 밑도 끝도 없이 위협적인 발언을 함으로써 더욱 비판을 받는다.

고전 명리서인 《삼명통회三命通會》에는 지금과는 비교할 수 없을 정도로 많은 신살을 사용했으나 《적천수適天髓》, 《자평진전子平眞詮》 등에서는 신살 무용론을 주장한다. 이렇듯 신살은 주장하는 사람과 부정하는 사람이 극명하다.

필자의 견해는 신살은 다소 논리가 부족하지만 유용함도 많다는 것이다. 그래서 많은 신살 중에 잘 맞는 몇 십 개를 제한적으로 사용한다. 논리 부족으로 비판받는 신살을 잘 사용하기 위해서는 원국 상황을 잘 파악해야 한다. 가령 도화살은 보수적이었던 과거에는 부정적으로 인식되었으나 오늘날에는 특히 연예인들에게 긍정적으로 작용하는 인기살이 되었다. 이렇듯 신살은 시대에 따라 희기喜忌가 달라진다.

사주 원국의 혼탁 여부에 따라 신살의 희기가 달라지기도 한다. 예를 들어 재성이 혼잡된 남명 사주, 또는 관살이 혼잡된 여명 사주처럼 탁濁한 명조에서는 도화살이 부정적으로 작용한다. 일지 배우자궁이 불안정한 상태이거나 운에 의해 불안정한 상태가 될 때도 도화가 들어오면 이성에 의한 망신이나 파란을 경험하게 된다. 반대로 사주가 청淸하고 배우자궁이 안정된 명조는 도화가 아무리 들어와도 긍정적으로 발현되어서 대인관계가 좋고 인기를 얻으며, 삶에서 탁월한 수완을 발휘하기도 한다.

요즘에는 귀문관살을 실전에 적용하는 사례가 많아졌다. 귀문관살이 좋게 작용하면 눈치와 직감이 발달하고, 상상력이 매우 뛰어나며 머리가 비상하여 천재 소리를 들을 수 있다. 반대로 나쁘게 작용하면 과대망상, 의심, 중독, 스트레스, 조현증, 신경과민과 같은 정신질환이 발생하기 쉽다.

이제 실제 사주로 귀문관살을 활용하는 통변을 해봄으로써 신살을 쓰는 요령을 알아보자.

시	일	월	연	乾命
丁	甲	癸	庚	
卯	申	未	午	

77	67	57	47	37	27	17	07
辛	庚	己	戊	丁	丙	乙	甲
卯	寅	丑	子	亥	戌	酉	申

위 사주는 여름철 갑목甲木이 화火가 강해서 수水가 필요한데, 계수癸水가 약하지만 금생수金生水를 받아서 쓸 만하다. 묘신卯申 귀문관살이 있는데 묘卯는 갑목의 뿌리가 되어주고, 신申은 금생수金生水하는 희신喜神 역할을 하고 있어 귀문관살이 좋은 작용을 한다. 이 사주의 주인은 아이큐가 150이 넘을 정도로 총명하여 어려서부터 주목을 받았고 학업 성적이 매우 뛰어나서 과학고에 들어갔다.

갑목甲木은 신申 바위에 걸터앉은 모습인데 계수癸水가 있어 절처봉생絶處逢生이 되었다. 즉 바위 틈으로 흐르는 물이 있어 수생목水生木을 잘 받고 있는 모습이고, 곁뿌리 묘목卯木이 바위를 감싸고 있어 양인합살도 잘 된다. 갑목이 경금庚金 큰 칼을 잘 지니고 있어 숙살肅殺 기운을 발휘하는 전문직을 가질 만하나 수水가 부족함이 아쉽다.

현재는 과학고를 1년 일찍 졸업하고 대학에서 생명공학과를 전공하고 있다. 병술丙戌 대운에 국내에 머물고 있다면 진로의 갈등을 겪을 수 있으니 외국으로 유학을 가야 학업 성취를 이루고 숙살지권의 직업에서 능력을 발휘할 수 있다.

	시	일	월	연		坤
	己	癸	壬	癸		命
	未	巳	戌	卯		

77	67	57	47	37	27	17	07
庚	己	戊	丁	丙	乙	甲	癸
午	巳	辰	卯	寅	丑	子	亥

위 사주는 관살혼잡이 되어 있고 토土가 강하여 흙탕물이 되기 쉬운데 금생수金生水로 물을 맑게 해줄 금金이 없어서 사주가 탁濁하다. 특히 술토戌土 관官은 술미형戌未刑이 있어서 삼형살三刑殺이 발동될 때 흙탕물이 되기 쉬우니 남편으로 인해 몸이 아프거나 불명예를 당하기 쉽다. 이렇게 사주가 탁하면서 원국의 사술巳戌 귀문관살이 모두 기신 역할을 하게 되면 살의 흉凶 작용이 발동하기 쉽다.

이 사주의 주인은 결혼 초에는 남편이 자기에게 매우 잘해준다고 느꼈는데, 사술巳戌 귀문관살이 발동하자 남편의 집착이 심해지며 사회활동까지 못하게 하여 집안에서 부업만 했다. 나중에는 남편이 밖에서 바람을 피우며 처를 의심하는 의처증으로 발전했고 폭력까지 행사하자 결국 가출 후 이혼을 선택했다. 이혼 후 남편이 계속 재결합을 원했으나 도저히 감당할 자신이 없어서 다른 남자까지 거부하며 혼자 지내고 있다.

관식투전의 핵심

사주에서 관살官殺과 식상食傷이 서로 대적하고 있을 때 억부법으로 보면 어떤 것을 용신으로 써야 할지 헷갈릴 때가 많다. 특히 일간의 뿌리가 없어 신약한 관식투전官食鬪戰은 관살과 식상 모두 약한 일간의 기운을 설기하고 있어 용신 잡기가 어렵다.

먼저 관식투전의 유형을 살펴보면 4가지가 있다.

① 일간이 신약한데 식상이 왕하고 관살이 약한 경우 관살이 용신이 된다.
② 일간이 신약한데 식상이 약하고 관살이 왕한 경우 식상이 용신이 된다.
③ 일간이 신왕한데 식상이 왕하고 관살이 약한 경우 식상이 용신이 된다.
④ 일간이 신왕한데 식상이 약하고 관살이 왕한 경우 관살이 용신이 된다.

관식투전이 될 때 용신 잡는 법을 정리하면, 일간이 약하면 관살과 식상 중에 약한 것을 용신으로 잡는다. 일간이 강하면 관살과 식상 중에 강한 것을 용신으로 잡으면 크게 틀리지 않는다.

  그러므로 이러한 유형의 사주를 풀이할 때는 용신법을 암기해두면 편리하다. 관식투전의 유형에서 일간이 신약할 때 용신 잡기가 어려우니 여기에서는 이를 중심으로 설명하고자 한다.

식상은 왕하고 관살이 약한 신약 사주

시	일	월	연		坤命
己	己	辛	辛		
巳	酉	卯	亥		

74	64	54	44	34	24	14	04
己	戊	丁	丙	乙	甲	癸	壬
亥	戌	酉	申	未	午	巳	辰

  위 사주는 실령失令, 실지失地하고 약간의 득세만 하고 있어서 일간이 아주 신약하다. 해묘목국亥卯木局의 관살과 사유금국巳酉金局의 辛 후 식상이 싸우고 있다. 이런 경우는 약한 목木 관官을 용신으로 잡는다. 이런 사주를 가진 여성의 첫인상은 보통 남자를 무시하고 자유분방하게 행동하는 듯 보이나 의외로 보수적인 성향이 강하다. 일지에 유금酉金 입이 있고 사유巳酉로 입에서 빛이 나니 말을 잘한다. 개인사업보다는 직장생

활을 하는 것이 좋다.

이 사주의 주인은 물리치료사로 15년 정도 일했다. 남편도 안정된 직장에 다녀 두 사람 연봉이면 중산층은 된다. 계미癸未년부터 남편의 권유로 주식을 조금 하다가 을유乙酉년에 크게 잃어서 대출받고 집까지 내놓게 되었다. 이 해에 남편은 무탈하였다.

정해丁亥년까지는 직장생활을 잘했으나 무자戊子년에 퇴사하고 주식에 몰두하여 기축己丑년까지 희망이 안 보일 정도로 많이 잃었다. 경제적으로 어렵고 식상이 많아 쉽게 이혼을 결정할 것처럼 보이지만 쉽게 결정하지 못하고 있다. 물상으로 보면 봄철 기토己土 밭이니 곡식을 심어야 하는데 아직 눈서리가 많이 내린 형국이고 자갈밭이라 농사 짓기가 어렵다.

식상은 약하고 관살이 왕한 신약 사주

시	일	월	연	乾
壬	丙	戊	庚	命
辰	子	子	戌	

75	65	55	45	35	25	15	05
丙	乙	甲	癸	壬	辛	庚	己
申	未	午	巳	辰	卯	寅	丑

위 사주는 신약한 병화丙火에 관살 수水가 넘친다. 일간이 신약해도 먼저 물을 막는 것이 급하니 왕한 물을 막기 위해서 식상 무토戊土를 용신

으로 정한다. 화火는 희신이 되고, 목木이 무토戊土 제방을 무너뜨리는데 이를 막아주는 경금庚金 재성은 약신이 된다. 이 사주의 주인은 경제적으로 풍족한 집안에서 자랐으나 공부를 멀리하여 대학도 가지 않았다.

인寅 대운에 인술화국寅戌火局이 되어 어두운 일간 병화丙火는 밝아지고 약한 토土는 강해져서 물을 막을 수 있으니 능력을 발휘한다. 따라서 20대 초반에 의류업에서 영업으로 돈을 많이 벌었다. 신묘辛卯 대운에는 경인庚寅 대운에 비하면 크게 벌지 못했으며, 도화 운에 해당하고 병신합丙辛合을 하여 많은 여자와 인연이 있었다. 임진壬辰 대운부터는 수水가 넘쳐서 흐르니 직장생활을 잘 못했다. 계미癸未년에는 수水가 왕旺해지고 계수癸水 관살이 일간 병화丙火를 가리면서 물을 막고 있는 무토戊土를 합거合去하여 여자 문제로 송사를 겪었다. 갑신甲申, 을유乙酉년에는 주식 투자로 크게 손실을 보았고, 경매로 샀던 부동산에 송사가 생겨서 부동산까지 날렸다.

식상은 장모에 해당하는데 용신이라 처갓집에 잘하고 덕분에 처가 덕을 보고 있다. 처는 직장생활을 잘하고 경제적인 능력이 있다. 부부 사이에 아이가 없어서 처는 아이를 낳기 위해서 노력하나 본인은 관이 기신에 해당하니 자식에 큰 애착이 없다.

실전 통변

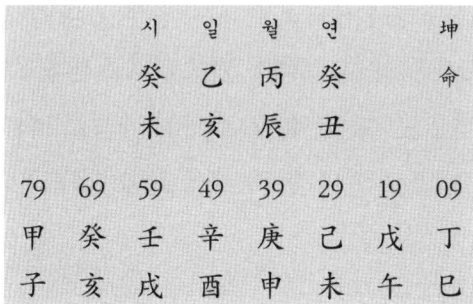

위 사주는 진월辰月 을목乙木이 수水가 많아 한기가 심하여 병화丙火 햇빛이 필요하다. 그래서 교육으로 진로를 정해 유치원 교사로 일했다. 평소에는 사주의 병病인 계수癸水 비가 내려 병화丙火 햇빛을 가리니 얼굴에 그늘이 져 있으며 음지의 속성이 많아 야행성이다. 계수癸水가 병화丙火를 가리면 안개가 껴서 잘 안 보이는 형상이라 남의 단점을 잘 볼 줄 모른다.

무오戊午 대운에 약신藥神 무토戊土가 나타나 무계합戊癸合으로 계수癸水 병病을 제거하면 비가 그치는 형국으로 병화丙火 햇빛이 나타나 밝아진다. 즉, 꽃 핀 장미가 되어 직장에서 인정받으며 잘나갔으며, 남자들에게도 인기가 많았다. 이때는 결혼 적령기에 속하나 결혼은 결코 이루어지지 않는다. 그 이유는 4월 장미가 꽃을 피워서 남자가 잘 따르지만 병화丙火가 살아서 남자들의 단점이 낱낱이 보이기 때문이다. 게다가 남자 신금辛金이 축토丑土 관고官庫 속에서 머저리같이 쭈그리고 앉아 있는 게 훤히 보이니 더 눈에 안 찬다. 특히 월 상관이 있으면 부모가 반대하는 결혼을 하는 경우가 많은데(부모 자리인 월에서 남편 관官을 치는 상관이 있어서 마음에 들어 하지 않는다) 실제로 부모 눈에 안 차는 남자만 데려왔다. 그래서 결혼 날짜까지 잡고는 자신이 없어서 파혼한 적이 세 번이나 있었다. 신기神氣 때문에 그런 줄 알고 마음고생을 많이 했다고 한다.

기미己未 대운에 들어서자 다시 계수癸水 비가 병화丙火를 가려 눈을 가리니 남자의 단점이 안 보인다. 게다가 축미충丑未沖으로 관官이 튀어나오니 34세 병술丙戌년에 임자壬子생 남자와 결혼했다(본인 말에 따르면 아무 생각 없이 결혼했다고 한다). 자자子생 남편은 관庫 속에 있고 연에 있어서 나이 차가 많다. 만일 나이 차가 많지 않으면 겉늙어 보이는 남자를 만난다. 실제로 남편이 이마에 주름이 많고 대머리였다.

결혼 후 계수癸水 편인 때문에 자식 병화丙火가 꺼지는 형상이니 자식이 쉽게 생기지 않는다. 특히 자식 자리 시時에 있는 편인 계수가 식상을 극하니 임신이 더 어렵다. 본인도 자식이 없음을 조금은 받아들이려고 한다.

부친 진토辰土는 병화丙火가 비추니 피부가 희고 인물이 좋은 편이다. 진토辰土 부친(재성) 입장에서는 재고財庫에 해당하니 지독한 구두쇠다. 여자들이 부친의 인물만 보고 좋아했다가 돈을 너무 안 써서 다 떨어져 나갔다고 한다. 모친 해수亥水와 부친 진토辰土가 원진이 되어 부모 사이가 안 좋아 이혼을 고려하고 있다.

부친이 물려받은 나대지 땅 진토辰土는 병화丙火로 전등불이 들어오니 개발 중이고, 그에 비해 남편이 물려받은 땅 축토丑土는 계수癸水가 떠서 개울물이 흐르는 시골 땅이라 아직 미개발 상태다. 시時에 인수가 있고 해미목국亥未木局을 이루어 늦공부를 하며, 일지에 인수가 있어 모친을 모신다. 일지 해수亥水가 술해戌亥 천문성이라 종교, 철학, 법과 인연이 있으니 역학 공부에 매우 흥미를 느끼고, 무자戊子년에 경매를 하기 위해서 법 공부를 해보니 너무 재미있다고 한다.

시	일	월	연		坤命
庚	乙	丁	壬		
辰	卯	未	戌		

78	68	58	48	38	28	18	08
己	庚	辛	壬	癸	甲	乙	丙
亥	子	丑	寅	卯	辰	巳	午

위 사주는 미월未月 여름의 을목乙木 화초가 수水가 없어서 인성 수水를 추구한다. 일지 묘卯가 도화라 인물에 비해서 남자가 잘 따른다(여름철

을목은 꽃이 피어서 향기가 나니 벌과 나비가 많이 날아든다).

　여름의 을목乙木이라 물이 절실히 필요한데 연의 인수 임수壬水가 정임 합목丁壬合木으로 묶여 수생목水生木을 제대로 못해주니 공부를 중단하거 나 재수를 할 수 있다. 인성 고庫인 진토辰土 물 창고가 시時에 있어서 늦 공부를 한다. 술미형戌未刑이 되고 토극수土剋水로 재극인財剋印이 되니 부모 사이가 안 좋고 부친이 사업을 하다가 망해서 집안이 어렵다.

　어려서 화火 식상 운으로 흘러 을목乙木 화초가 꽃을 피우니 예체능에 관심을 갖는다. 피아노를 했으나 수생목水生木을 받지 못해 제대로 꽃을 피우지 못하고, 집안이 기울어서 결국 피아노를 포기하고 유아교육과를 다녔다. 갑신甲申년에 을목乙木이 큰 나무를 감고 올라가고, 천을귀인 신 금申金이 들어와서 신진수국申辰水局이 되어 그동안 목말랐던 을목乙木에게 갈증을 해소시켜주는 운이다. 이때 담당교수가 장학금을 주며 공부할 수 있도록 밀어준다고 해서 평소 가고 싶었던 유아교육과 대학원에 진 학했다. 그해는 귀인을 만났다고 매우 좋아했다.

　을유乙酉년에는 乙과 乙이 얽히고, 진유합금辰酉合金이 되면서 진辰 중 계 수癸水가 금다수탁金多水濁으로 더러운 물로 변한다. 그래서 수생목水生木이 제대로 안 되어 공부하기 어렵고, 남자에게 잘못된 사랑을 받는다. 수 옥살囚獄煞 유금酉金 관이 일지 묘목卯木을 충冲하니 남자가 구속하는 형상 이 되어 교수가 좁은 연구실에서 근무하게 하고, 성적인 추행을 해서 도 저히 버틸 수 없어서 을유乙酉년 하반기에 학업을 포기했다. 그 당시 일기 장에는 '갇힌 새'처럼 지내고 있다고 쓰기도 했다.

　병술丙戌년에 상관 운이 들어오니 소개로 들어간 직장에서 구설에 많이 시달렸다. 상관견관이 되어서 남자친구와도 헤어졌다.

　을경합乙庚合으로 관官에 묶이니 직장에서 근무하면 상사가 구속하려 든다(상담 시 타고난 팔자가 그렇다고 말하자 다른 직장에 가도 마찬가지냐면서 죽는소리를 했다). 정해丁亥년 가을에 남자친구를 만났는데 경금庚金 남자가 진토辰土에 있으니 항구 출신이다. 진토辰土는 포구라 남자친구가 김포에서 근무하며 영등포에 집을 사놓았다. 양가 상견례를 하면서 결혼을 준비하고 있다. 결혼하면 을묘乙卯가 물통 진토辰土에 심어지니 중단했던 공부를 다시 하게 되고 시어머니가 친정어머니처럼 잘해준다.

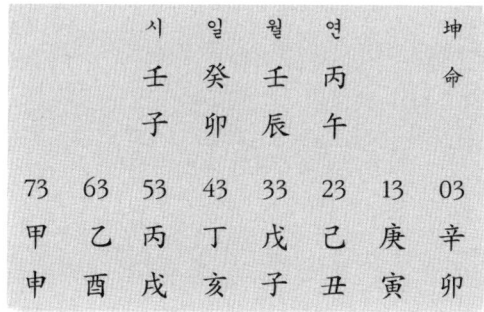

	시	일	월	연			坤命
	壬	癸	壬	丙			
	子	卯	辰	午			
73	63	53	43	33	23	13	03
甲	乙	丙	丁	戊	己	庚	辛
申	酉	戌	亥	子	丑	寅	卯

　위 사주의 계묘癸卯는 봄철 푸른 꽃잎에 맺혀 있는 이슬이니 예쁘다. 한참 농사를 지을 진월辰月에 내리는 봄비라 부지런하고 생기가 있다. 그러나 수水가 너무 많아 장마가 져서 병화丙火 태양을 가려버리니 농사가 잘 안 된다. 넘쳐흐르는 물을 막는 무토戊土가 필요하나 토土가 약해서 많은

물을 빼주는 목木이 더 필요하다. 항상 진辰년만 되면 흘러야 하는 물이 고여서 썩으니 다치거나 아파서 수술을 했다.

초년 경인庚寅, 신묘辛卯 대운에는 필요한 목木 운이 와서 수생목水生木 으로 물이 잘 빠져 편안했다. 이때는 공부도 잘하고 명문여대를 졸업했 다. 계수癸水 일주가 무계합戊癸合하면 나이 차 많은 남자와 인연이 있는 데 진辰 중 무토戊土와 합하여 실제로 남편과 나이 차가 많고, 진토辰土는 비겁 고庫가 되어서 이혼한 남자였다. 진토辰土는 젖은 땅이고 약하여 많 은 물을 막을 수 없으니 병오丙午 화火로 말려줘야 한다. 그래서 재생관財 生官으로 남편 사업을 도왔다.

기축己丑 대운에 들어서면서 임수壬水가 흙탕물이 되니 무병巫病을 앓기 시작했고, 한때는 상태가 심각해서 정신병원에까지 입원했다. 자子 대운 에 자진수국子辰水局을 이루니 진토辰土가 수다토류水多土流 되어 관이 떠내 려가는 형국이다. 이때 이혼하고 무속인의 길을 걷기 시작했다. 수다水多 의 진토辰土는 저수지이고, 일지 묘목卯木은 도화의 병오丙午로 꽃이 피어 있다. 마치 물 많은 곳에 피어 있는 연꽃과 같아 '연화보살'로 불린다. 연꽃은 진흙 속에서 꽃을 피우며 세상을 정화해야 하니 못사는 동네에 서 일하며 어려운 사람을 인도해야 한다. 갑신甲申년 신자진수국申子辰水局 을 이루어 묘목卯木이 수다부목水多浮木 되니 딸이 유학을 갔으나 적응을 못하고 돌아왔다.

정해丁亥년 정임합丁壬合으로 비겁 임수壬水를 묶고, 해묘합목亥卯合木으로 많은 물을 빼서 병화丙火가 살아나니 방송을 탔다. 손님은 많았으나 해 묘亥卯가 습목濕木이라 목생화木生火가 안 되니 방송 출연에 비해서 수입은 석었다. 무자戊子년에 무계합화戊癸合火기 되어 화火 재물이 자게 형성되니, 빌려줬다가 포기했던 돈을 절반 받았고, 하반기는 자묘형子卯刑으로 묘목卯木이 부러지는 형상이라 손가락을 다쳤다. 을유乙酉년에는 묘유충卯酉沖으로 발가락을 다쳤다. 정해丁亥 대운에는 어둠을 밝히는 촛불이 들어오니 곤경에 빠져 찾아오는 사람들에게 희망의 등불이 되어주기를 바라는 마음이다.

	시	일	월	연	坤命
	戊	己	己	乙	
	辰	卯	丑	巳	

75	65	55	45	35	25	15	05
丁	丙	乙	甲	癸	壬	辛	庚
酉	申	未	午	巳	辰	卯	寅

위 사주는 겨울 기토己土 밭이 땅은 넓으나 심을 나무가 부족하다. 그리고 나무는 있으나 겨울 땅에다 화火가 약하고, 겨울이지만 물이 없어서 나무가 잘 자라기 어렵다. 초년 경인庚寅, 신묘辛卯 대운에는 놀고 있던 밭에 봄 기운이 찾아오니 좋다. 부친이 은행에 다녀서 경제적으로 어려움 없이 공주 대접을 받으며 지냈고 명문여대를 나왔다.

대학 졸업 후 가족이 모두 미국으로 이민을 갔었다. 임진壬辰 대운에 미국에서 교포와 결혼했다. 을목乙木 남편은 뚜렷한 직업이 없었고 사巳 역마에 겨울 철새라 이리저리 잘 날아다닌다. 게다가 두 개의 정원 乙 乙에 뿌리를 내리려고 하니 일본 여자를 애인으로 두고 두 집 살림을 하느라한 달에 몇 번 꼴로 집에 들어왔다. 그러다 아이를 낳고 집에 들어와 살다가 결혼 3년 만에 교통사고로 사망했다. 관官 인묘寅卯가 공망이라 마음에 들지 않거나 직업이 부실한 남자를 만나기 쉽다.

겨울 묘목卯木은 약초가 되니 계癸 대운 신사辛巳년에 미국 한의대에 들어가 공부를 시작했다. 사巳 대운에 묘卯와 축丑 사이에 공협된 인寅을 형刑하니 관官이 튀어나와 남자를 만나지만, 튀어나온 인寅 중 갑甲이 월月의 기토己土와 합을 하니 오래가지 못한다.

한의학 공부를 하다가 정해丁亥년 말에 인寅생 남자를 만나서 무자戊子년에 집안의 반대를 무릅쓰고 집을 나와 혼인 신고를 했다. 일지 묘목卯木이 시時 진토辰土로 끌려가니 나이가 한참 아래인 남자였다. 또 남자가 일지의 묘목卯木으로 편관, 현침살, 약초에 해당하여 한의학 하는 사람이었다. 사주에 비겁이 중중하고 묘목卯木이 진토辰土에 심어질까 봐 노심초사하느라 의부증이 심했다. 특히 기축己丑년에 부부 갈등이 심해 이혼하려다참았다. 갑오甲午 대운이 오면서 갑기합甲己合으로 남자가 사라지는 형상으로, 경인庚寅년에 남편이 혼자서 몰래 이혼 신청 서류를 접수했었다.

사주에 재물이 없는 무재無財 사주로, 재물을 끌어들이기 위해서는 외국생활을 하고 묘목卯木과 관련된 직업을 가져야 한다. 이렇게 무재無財 사주를 제대로 파악하기 위해서는 어떤 글자가 재물을 끌어들이는지, 개운은 어떻게 해야 하는지 알아야 한다.

자연생태학에 기반한 해동의 사주 혁명 2

자연명리 초급편

1판 1쇄 인쇄 | 2018년 6월 25일
1판 1쇄 발행 | 2018년 7월 1일

지은이 윤상흠
펴낸이 김종현

펴낸곳 도서출판 신지평
주소 경기도 고양시 일산동구 무궁화로 40, 428호
전화 031-902-5419 | **팩스** 031-902-5418
이메일 kj9694@hanmail.net
출판등록 1995년 9월 22일(제1-1932호)

ISBN 978-89-85535-28-1 03150
정가 29,000원